Minusaufgaben ohne Zehnerübergang

○ 1 Kontrolliere mit den Lösungszahlen. Eine Lösungszahl bleibt jeweils übrig.

a)	b)	c)	d)	e)
5 – 2	8 – 6	3 – 2	5 – 4	9 – 8
7 – 1	3 – 3	9 – 4	6 – 3	7 – 4
6 – 4	9 – 2	7 – 3	8 – 0	10 – 6
9 – 5	7 – 5	8 – 2	10 – 5	3 – 0

2 3 4	0 2 2	1 3 4	0 1 3	0 1 3
5 6	3 7	5 6	5 8	3 4

○ 2 Rechne zuerst die kleine Minusaufgabe.

a) $8 - 2 = 6$
18 – 2 = ☐

Die kleine Aufgabe hilft dir.

a)	b)	c)
8 – 2	6 – 4	5 – 1
18 – 2	16 – 4	15 – 1
☐ – ☐	☐ – ☐	☐ – ☐
14 – 3	12 – 2	18 – 6
☐ – ☐	☐ – ☐	☐ – ☐
17 – 5	19 – 7	20 – 9

○ 3 Immer bis zur 10.

a)	b)	c)	d)
14 – ☐ = 10	13 – ☐ = 10	☐ – 7 = 10	☐ – 0 = 10
16 – ☐ = 10	11 – ☐ = 10	☐ – 2 = 10	☐ – 3 = 10
12 – ☐ = 10	18 – ☐ = 10	☐ – 4 = 10	☐ – 9 = 10
17 – ☐ = 10	15 – ☐ = 10	☐ – 8 = 10	☐ – 10 = 10

○ 4 Rechne zuerst bis zur 10.

a) 1 2 – 2 – 4 =
10

a)	b)	c)
12 – 4 – 2	13 – 3 – 6	11 – 9 – 1
15 – 5 – 3	16 – 2 – 6	19 – 7 – 9
18 – 1 – 8	11 – 8 – 1	17 – 7 – 7
14 – 2 – 4	17 – 7 – 5	14 – 8 – 4

6 7 7	2 3 4	1 1 2
8 9	5 8	3 3

○ 5 Halbiere.

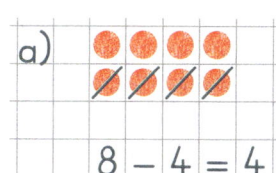

a)
8 – 4 = 4

a)	b)	c)
8 – ☐ = ☐	10 – ☐ = ☐	14 – ☐ = ☐
6 – ☐ = ☐	18 – ☐ = ☐	20 – ☐ = ☐
4 – ☐ = ☐	16 – ☐ = ☐	0 – ☐ = ☐
2 – ☐ = ☐	12 – ☐ = ☐	22 – ☐ = ☐

1 Subtraktionsaufgaben im ersten Zehner lösen und Ergebnisse mit den grünen Lösungszahlen kontrollieren. Pro Päckchen bleibt eine Lösungszahl übrig. **2** In der großen Subtraktionsaufgabe die kleine Aufgabe erkennen und als Hilfsaufgabe nutzen. **3** Aufgaben zum Rechnen bis zur 10 lösen. **4, 5** Aufgaben in Vorbereitung auf den Zehnerübergang lösen.

→ Arbeitsheft, Seite 2

Plusaufgaben mit Zehnerübergang

1 Tom und Anna erinnern sich:

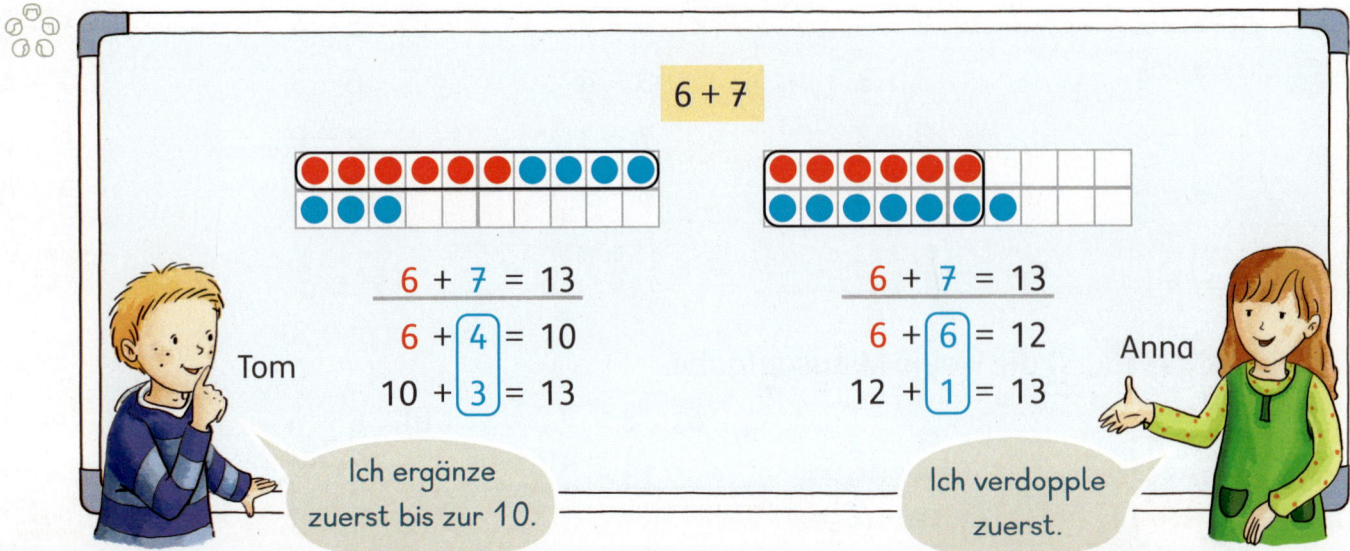

6 + 7

$$6 + 7 = 13$$
$$6 + \boxed{4} = 10$$
$$10 + \boxed{3} = 13$$

Tom

Ich ergänze zuerst bis zur 10.

$$6 + 7 = 13$$
$$6 + \boxed{6} = 12$$
$$12 + \boxed{1} = 13$$

Anna

Ich verdopple zuerst.

2 Legt und rechnet. Erklärt euch euren Rechenweg.

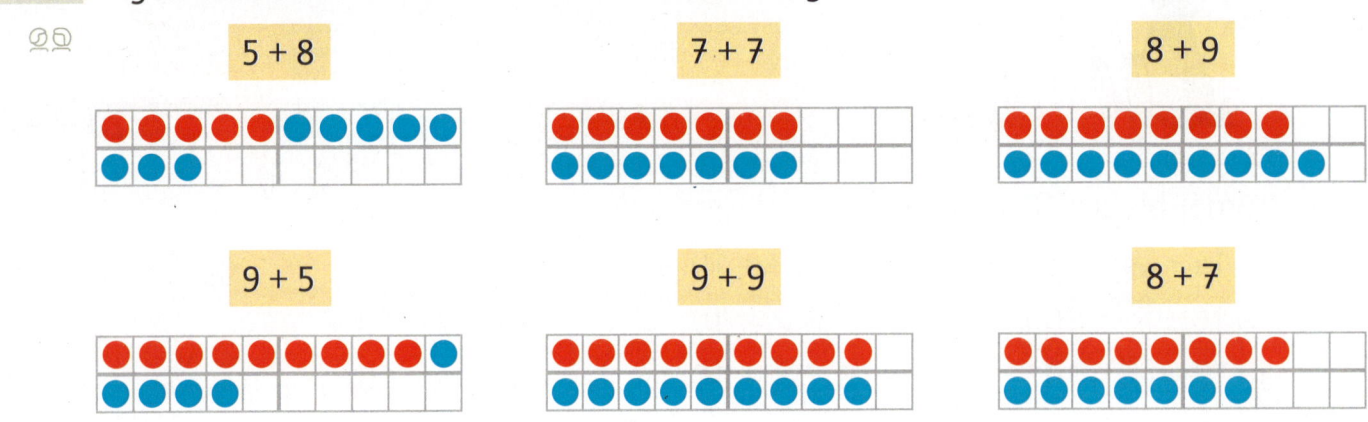

5 + 8   7 + 7   8 + 9

9 + 5   9 + 9   8 + 7

3 Wie rechnet ihr? Erklärt euch euren Rechenweg.

a)	b)	c)	d)	e)
9 + 2	5 + 6	6 + 9	4 + 7	8 + 9
7 + 5	8 + 8	5 + 7	8 + 5	6 + 6
6 + 8	9 + 4	8 + 3	9 + 9	3 + 8
4 + 9	7 + 8	9 + 7	5 + 9	7 + 6

| 11 12 13 | 11 12 13 | 11 12 13 | 11 13 14 | 11 11 12 |
| 14 14 | 15 16 | 15 16 | 17 18 | 13 17 |

4

a)

+	5	4	3
6	▢	▢	▢
8	▢	▢	▢
7	▢	▢	▢
9	▢	▢	▢

b)

+	8	6	7
12	▢	▢	▢
4	▢	▢	▢
9	▢	▢	▢
8	▢	▢	▢

c)

+	9	7	10
7	▢	▢	▢
6	▢	▢	▢
3	▢	▢	▢
5	▢	▢	▢

6

1 Rechenkonferenz: Rechenstrategien bei Additionsaufgaben mit Zehnerübergang wiederholen. Weiterführung und Vertiefung: sprachliche Bildung, Toleranz.   2 Aufgaben nachlegen und die entsprechende Rechenstrategie dem Partnerkind erklären.
3 Für eine Rechenstrategie entscheiden und dem Partnerkind erklären.   4 Tabellen als Übungsformat wiederholen und lösen.

→ Arbeitsheft, Seite 3

	Schülerbuch		Arbeitsheft	Kompetenz
Raum und Form: Symmetrie, Flächeninhalt und Umfang	Figuren am Geobrett spannen	72	50	▲
	Symmetrische Figuren spannen	73	51	▲ ▼
	Flächeninhalte ermitteln und vergleichen	74	52	▲
	Umfang und Flächeninhalt	75	53	▲
	Wiederholung – Über Lernen sprechen	76	54	■ ▲
	Rückblick – Über Lernen sprechen	78		▲ ■
	Knobeln mit Formen 🏆	79	55	▲ ▼
Einmaleins	Kernaufgaben zuerst	80	56	■ ▼
	Kernaufgaben zusammensetzen	81	56	■ ▼
	Einmaleins mit 4/Einmaleins mit 8	82	57/58	■ ✚
	Einmaleins mit 3/Einmaleins mit 6	84	59/60	■ ✚
	Einmaleins mit 9/Einmaleins mit 7	86	61/62	■ ▼
	Malpyramiden/Aufgabenfamilien	88	63/64	■ ▼
	1 · 1 Tafel/Einmaleins trainieren	90	65/66	■ ▼
Teilen mit Rest	Aufteilen/Verteilen mit Rest	92	67	■ ▼
Raum und Form: Körper und Wege	Körper	94	68	▲
	Bauen und schauen/Bauen und rechnen	96	69/70	▲ ■
	Wege finden und beschreiben	98	71	▲
Größen und Messen: Geld	Geld: Euro und Cent	100	72	● ■
	Sachaufgaben mit Geld lösen	101	73	✚ ●
Sachsituationen	Mit Texten arbeiten	102	74	✚ ●
	Textaufgaben hinterfragen	103	75	✚ ●
	Wiederholung – Über Lernen sprechen	104	76	■ ▲
	Rückblick – Über Lernen sprechen	106		■ ●
	Knobeln mit Blickrichtungen 🏆	107	77	▲
Plus und Minus im Zahlenraum bis 100	Plusaufgaben ohne/mit Zehnerübergang	108	78/79	■ ▼
	Plusaufgaben üben/Vorteilhaft rechnen	110	79/80	■ ▼
	Minusaufgaben ohne Zehnerübergang	112	81	■ ▼
	Minusaufgaben mit Zehnerübergang	113	82	■ ▼
	Minusaufgaben üben	114	82	■ ▼
	Minus: Vorteilhaft rechnen	115	83	■ ▼
Größen und Messen: Zeit	Der Kalender	116	84	●
	Zeitspannen vergleichen	117		●
	Projekt: Zeitmesser bauen/Die Uhr	118	85	●
	Zeitpunkt und Zeitspanne	120	86	● ◆
Daten und Zufall	Zufall und Wahrscheinlichkeit	122	87	◆
	Würfelexperimente	123	87	◆
	Mit Diagrammen arbeiten	124	88	◆
Sachsituationen	Kombinieren	125	89	✚
	Gleichungen zuordnen	126	90	✚ ●
Produktives Üben	Klecksaufgaben	127	91	■ ▼
	Zauberdreiecke	128	92	■ ▼
	Mit Zahlenmauern experimentieren	129	93	■ ▼
	Wiederholung – Über Lernen sprechen	130	94	■ ●
	Rückblick – Über Lernen sprechen	132		■ ✚
	Knobeln mit Zahlen 🏆	133	95	■ ▼
Basiswissen	Basiswissen Klasse 2	134		

■ Zahlen und Operationen ▲ Raum und Form ▼ Muster und Strukturen ● Größen und Messen ◆ Daten und Zufall ✚ Sachsituationen

Plusaufgaben ohne Zehnerübergang

○ 1 Kontrolliere mit den Lösungszahlen. Eine Lösungszahl bleibt jeweils übrig.

a) 5 + 2	b) 3 + 5	c) 6 + 2	d) 4 + 5	e) 4 + 4
4 + 3	8 + 1	7 + 0	3 + 3	1 + 8
7 + 1	2 + 7	2 + 3	9 + 0	5 + 5
3 + 6	1 + 9	5 + 4	6 + 4	0 + 7

7 7 8	7 8 9	5 6 7	5 6 9	6 7 8
8 9	9 10	8 9	9 10	9 10

○ 2 Rechne zuerst die kleine Plusaufgabe.

a) 3 + 4 = 7
13 + 4 =

a) 3 + 4	b) 7 + 2	c) 6 + 3
13 + 4	17 + 2	16 + 3
☐ + ☐	☐ + ☐	☐ + ☐
12 + 5	15 + 4	13 + 2
☐ + ☐	☐ + ☐	☐ + ☐
11 + 8	19 + 0	14 + 6

Die kleine Aufgabe hilft dir.

○ 3 Ergänze bis zur 10.

a) 7 + ☐ = 10	b) 2 + ☐ = 10	c) ☐ + 8 = 10	d) ☐ + 0 = 10
5 + ☐ = 10	6 + ☐ = 10	☐ + 5 = 10	☐ + 9 = 10
8 + ☐ = 10	1 + ☐ = 10	☐ + 7 = 10	☐ + 2 = 10
3 + ☐ = 10	4 + ☐ = 10	☐ + 3 = 10	☐ + 10 = 10

○ 4 Ergänze zuerst bis zur 10.

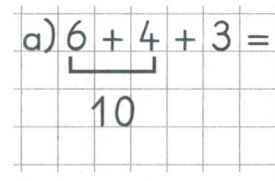

a) 6 + 4 + 3 =
10

a) 4 + 3 + 6	b) 9 + 6 + 1	c) 7 + 5 + 5
5 + 7 + 3	4 + 2 + 8	4 + 4 + 6
8 + 2 + 1	6 + 3 + 7	1 + 9 + 8
5 + 3 + 5	4 + 5 + 6	8 + 7 + 2

11 12 13	13 14 15	14 16 17
13 15	16 16	17 18

○ 5 Verdopple.

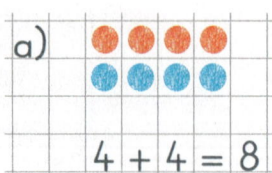

a)
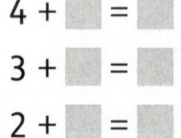
4 + 4 = 8

a) 4 + ☐ = ☐	b) 5 + ☐ = ☐	c) 9 + ☐ = ☐
3 + ☐ = ☐	10 + ☐ = ☐	7 + ☐ = ☐
2 + ☐ = ☐	6 + ☐ = ☐	8 + ☐ = ☐
1 + ☐ = ☐	0 + ☐ = ☐	11 + ☐ = ☐

1 Additionsaufgaben im ersten Zehner lösen und Ergebnisse mit den grünen Lösungszahlen kontrollieren. Pro Päckchen bleibt eine Lösungszahl übrig. **2** In der großen Additionsaufgabe die kleine Aufgabe erkennen und als Hilfsaufgabe nutzen. **3** Aufgaben zum Ergänzen bis zur 10 lösen. **4, 5** Aufgaben in Vorbereitung auf den Zehnerübergang lösen.

→ Arbeitsheft, Seite 2

Minusaufgaben mit Zehnerübergang

1 Tom und Anna erinnern sich:

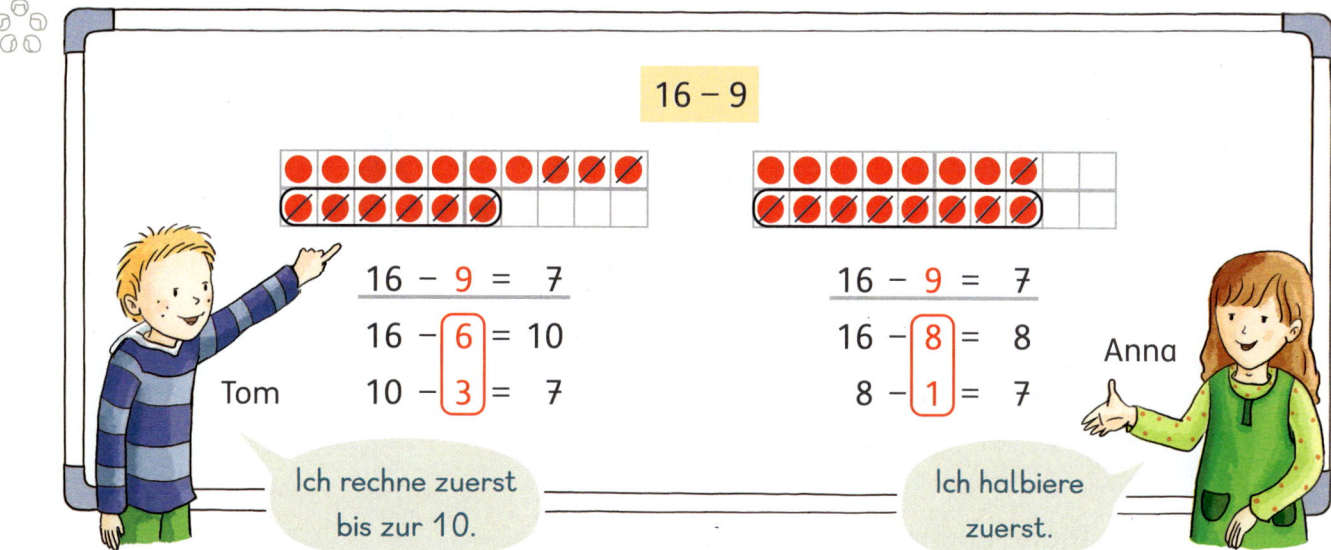

16 − 9

$16 - 9 = 7$
$16 - 6 = 10$
$10 - 3 = 7$

Tom

Ich rechne zuerst bis zur 10.

$16 - 9 = 7$
$16 - 8 = 8$
$8 - 1 = 7$

Anna

Ich halbiere zuerst.

2 Legt und rechnet. Erklärt euch euren Rechenweg.

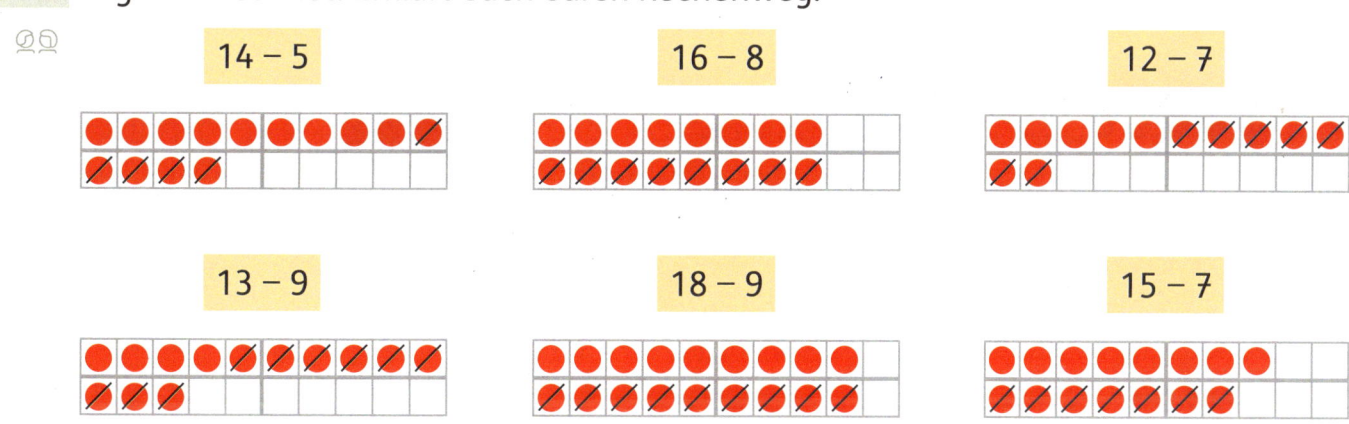

14 − 5   16 − 8   12 − 7

13 − 9   18 − 9   15 − 7

3 Wie rechnet ihr? Erklärt euch euren Rechenweg.

a)	b)	c)	d)	e)
12 − 4	13 − 7	14 − 8	17 − 9	11 − 6
15 − 6	15 − 9	11 − 3	12 − 6	13 − 8
14 − 7	11 − 8	13 − 4	14 − 5	11 − 7
11 − 9	12 − 5	12 − 7	15 − 8	17 − 8

a) 2 6 7   8 9
b) 3 6 6   7 8
c) 5 6 7   8 9
d) 5 6 7   8 9
e) 4 5 5   8 9

4

a)

−	3	5	9
13			
11			
14			
12			

b)

−	7	4	8
12			
14			
15			
11			

c)

−	6		
12			4
16			
13		6	
	13		

1 Rechenkonferenz: Rechenstrategien bei Subtraktionsaufgaben mit Zehnerübergang wiederholen. Weiterführung und Vertiefung: sprachliche Bildung, Toleranz. 2 Aufgaben nachlegen und Rechenstrategie dem Partnerkind erklären. 3 Für eine Rechenstrategie entscheiden und erklären. 4 Tabellen lösen. Differenzierung: In der letzten Tabelle wird der ZR bis 20 überschritten.

→ Arbeitsheft, Seite 3

Aufgabenfamilien

○ 1 Rechne Aufgabe und Tauschaufgabe.

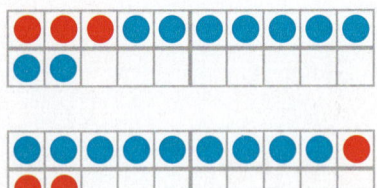

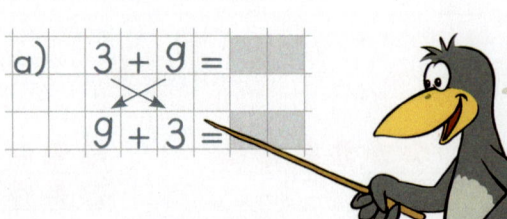

a) $3 + 9 =$
$9 + 3 =$

Wenn die kleinere Zahl vorne steht, hilft dir die Tauschaufgabe.

a)	b)	c)	d)	e)
3 + 9	2 + 9	5 + 14	6 + 13	0 + 19
4 + 8	5 + 7	1 + 19	7 + 11	3 + 16
5 + 9	6 + 8	5 + 15	8 + 12	8 + 11
5 + 8	4 + 9	3 + 13	6 + 14	5 + 12

○ 2 Rechne Aufgabe und Umkehraufgabe.

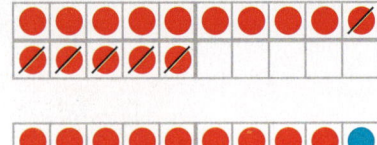

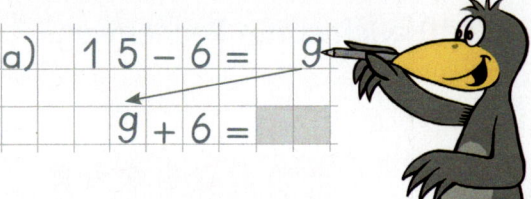

a) $15 - 6 =$
$9 + 6 =$

Mit der Umkehraufgabe kannst du dein Ergebnis kontrollieren.

a)	b)	c)	d)	e)
15 – 6	12 – 3	17 – 9	12 – 5	13 – 8
18 – 6	16 – 9	15 – 7	19 – 19	11 – 9
12 – 1	17 – 5	14 – 6	15 – 11	14 – 7
13 – 2	19 – 4	18 – 9	16 – 7	17 – 14

○ 3 Schreibe die Aufgabenfamilien.

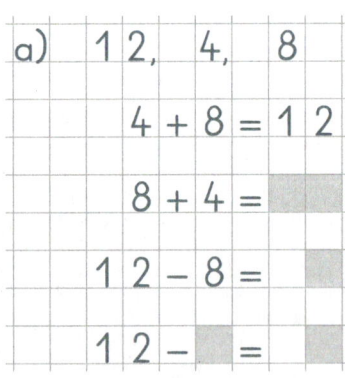

a) 12, 4, 8
$4 + 8 = 12$
$8 + 4 = $
$12 - 8 = $
$12 - = $

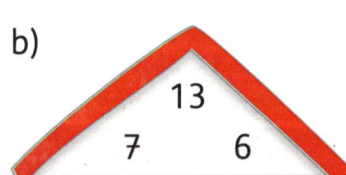

a) 12 / 4 8

b) 13 / 7 6

c) 12 / 5 7

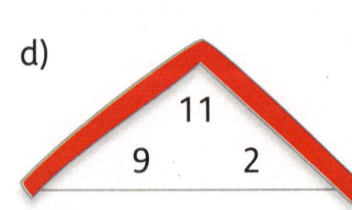

d) 11 / 9 2

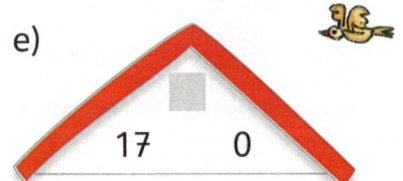

e) 17 0

f) 15 / 8

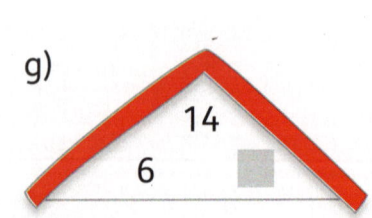

g) 14 / 6

8

1 Das Vertauschungsgesetz bei Additionsaufgaben wiederholen und als Rechenvorteil erkennen.   2 Die Umkehrbarkeit von Aufgaben wiederholen und als Möglichkeit der Ergebniskontrolle nutzen.   3 Das Übungsformat „Aufgabenfamilie" wiederholen: Immer 4 Aufgaben gehören zusammen. Die Aufgaben ergeben sich aus den 3 Zahlen im Dach.

→ Arbeitsheft, Seite 4

Aufgabenrollen

○ 1 Löst die Aufgabenrollen. Erklärt.

a)
12 + 2
13 + 2
14 + 2
15 + 2

b)
10 + 3
11 + 3
12 + 3
13 + 3

c)
9 + 2
8 + 3
7 + 4
6 + 5

d)
3 + 8
5 + 7
7 + 6
9 + 5

○ 2

a)
10 − 9
10 − 8
10 − 7
10 − 6

b)
20 − 5
19 − 5
18 − 5
17 − 5

c)
11 − 3
12 − 4
13 − 5
14 − 6

d)
20 − 11
18 − 10
16 − 9
14 − 8

◑ 3

a)
11 − 2
11 + 3
11 − 4
11 + 5

b)
12 + 6
12 − 5
12 + 4
12 − 3

c)
10 + 2
8 + 4
10 + 3
8 + 5

d)
12 − 3
14 − 5
12 − 4
14 − 6

● 4 Findet Aufgabenrollen zu diesen Regeln. Was passiert mit den Ergebnissen? Erklärt.

a)
Die erste Zahl wird immer um 1 größer.
Die zweite Zahl wird immer um 2 kleiner.

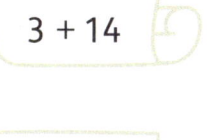

3 + 14

▨ + ▨

b)
Die erste Zahl wird immer um 2 kleiner.
Die zweite Zahl wird immer um 1 größer.

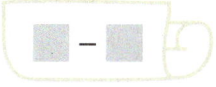

20 − 1

▨ − ▨

1–3 Das Übungsformat „Aufgabenrolle" wiederholen. Differenzierung: Je nach Leistungsstand die Aufgaben nur lösen oder das Muster fortsetzen. Dabei kann auch der ZR bis 20 überschritten werden.   4 Selbst gefundene Aufgabenrollen einem Partnerkind zur Bearbeitung geben. Die Muster erklären. Weiterführung und Vertiefung: sprachliche Bildung.

9

Zahlenmauern

1 Löse die Zahlenmauern.

7 + 4 = 11
Das Ergebnis
kommt darüber.

a)

1 1		
7	4	3

a)
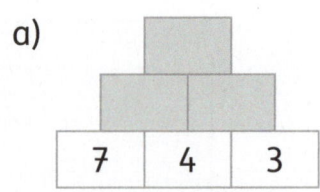

7	4	3

b)
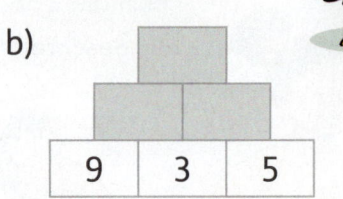

9	3	5

c)
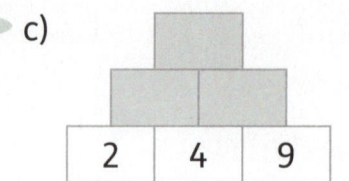

2	4	9

d)
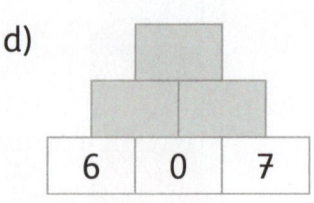

6	0	7

2 a)
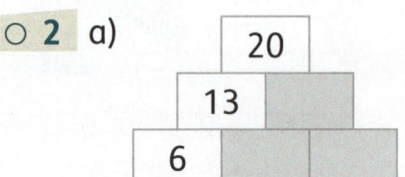

b)
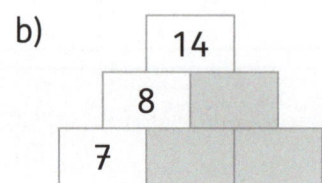

c)
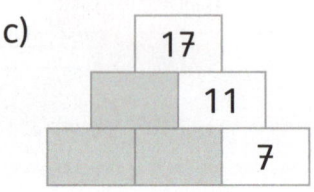

d)
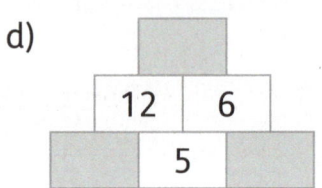

e)
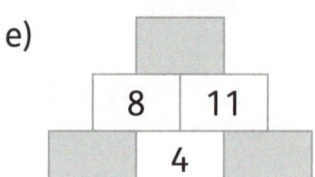

f)
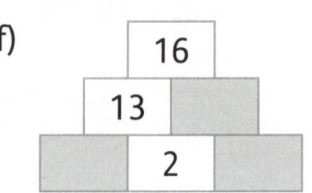

3 Legt Zahlenmauern.

a)
9	2	5
6	14	3

b)
2	11	6
4	9	17

c)
3	8	19
12	4	7

4 Legt Zahlenmauern. Welche Karte bleibt jeweils übrig?

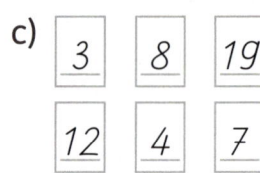

a)
12	5	
7	15	8
3	20	

b)
1	5	
16	9	10
6	11	

c)
13	8	
5	4	1
4	9	

5 Löst durch Probieren.

a)
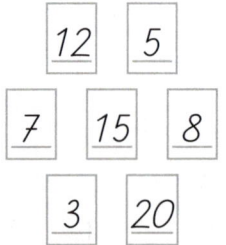

13	
6	5

b)
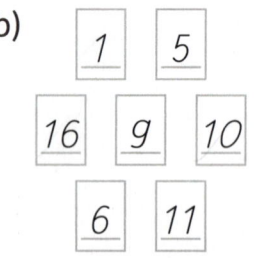

14	
2	6

c)
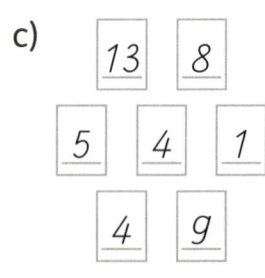

18	
2	10

1, 2 Das Übungsformat „Zahlenmauer" wiederholen, ggf. Mauern mit Bausteinen nachbauen. **3, 4** Die Zahlenmauern mit Zahlenkarten in Partnerarbeit zusammensetzen. **5** Die Zahlenmauern durch Probieren mit Zahlenkarten lösen.

→ Arbeitsheft, Seite 5

Zauberdreiecke

○ **1** Löse die Zauberdreiecke.

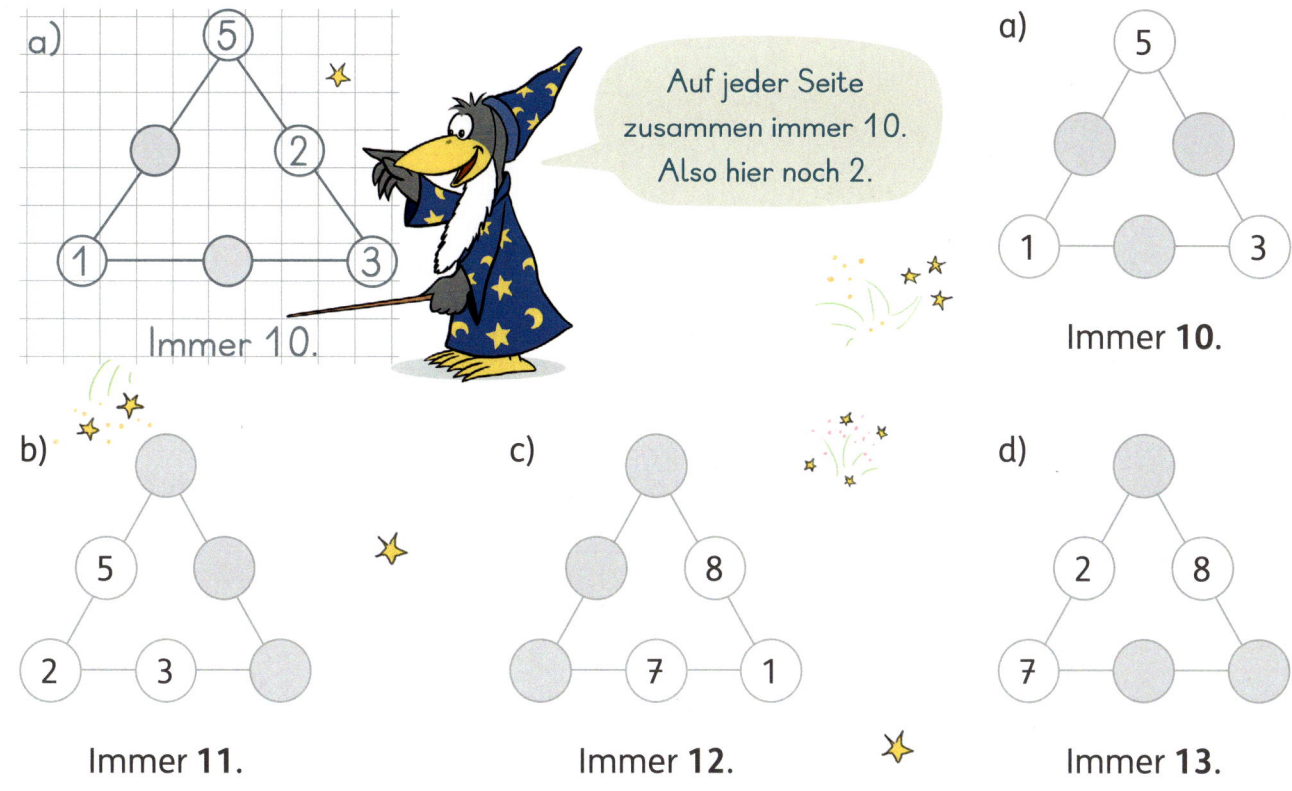

a)

Immer 10.

Auf jeder Seite zusammen immer 10.
Also hier noch 2.

a)

Immer **10**.

b)

Immer **11**.

c)

Immer **12**.

d)

Immer **13**.

○ **2** Finde zuerst die Zauberzahl.

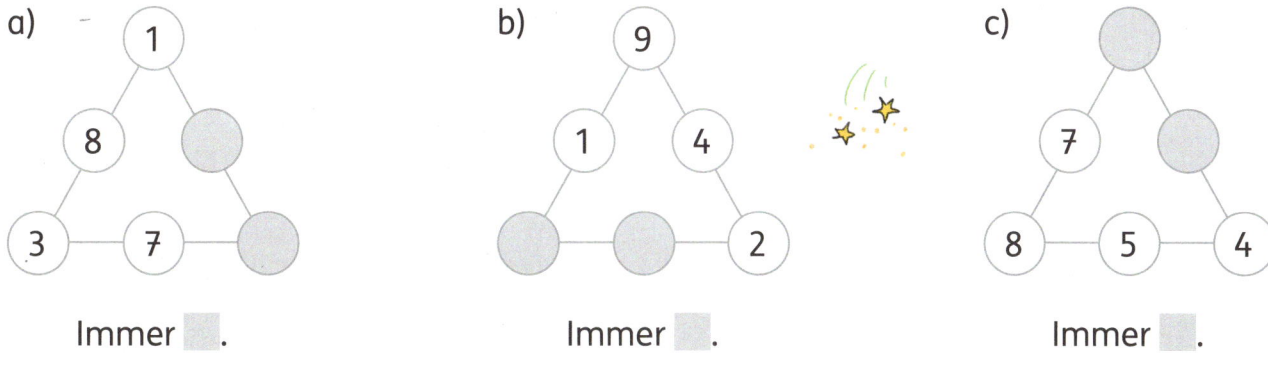

a)

Immer ☐.

b)

Immer ☐.

c)

Immer ☐.

◐ **3** Löst durch Probieren.

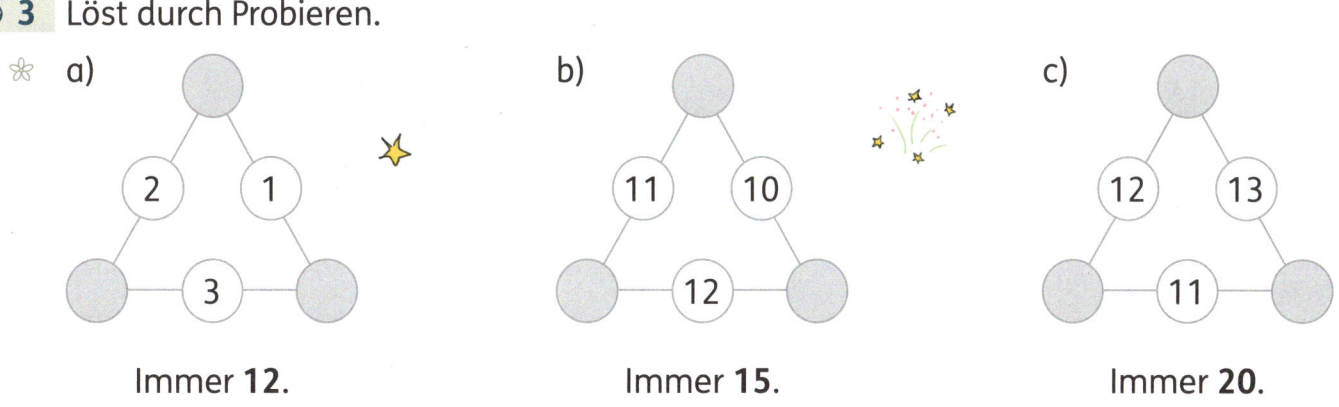

❋ a)

Immer **12**.

b)

Immer **15**.

c)

Immer **20**.

● **4** Bilde Zauberdreiecke mit der Zauberzahl 14. Nutze die Zahlenkarten von ☐0 bis ☐9 .

1 Das Übungsformat „Zauberdreieck" wiederholen: Die Seiten eines Zauberdreiecks sind summengleich. Keine Zahl wird im Zauberdreieck mehrfach verwendet.   2 Zunächst die Zauberzahl und dann die anderen fehlenden Zahlen berechnen.
3 Die Aufgaben durch Probieren mit Zahlenkarten lösen.   4 Mit Zahlenkarten von 0 bis 9 probieren.

11

→ Arbeitsheft, Seite 6

Sachaufgaben lösen

1 Erzählt: Welche Fragen könnt ihr stellen?

Lösungsschritte für Sachaufgaben

F: **Fragen**
Was ist gefragt?

L: **Lösen**
Finde einen Lösungsweg.

A: **Antworten**
Schreibe einen Antwortsatz.

2 Die Kinder kaufen Souvenirs. Stelle jeweils die passende Frage, löse und antworte.

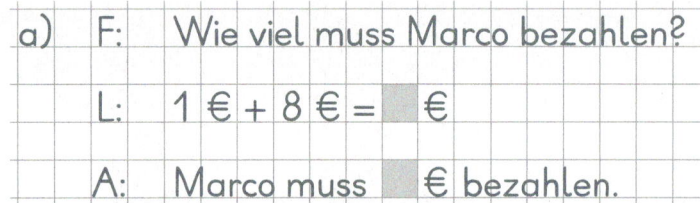

a)
F: Wie viel muss Marco bezahlen?
L: 1 € + 8 € = ☐ €
A: Marco muss ☐ € bezahlen.

a) Marco

b) Lilli

c) Nina — Ich kaufe einen Fisch und 2 Postkarten.

d) Gabriel — Ich kaufe 4 Postkarten und ein Herz.

3 Löse und antworte.

a) Tobi   Marie — Muss ich mehr bezahlen als Tobi?

b) Kann ich ein Herz, eine Kette und 2 Karten kaufen? — Arne

4 Erfindet Rechengeschichten. Vergleicht sie.

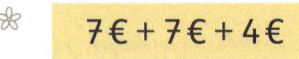

7 € + 7 € + 4 €

20 € − 18 €

15 € − 7 €

1 € + 1 € + 9 €

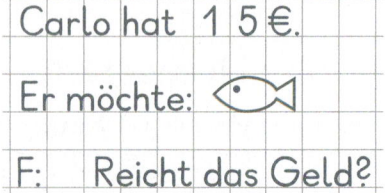

Carlo hat 15 €.
Er möchte: 🐟
F: Reicht das Geld?

1 Zum Bild erzählen und passende Fragen finden. Lösungsschritte für Sachaufgaben wiederholen. Weiterführung und Vertiefung: sprachliche Bildung. 2, 3 Informationen aus dem Bild in Aufgabe 1 entnehmen. Aufgaben mit den 3 Lösungsschritten (fragen, lösen, antworten) bearbeiten. 4 Aufgaben zu den Gleichungen erfinden und ggf. in einer Sachrechenkartei sammeln.

→ Arbeitsheft, Seite 7

Mit Fragen arbeiten

○ **1** Erzählt: Welche Fragen könnt ihr stellen?

○ **2** Welche Frage kannst du jeweils beantworten? Entscheide, löse und antworte.

a)

Wie viel kosten die 3 Eis zusammen?

Wie alt sind die Kinder zusammen?

b)

Wer hat mehr Geld übrig?

Wer muss mehr bezahlen?

c)

Für die nächste Fahrt sind schon 5 Gäste auf dem Schiff.

Wie lange dauert die Fahrt?

Wie viele Gäste können noch mitfahren?

d)

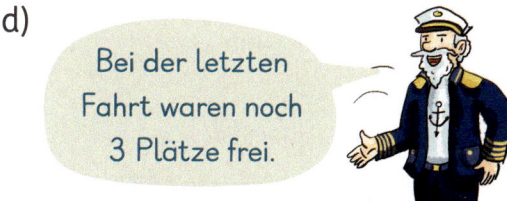

Bei der letzten Fahrt waren noch 3 Plätze frei.

Wie viele Gäste sind mitgefahren?

Wie alt ist der Kapitän?

e)

Beim Ausflug sind 18 Kinder und 4 Erwachsene dabei.

Wie viele Kinder kaufen ein Eis?

Passen alle auf das Schiff?

f)

Finde noch mehr Rechengeschichten.

1 Zum Bild erzählen und passende Fragen finden. **2** Entscheiden, welche Frage jeweils beantwortet werden kann. Diese Frage aufschreiben, lösen und beantworten. Eigene Rechengeschichten zum Bild erzählen und lösbare und nichtlösbare Fragen dazu stellen. Weiterführung und Vertiefung: sprachliche Bildung, aktive Freizeitgestaltung.

→ Arbeitsheft, Seite 7

Die Zehnerzahlen bis 100

◯ 1

10 Zehnerfelder sind zusammen ein Hunderter.

Jasmin

10	zehn
20	zwanzig
30	dreißig
40	vierzig
50	fünfzig
60	sechzig
70	siebzig
	achtzig
	neunzig
	einhundert

◯ 2 Finde die fehlenden Zehnerzahlen.

a) | 20, | 30, | 40, | | |

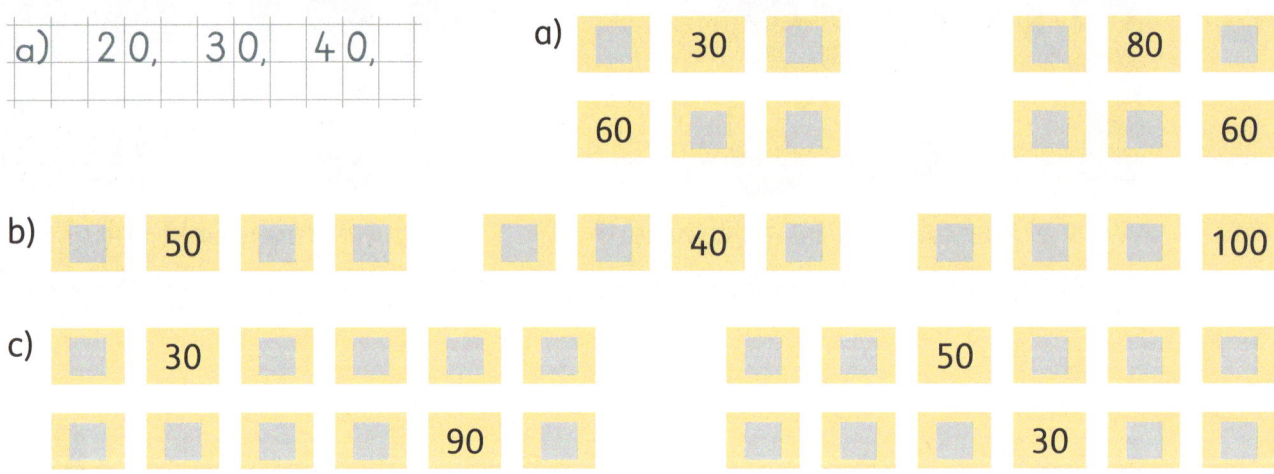

a) ☐ 30 ☐   ☐ 80 ☐
   60 ☐ ☐   ☐ ☐ 60

b) ☐ 50 ☐ ☐   ☐ ☐ 40 ☐   ☐ ☐ ☐ 100

c) ☐ 30 ☐ ☐ ☐ ☐   ☐ ☐ 50 ☐ ☐ ☐
   ☐ ☐ ☐ ☐ 90 ☐   ☐ ☐ ☐ ☐ 30 ☐ ☐

◯ 3 Setze <, > oder = ein.

a) | 9 | 0 | < | 1 | 0 | 0 |
   | 9 | 0 | > | | 8 | 0 |

a) 90 ◯ 100   b) 70 ◯ 80   c) 60 ◯ 50
   90 ◯ 80   80 ◯ 70   30 ◯ 30

d) 40 ◯ 70   e) 30 ◯ 10   f) 60 ◯ 60   g) 10 ◯ 40   h) 70 ◯ 60
  90 ◯ 30   20 ◯ 80   40 ◯ 20   50 ◯ 30   50 ◯ 50

◑ 4 a) 24 ◯ 40   b) 29 ◯ 90   c) 80 ◯ 92   d) 22 ◯ 20   e) 78 ◯ 70
    30 ◯ 23   50 ◯ 25   18 ◯ 80   60 ◯ 49   68 ◯ 70

1 Zehnerzahlen mit Zehnerfeldern veranschaulichen, als Zahlwörter lesen und in Ziffern schreiben. 2 Fehlende Nachbarzahlen ergänzen. 3, 4 Die Relationszeichen wiederholen. Zahlen vergleichen und passende Relationszeichen einsetzen.

→ Arbeitsheft, Seite 8

Mit Zehnerzahlen rechnen

1 Zeigt Plusaufgaben und Minusaufgaben am Hunderterfeld.

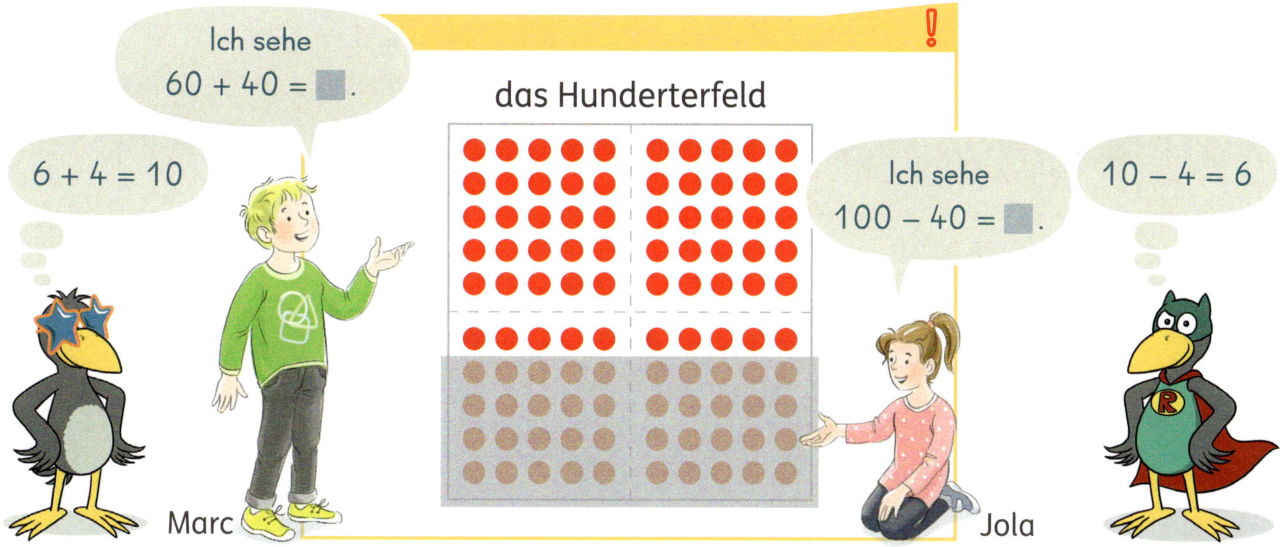

Ich sehe
60 + 40 = ▢.
6 + 4 = 10
das Hunderterfeld
Ich sehe
100 – 40 = ▢.
10 – 4 = 6
Marc
Jola

○ **2**

a) 70 + 30 =
100 – 30 =

a)
b)
c)
d)
e)
f)
g)

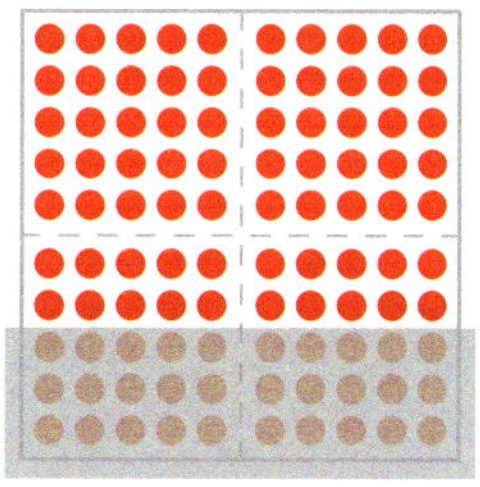

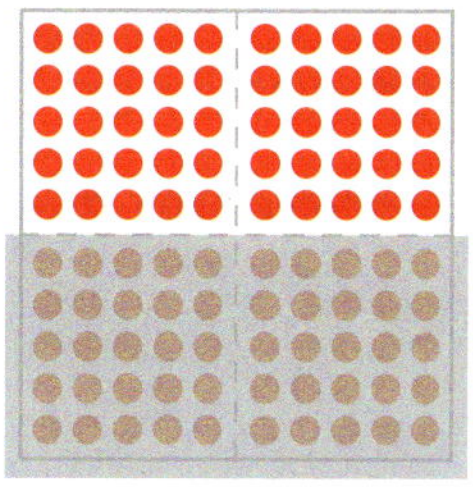

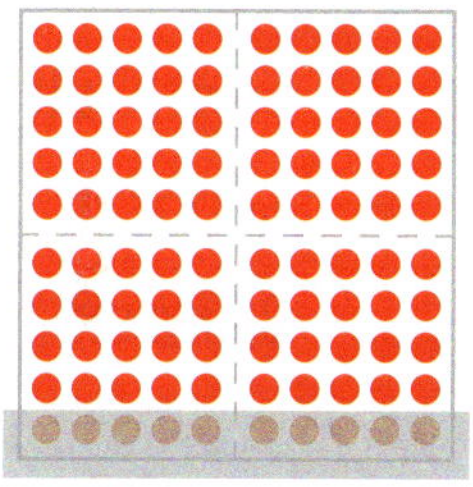

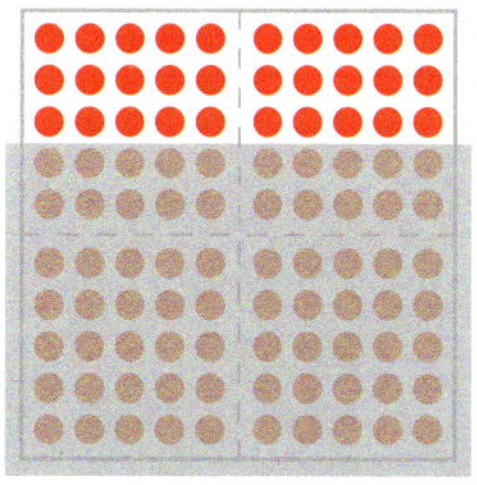

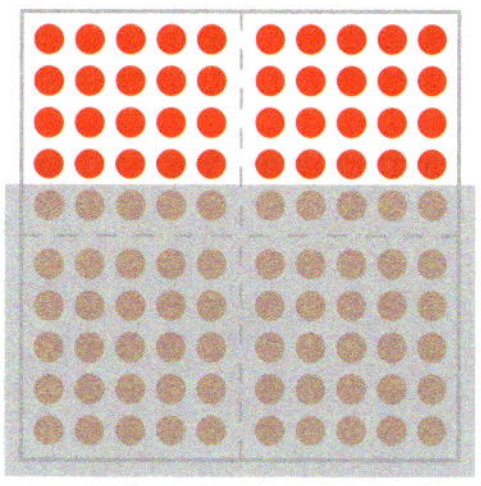

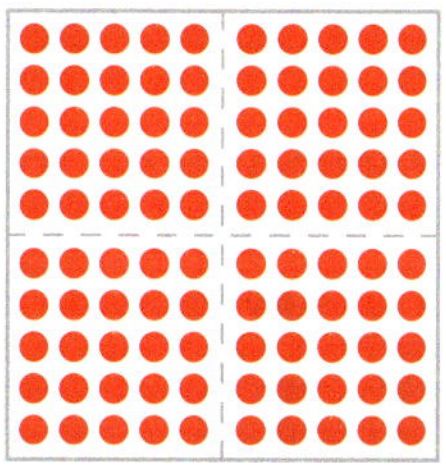

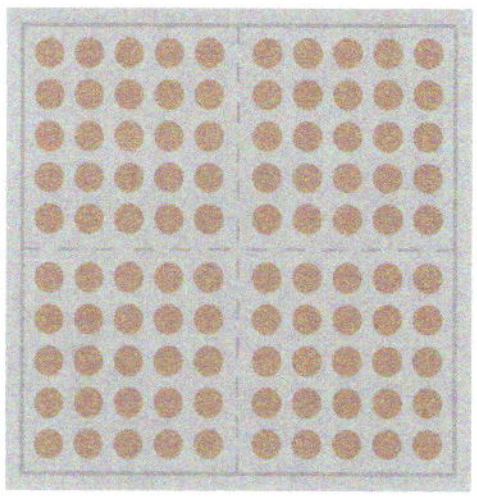

○ **3**

a) 20 + 40
60 + 30
30 + 50
10 + 70

60 60 80
80 90

b) 70 – 20
80 – 70
90 – 60
70 – 60

10 10 30
50 50

◒ **4**

a) 60 + ▢ = 100
30 + ▢ = 80
50 + ▢ = 100
10 + ▢ = 80

40 40 50
50 70

b) 100 – ▢ = 70
70 – ▢ = 10
100 – ▢ = 60
70 – ▢ = 30

30 30 40
40 60

◒ **5** Triff immer das Ergebnis 50.

a) 30 + 30 – 10 =

a) 30 10 30

b) 70 20 40

c) 20 60 30 20

d) 80 40 20 10

e) 100 80 20 10

f) 40 40 10 40

g) 10 70 40 10

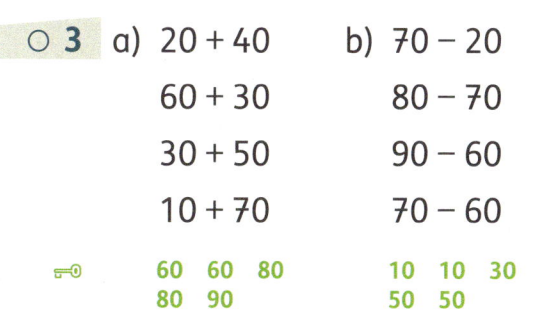

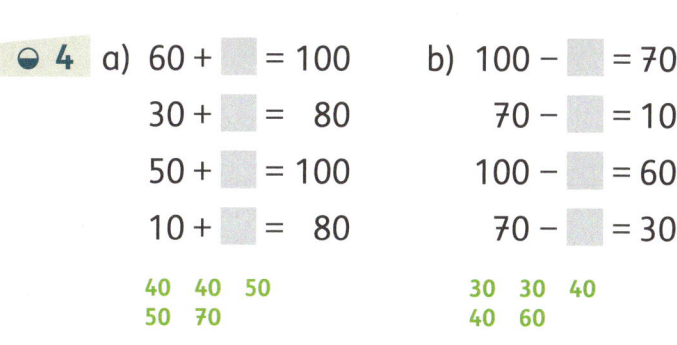

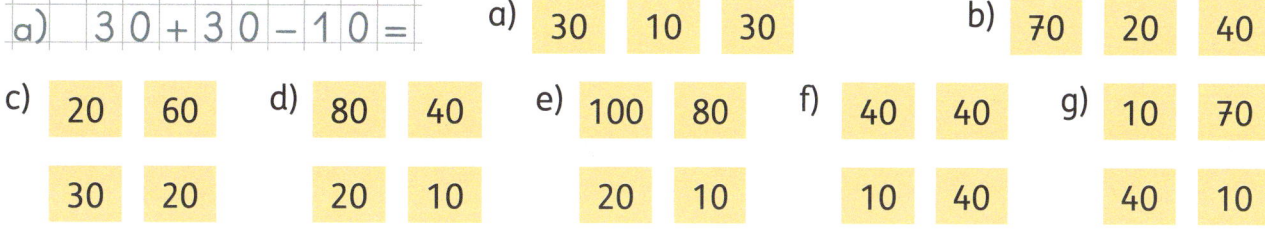

1 Das Hunderterfeld thematisieren, dabei auf die Zehner- und Fünferstruktur eingehen. Additions- und Subtraktionsaufgaben finden, zeigen und rechnen. Weiterführung und Vertiefung: sprachliche Bildung. 2 Aufgabenstellungen an den Hunderterfeldern erkennen, notieren und lösen. 3–5 Rechnen mit Zehnerzahlen.

→ Arbeitsheft, Seite 8

Zählen und bündeln

1 Bei welchem Kind könnt ihr die Plättchen am leichtesten zählen? Begründet.

2 Legt viele Plättchen auf einen Teller.

❋ Schätzt, wie viele Plättchen es sind.

Bündelt und zählt.

Wer hat am besten geschätzt?

Und wie zählst du?

3 Wie viele Zehner? Wie viele Einer? Schreibe in die Stellenwerttafel.

a)

a)	Z	E
	4	2

b)

c)

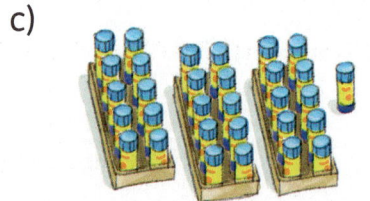

d)

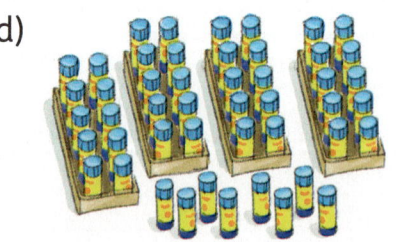

e)

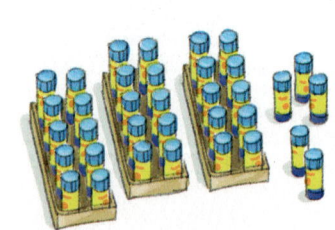

f)

g)

h)

1 Mit Bündelungen Mengen überschaubar darstellen. Auch dekadisch bündeln und tauschen. Weiterführung und Vertiefung: sprachliche Bildung. **2** Anzahlen schätzen und Schätzwerte durch Bündeln überprüfen. Beide Werte in eine Tabelle eintragen. **3** Zehnerbündelungen in den Bildern erkennen. Stellenwerttafeln im Heft anlegen und Anzahlen eintragen.

→ Arbeitsheft, Seite 9

Zehner und Einer

1

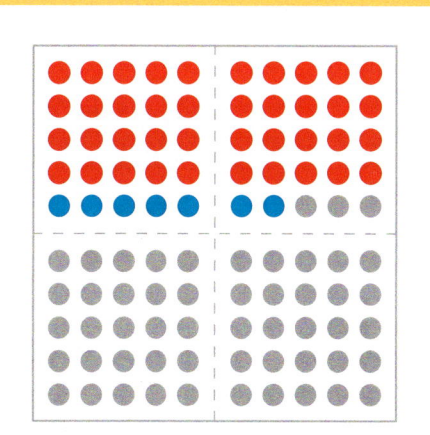

47

Z	E
4	7

siebenundvierzig

47 = 40 + 7

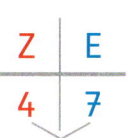

Ich spreche zuerst die Einer, schreibe aber zuerst die Zehner.

2 Lege nach. Zerlege in Zehner und Einer. a) 3 2 = 3 0 + 2

a) 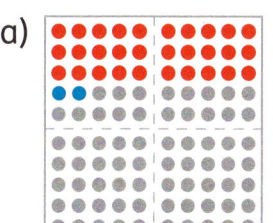 b) 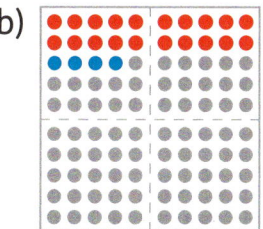 c) 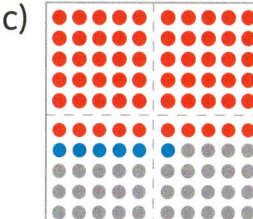 d)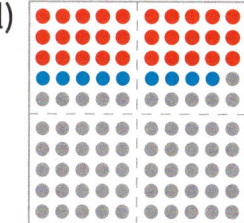

3 Lege auf dem Hunderterfeld.

a)

Z	E		Z	E		Z	E
6	1		3	5		8	0

Z	E		Z	E		Z	E
5	8		2	7		4	9

b)

42	37	28
63	76	54
95	19	37

4 Lest euch die Zahlen vor. Schreibt in die Stellenwerttafel.

a) dreiundzwanzig, siebenundfünfzig   b) achtunddreißig, einundvierzig

c) fünfundachtzig, zweiundneunzig   d) sechsundsiebzig, neunundsechzig

5 Kinder in anderen Ländern sprechen die Zahl 47 so:

quarante-sept   kırkyedi   сорок семь   sab'a wa arba'un

Kennst du Zahlen in anderen Sprachen?

Inès   Berat   Asja   Adil

1–4 Die Zahlen bis 100 unterschiedlich darstellen, lesen und schreiben. Den Unterschied zwischen Sprech- und Schreibweise zweistelliger Zahlen thematisieren. Weiterführung und Vertiefung: sprachliche Bildung. 5 Zahlwörter in verschiedenen Sprachen kennenlernen. Die Sprechweise der Zahlen in den einzelnen Sprachen untersuchen.

→ Arbeitsheft, Seite 9

Zahlen darstellen: Geheimschrift

1

2 Schreibe die Zahlen in Geheimschrift. Trage in die Stellenwerttafel ein.

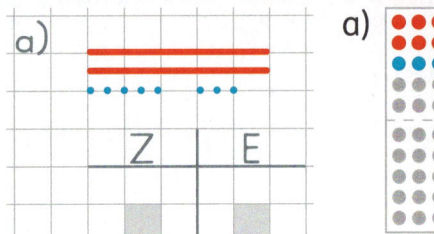
a)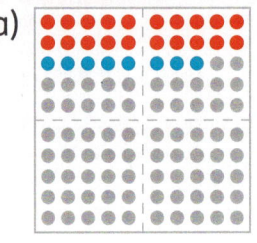
b)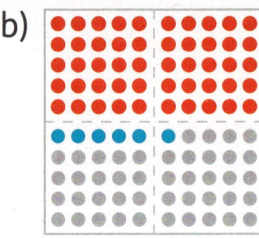
c)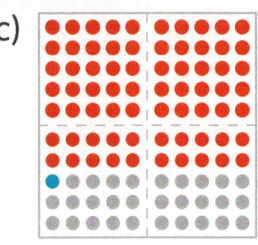

d) Lege Aufgaben für ein anderes Kind.

3 Entschlüssle die Geheimschrift.

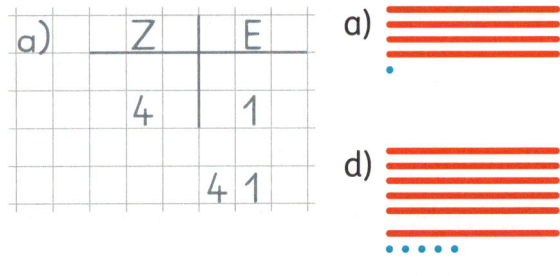

a)
b)
c)

d)
e)
f)

g)
h)
i)

4 Schreibe in Geheimschrift.

a)

Z	E
2	5

Z	E
7	3

Z	E
3	7

Z	E
4	2

Z	E
2	4

Z	E
9	1

b)

63	54	16
39	45	61
93	55	27

1, 2 Zahlen am Hunderterfeld, in Geheimschrift und in der Stellenwerttafel darstellen.   3 Die Geheimschrift in die Stellenwert-
schreibweise übersetzen.   4 Die vorgegebenen Zahlen in Geheimschrift übersetzen.

→ Arbeitsheft, Seite 10

Zahlen darstellen: Zahlen-Steckbriefe

○ 1

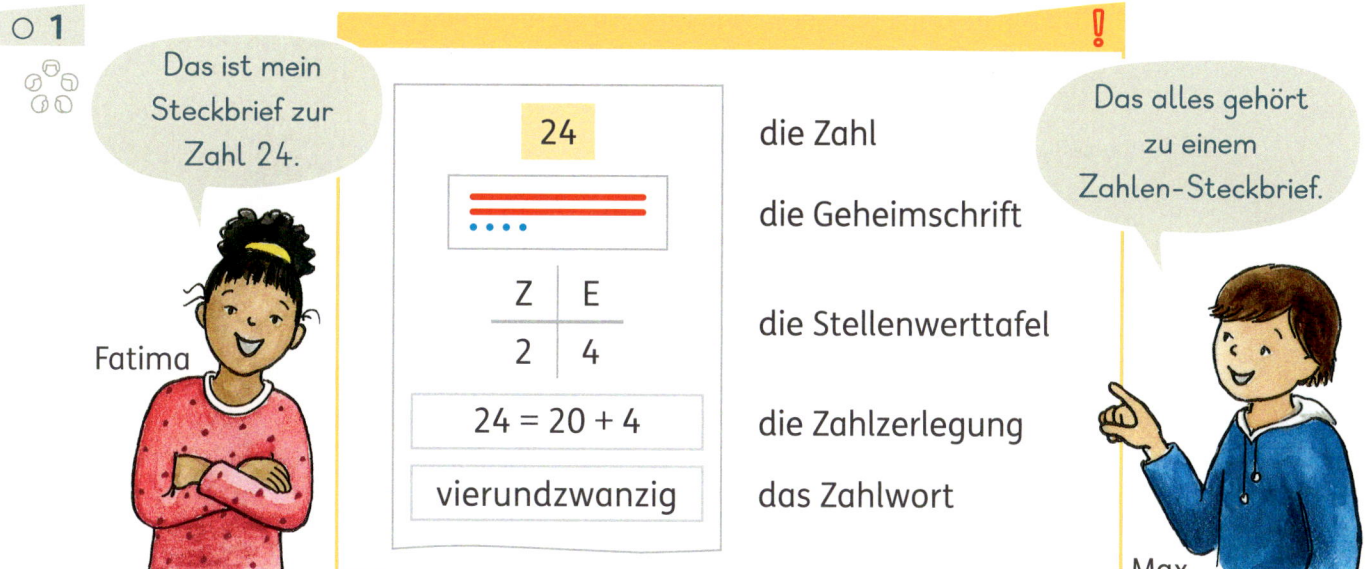

Das ist mein Steckbrief zur Zahl 24. (Fatima)

Das alles gehört zu einem Zahlen-Steckbrief. (Max)

24	die Zahl
(Geheimschrift)	die Geheimschrift
Z E / 2 4	die Stellenwerttafel
24 = 20 + 4	die Zahlzerlegung
vierundzwanzig	das Zahlwort

○ 2 Schreibe ab. Vervollständige die Zahlen-Steckbriefe.

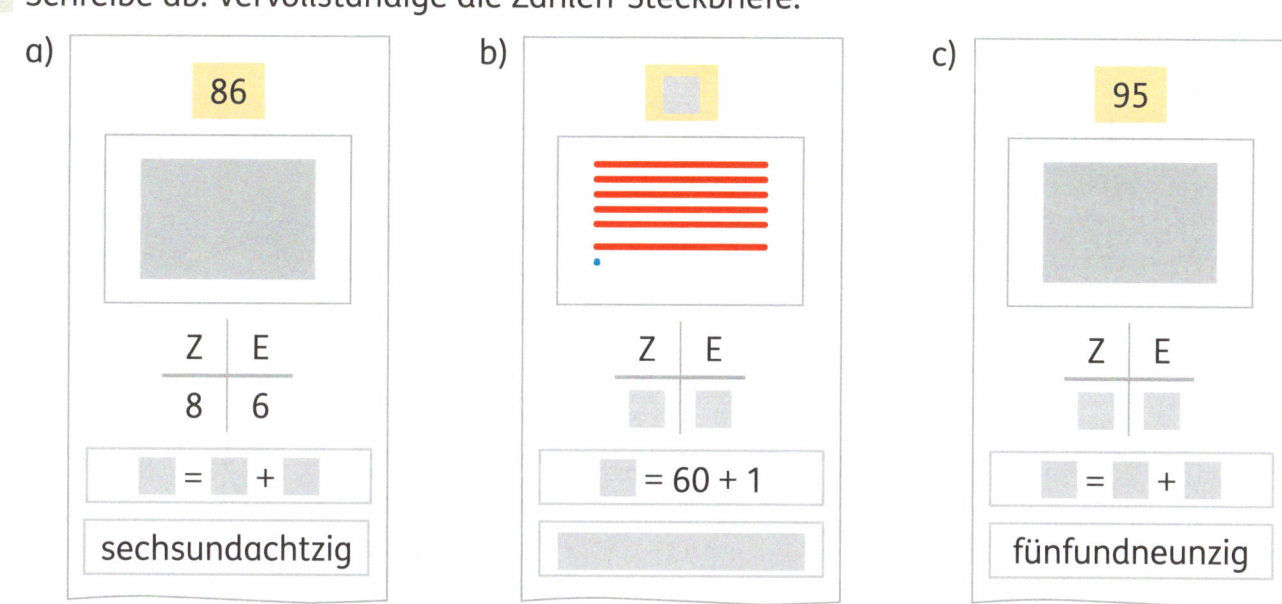

a)
86

Z E
8 6

▢ = ▢ + ▢

sechsundachtzig

b)
▢

Z E
▢ ▢

▢ = 60 + 1

c)
95

Z E
▢ ▢

▢ = ▢ + ▢

fünfundneunzig

● 3 Setzt die vier zerschnittenen Steckbriefe zusammen. Ergänzt fehlende Angaben.

dreiundzwanzig

▢ = 90 + 9

Z E
9 9

45

fünfundvierzig

99

▢ = 40 + 5

zwölf

▢ = 10 + 2

Z E
1 2

neunundneunzig

▢ = 20 + 3

Z E
2 3

1 Den Zahlen-Steckbrief als Zusammenstellung verschiedener Zahldarstellungen wiederholen. Den Zusammenhang zwischen den Zahldarstellungen Zahl, Geheimschrift, Stellenwerttafel, Zahlzerlegung und Zahlwort erkennen. 2 Die Zahlen-Steckbriefe im Heft vervollständigen. 3 Die Zahldarstellungen 4 Zahlen-Steckbriefen zuordnen und fehlende Zahldarstellungen ergänzen.

→ Arbeitsheft, Seite 11

Die Hundertertafel

1

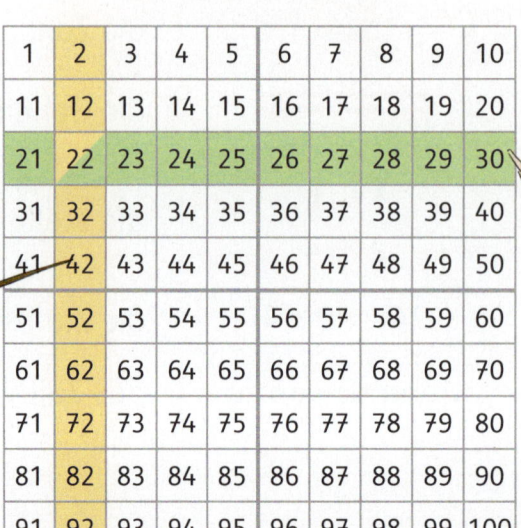

Ich zeige alle Zahlen in der 2. Spalte.

die Hundertertafel

1	2	3	4	5	6	7	8	9	10
11	12	13	14	15	16	17	18	19	20
21	22	23	24	25	26	27	28	29	30
31	32	33	34	35	36	37	38	39	40
41	42	43	44	45	46	47	48	49	50
51	52	53	54	55	56	57	58	59	60
61	62	63	64	65	66	67	68	69	70
71	72	73	74	75	76	77	78	79	80
81	82	83	84	85	86	87	88	89	90
91	92	93	94	95	96	97	98	99	100

Ich zeige alle Zahlen in der 3. Zeile.

Dyen

Dominik

2

a) Zeigt alle Zahlen von 56 bis 65

b) Zeigt alle Zahlen in der 5. Zeile.

c) Zeigt alle Zahlen in der 7. Spalte.

d) Zeigt alle Zehner- zahlen.

e) Zeigt die Zahl rechts von 24.

f) Zeigt die Zahl links von 62.

g) Zeigt die Zahl über 71.

h) Zeigt die Zahl unter 18.

i) Welche Zahlen liegen zwischen 23 und 36?

j) Welche Zahlen liegen zwischen 19 und 27?

k) Welche Zah- len liegen um die 84?

l) Stellt euch eigene Aufgaben.

3 Schreibe die verdeckten Zahlen auf. Was fällt dir auf?

a)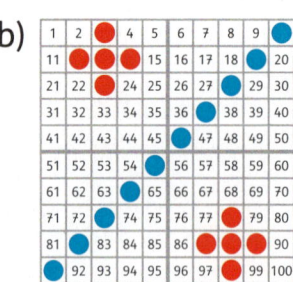

b)

c)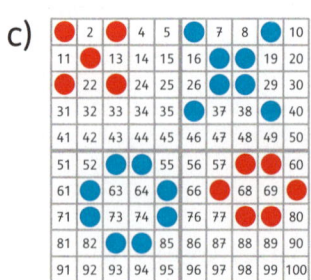

d) Finde eigene Muster.

4 Legt jeweils ein Plättchen auf die gesuchten Zahlen. Was fällt euch auf?

a) Findet alle Zahlen, bei denen der Einer so groß ist wie der Zehner.

b) Findet alle Zahlen, bei denen der Zehner doppelt so groß ist wie der Einer.

1 Zahlen auf der Hundertertafel finden. Die aus Tabellen bekannten Begriffe „Zeile" und „Spalte" sowie Lagebegriffe auf die Hundertertafel übertragen. 2 Die Zahlen abwechselnd an der Hundertertafel zeigen. 3 Die verdeckten Zahlen bestimmen und eigene Muster finden. 4 Zahlen auf der Hundertertafel mit Plättchen abdecken und Entdeckungen gegenseitig beschreiben.

→ Arbeitsheft, Seite 12

Aufgaben an der Hundertertafel

1

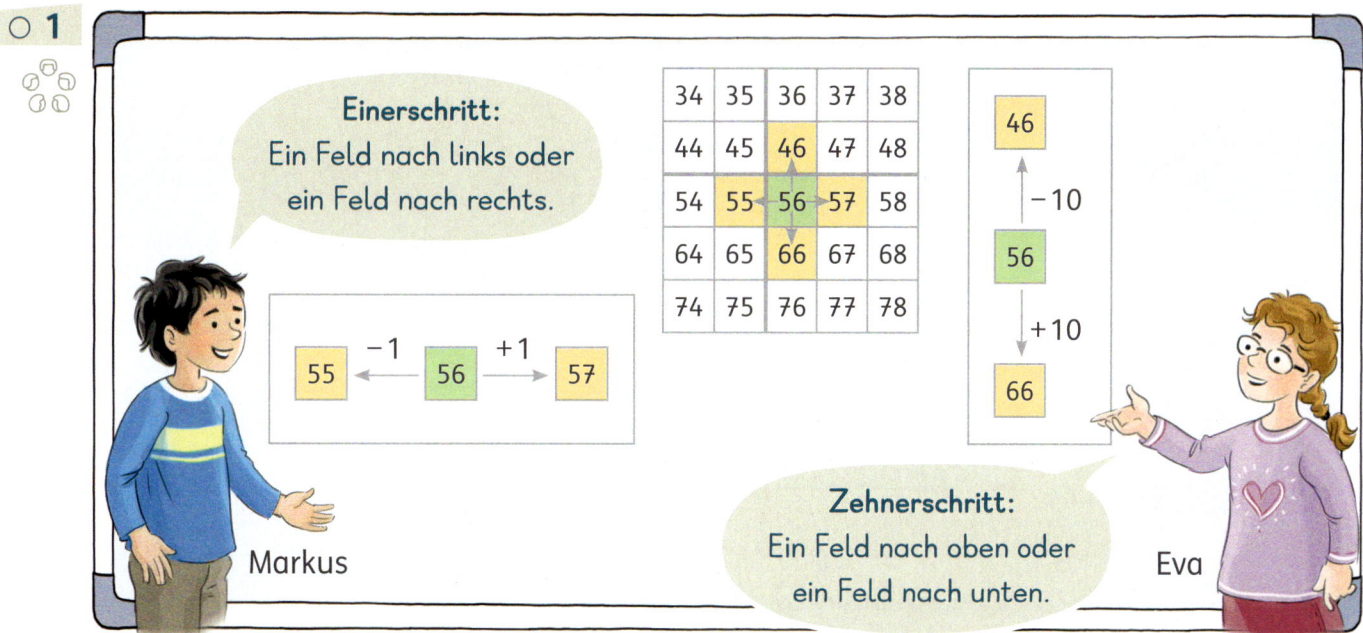

Einerschritt:
Ein Feld nach links oder ein Feld nach rechts.

34	35	36	37	38
44	45	46	47	48
54	55	56	57	58
64	65	66	67	68
74	75	76	77	78

55 ← −1 − 56 − +1 → 57

46 − −10 ↑ 56 ↓ +10 − 66

Markus

Zehnerschritt:
Ein Feld nach oben oder ein Feld nach unten.

Eva

2 Welche Zahlen fehlen? Wie rechnest du, um sie zu erreichen?

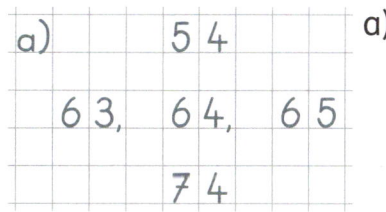

a)
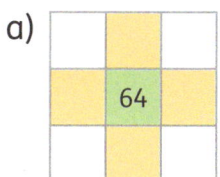

b)
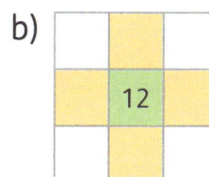

c)
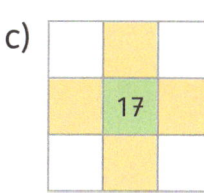

d)
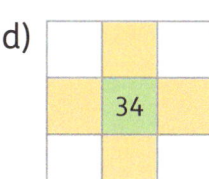

e)
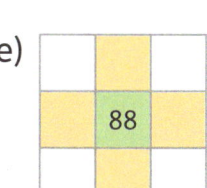

f)
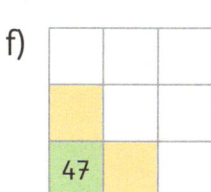

g)
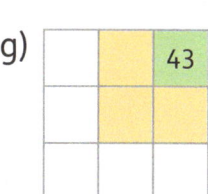

3 Springe von 🟩 nach 🟨. Auf welcher Zahl landest du? Beschreibe deinen Weg.

a)
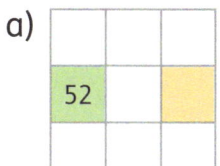

b)
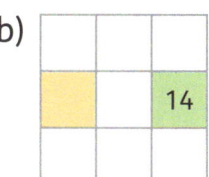

c)
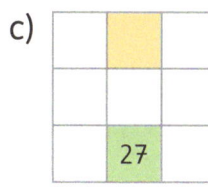

d)
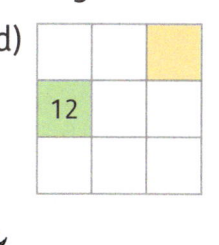

e)
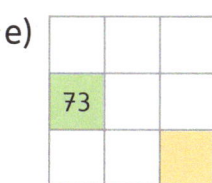

f)
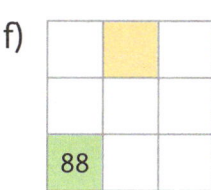

g) Finde eigene Sprünge.

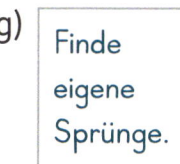

4 Springt auf der Hundertertafel. Startet immer bei 45.

✱ a) Springt immer 2 Felder weit und legt ein rotes Plättchen.

b) Springt immer 3 Felder weit und legt ein blaues Plättchen.

1 Das Prinzip Einer- und Zehnerschritt an der Hundertertafel nachvollziehen.   2, 3 Übungen zu Schritten und Sprüngen an der Hundertertafel. Aufgabe 3 mündlich lösen.   4 Erreichbare Felder bestimmen. Es gelten dabei nur waagerechte und senkrechte Sprünge, die Sprungrichtung darf gewechselt werden (auch vor- und zurückspringen).

→ Arbeitsheft, Seite 13

21

Der Zahlenstrahl

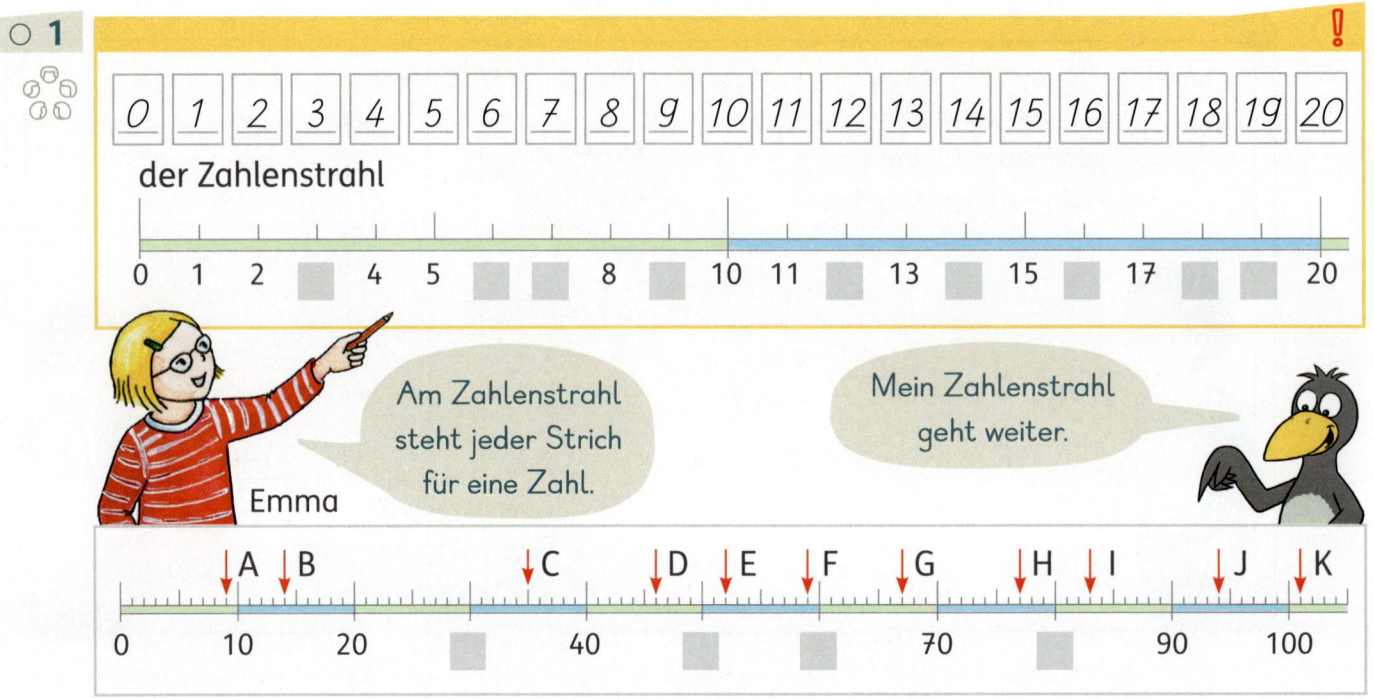

der Zahlenstrahl

Am Zahlenstrahl steht jeder Strich für eine Zahl. — Emma

Mein Zahlenstrahl geht weiter.

a) Vergleicht den Zahlenstrahl von Emma mit dem des Raben. Beschreibt.

b) Welche Zahlen fehlen am Zahlenstrahl von Emma und des Raben?

c) Auf welche Zahlen zeigen die roten Pfeile? c) A ⟶ g

d) Zeigt am Zahlenstrahl des Raben:

– die Mitte zwischen 0 und 100.　　– die Mitte zwischen 20 und 30.

– die Zahlen: 13, 28, 41, 57, 74, 102.　　– eigene Zahlen.

2 Auf welche Zahlen zeigen die roten Pfeile? Schreibe sie auf.　A ⟶ 1 2

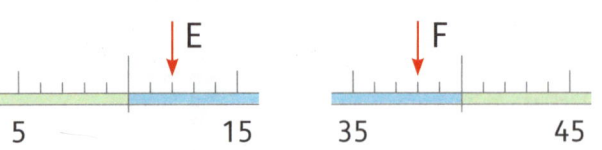
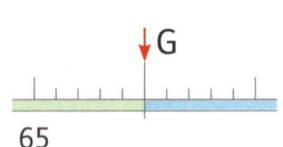
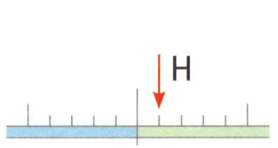

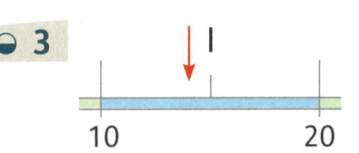

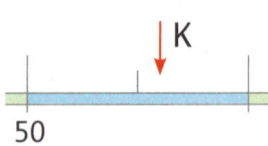
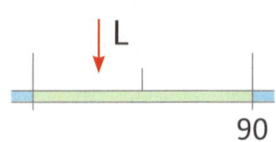

3

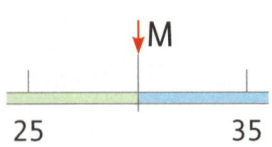
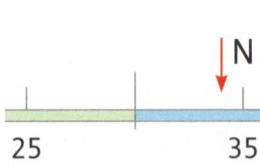
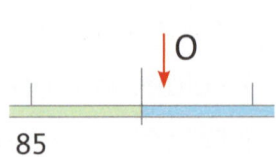
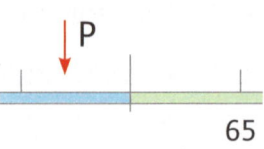

1 Den Zahlenstrahl über die Zahlenreihe einführen. Die unterschiedlichen Skalierungen erkennen und beschreiben. Zahlen zeigen und bestimmen. Weiterführung und Vertiefung: sprachliche Bildung.　**2, 3** Zahlen an den Ausschnitten des Zahlenstrahls bestimmen.

→ Arbeitsheft, Seite 14

○ **4**

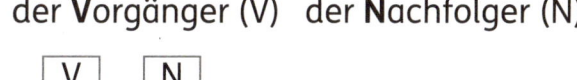

der **V**orgänger (V)   der **N**achfolger (N)

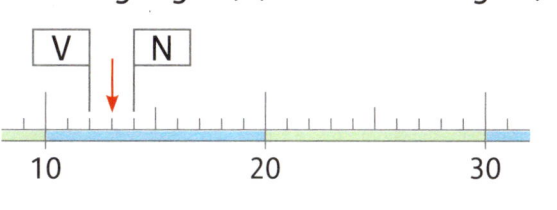

der **N**achbar**z**ehner (NZ)

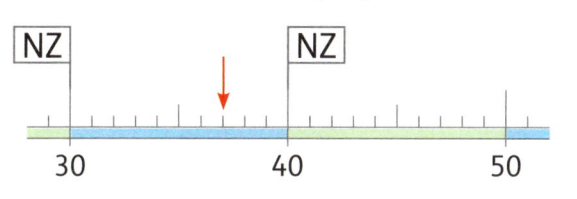

a) Notiere Vorgänger und Nachfolger.

V	Z	N
12	13	14
	23	
	51	
	76	
	95	

V	Z	N
48		
		61
89		
		31
70		

b) Notiere die Nachbarzehner.

NZ	Z	NZ
30	37	40
	47	
	62	
	79	
	55	

NZ	Z	NZ
	46	
	81	
	55	
	29	
	92	

○ **5** Setze <, > oder = ein.

a) 12 < 22
   67 ○ 33
   48 ○ 95
   84 ○ 51

b) 24 ○ 42
   98 ○ 89
   56 ○ 65
   71 ○ 17

c) 100 ○ 10
   46 ○ 27
   32 ○ 39
   91 ○ 59

d) 15 ○ 50
   74 ○ 74
   96 ○ 26
   19 ○ 53

○ **6** Ordne die Zahlen nach der Größe. Beginne mit der größten Zahl.

a) 9 5 , 8 6 ,

a)
63	17
25	86
95	34

b)
7	47
77	57
17	87

c)
26	54
38	62
45	83

○ **7** Löse die Zahlenrätsel.

a) Der Vorgänger meiner Zahl heißt 52.

b) Der Nachfolger meiner Zahl heißt 100.

c) Meine Zahl liegt in der Mitte zwischen 78 und 82.

d) Meine Zahl liegt zwischen 77 und 90. Sie hat keine 8.

e) Meine Zahl hat 6 Zehner. Der Zehner ist um 3 größer als der Einer.

4 Die Begriffe „Vorgänger" und „Nachfolger" wiederholen und den Begriff „Nachbarzehner" am Zahlenstrahl einführen. Die Nachbarzahlen im Heft notieren. **5** Zahlen unter Verwendung der Relationszeichen vergleichen. **6** Zahlen der Größe nach ordnen. **7** Die Zahlenrätsel lösen. Weiterführung und Vertiefung: sprachliche Bildung.

→ Arbeitsheft, Seite 15

23

Mit Geld umgehen

○ **1** Beschreibt die Euro-Geldscheine. Welche Unterschiede gibt es?

Findet heraus, was auf der Rückseite der Scheine zu sehen ist.

○ **2** Lege die Beträge und schreibe sie auf.   a) $20€ + 20€ + 10€ =$

Ordne die Beträge der Größe nach. Beginne mit dem kleinsten Betrag.

a)   b)   c)   d)

◒ **3** a) Legt 100 Euro. Findet verschiedene Möglichkeiten.

Ich lege mit 6 Scheinen.

Emma

Betrag	50	20	10	Anzahl Scheine
100 €	I		‖‖‖	6
100 €				
100 €				
100 €				

b) Versucht es jetzt mit 50 Euro. Kann man 50 Euro mit 2 Geldscheinen legen?

◒ **4** **Trefft immer genau 100 Euro.**

Ihr braucht: 2-mal 5   3-mal 10   3-mal 20   1-mal 50

Spielregeln: Legt abwechselnd immer einen Geldschein eurer Wahl auf den Tisch.

Wer zusammen mit seinem Schein genau die 100 Euro trifft, gewinnt.

1 Geldscheine unterscheiden und beschreiben.   **2** Geldbeträge erkennen, berechnen und vergleichen.   **3** Geldbeträge auf verschiedene Weise legen und Möglichkeiten in Strichlisten festhalten.   **4** Spiel für 2 bis 3 Kinder, bei dem gemeinsam 100 € auf geschickte Weise gelegt werden sollen.

→ Arbeitsheft, Seite 16

Mit Geld rechnen

1 Kauft ein. Bezahlt jede Rechnung mit einem 100-€-Schein.

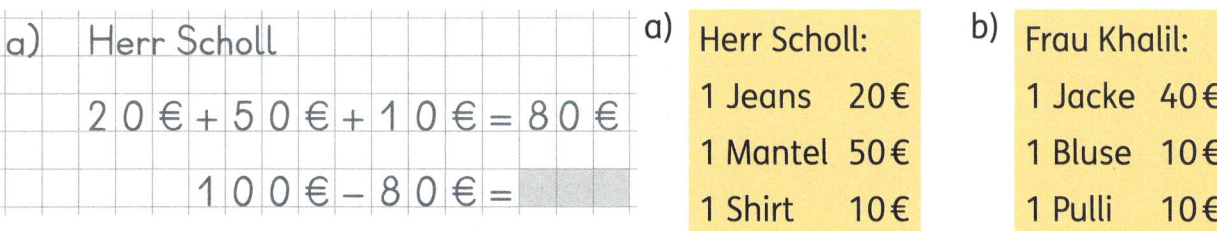

Spielt jeden Einkauf in diesen Schritten:

Ich kaufe:	→	Ich gebe: 100 €	→	Ich bekomme ▢ € zurück.	→	Ich kontrolliere: ▢ € + ▢ € = 100 €

2

	gekauft:	gegeben:	zurück:	Kontrolle:
a)	1 Jacke: 40 €	100 €	▢ €	40 € + ▢ € = 100 €
b)	1 Mantel: ▢ €	100 €	▢ €	▢ € + ▢ € = 100 €
c)	2 Shirts: ▢ €	100 €	▢ €	▢ € + ▢ € = 100 €
d)	1 Mantel, 1 Shirt: ▢ €	100 €	▢ €	▢ € + ▢ € = 100 €
e)	▢ : ▢ €	100 €	▢ €	▢ € + ▢ € = 100 €

3 Jede Rechnung wird mit einem 100-€-Schein bezahlt. Berechne das Rückgeld.

a)
Herr Scholl

$20 € + 50 € + 10 € = 80 €$

$100 € - 80 € = $ ▢

a)
Herr Scholl:
1 Jeans 20 €
1 Mantel 50 €
1 Shirt 10 €

b)
Frau Khalil:
1 Jacke 40 €
1 Bluse 10 €
1 Pulli 10 €

c)
Frau Mieth:
1 Rock ▢ €
1 Shirt ▢ €
2 Pullis ▢ €

d)
Frau Weller:
1 Hose ▢ €
1 Jacke ▢ €
1 Pulli ▢ €
1 Hemd ▢ €

e)
Herr Hetzel:
▢ ▢ €
▢ ▢ €
▢ ▢ €
▢ ▢ €

f)
Frau Rabe bekommt 0 € zurück. Was könnte sie gekauft haben?

1–3 Sachsituationen besprechen und Lösungsmöglichkeiten suchen. Beträge auf 100 € ergänzen. Das Rückgeld kontrollieren. Eigene Aufgaben zusammenstellen. Differenzierung: Weitere Kleidungsstücke mit Preisen ergänzen. Weiterführung und Vertiefung: selbstbestimmtes Verbraucherverhalten.

25

→ Arbeitsheft, Seite 17

Figuren auslegen

○ **1** Lege aus. Zähle und notiere.

a)

b)

c)

1 Die Begriffe „Quadrat" und „Dreieck" wiederholen. Die Figuren mit Geoplättchen auslegen und die Anzahl der gelegten Plättchenformen jeweils in einer Tabelle notieren. Die Gesamtanzahl der Plättchenformen ermitteln. Es gibt für jede Figur verschiedene Möglichkeiten.

→ Arbeitsheft, Seite 18

Figuren unterschiedlich auslegen

1 Lege unterschiedlich aus. Zähle und notiere jeweils.

a)

□	1
△	1
△	2
gesamt	4

□	
△	
△	
gesamt	

b)

□	4
△	2
△	4
gesamt	10

□	
△	
△	
gesamt	

Wie viele Plättchen brauchst du mindestens. Wie viele höchstens?

1 Figuren mit den angegebenen Geoplättchen auslegen. Die Figuren auf verschiedene weitere Arten auslegen und die Arbeitsergebnisse in Tabellen notieren.

27

→ Arbeitsheft, Seite 18

Muster legen

○ 1 Than und Elena legen Muster:

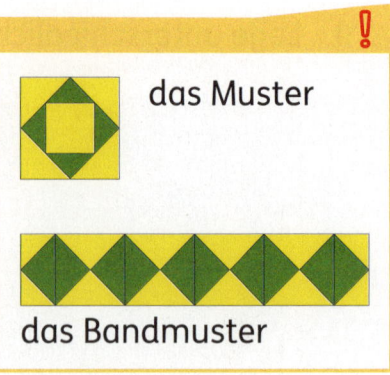

das Muster

das Bandmuster

○ 2 Lege die Muster aus Quadraten, Dreiecken und Rechtecken. Ergänze oder verändere.

a)
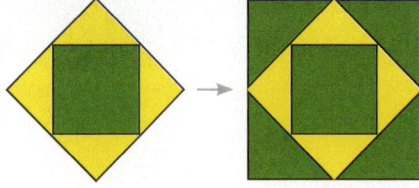

b)
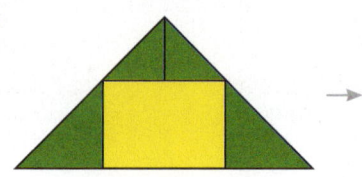 

◑ 3 a)
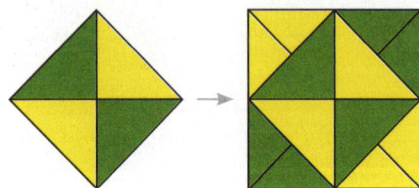

b)

○ 4 Legt die Bandmuster. Setzt fort und beschreibt.

a)
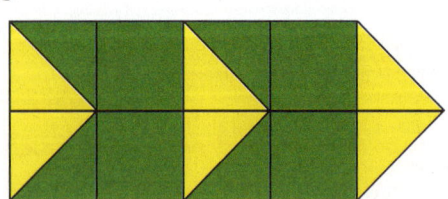

b)

● 5 Legt die Bandmuster. Setzt fort und beschreibt.

a)

b)

28

Muster zeichnen

○ 1

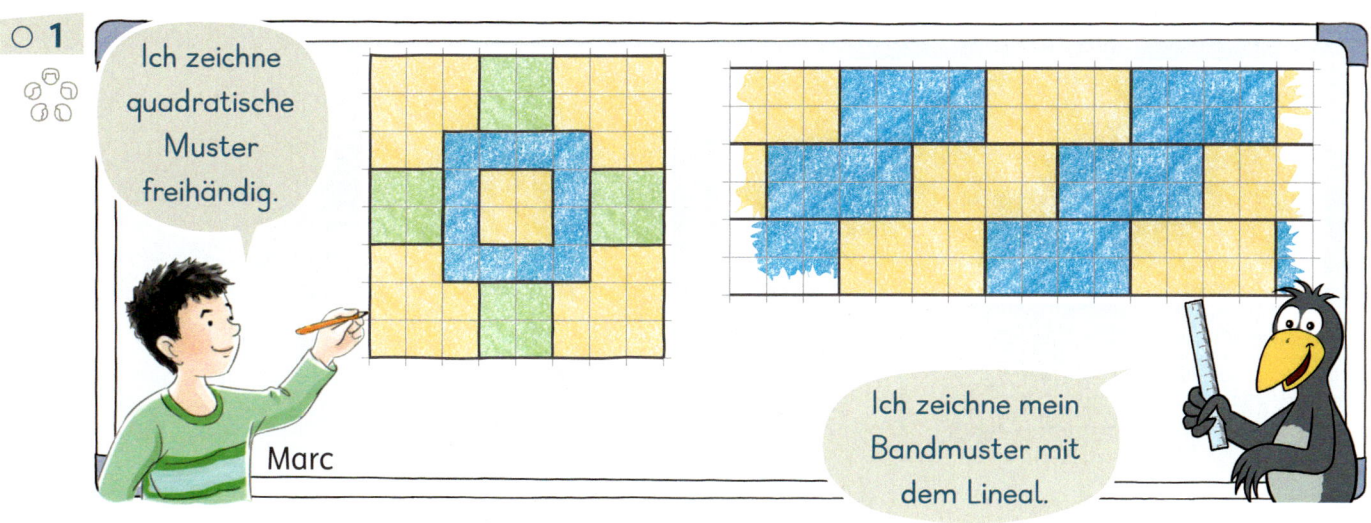

○ 2

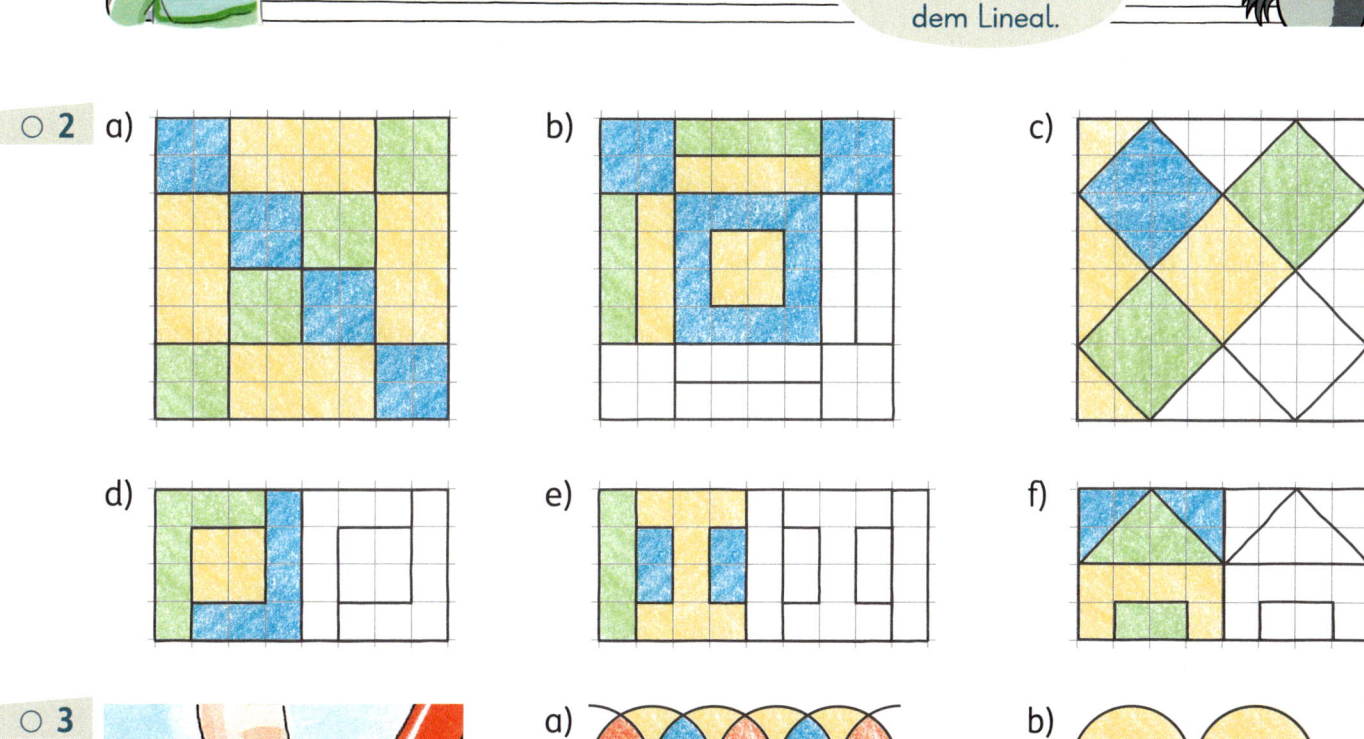

a) b) c)

d) e) f)

○ 3

a) b)

◖ 4 Zeichne die Muster freihändig und färbe.

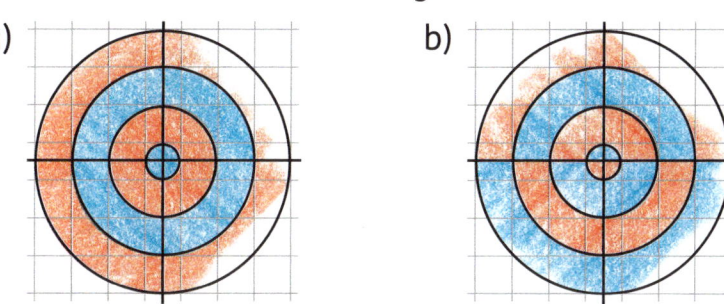

a) b) c)

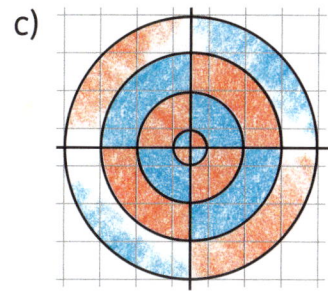

1,2 Freihändig oder mit Lineal zeichnen. Gesetzmäßigkeiten in den Mustern erkennen und beschreiben. 3 Mit Kreisschablonen zeichnen. 4 Die Muster freihändig abzeichnen. Differenzierung: Eigene Muster und Bandmuster aus Quadraten, Rechtecken, Dreiecken und Kreisen erfinden. Weiterführung und Vertiefung: ästhetisches Wahrnehmen und Gestalten.

→ Arbeitsheft, Seite 19

29

Wiederholung – Über Lernen sprechen

○ 1 Die Kinder kaufen Souvenirs. Stelle jeweils die passende Frage, löse und antworte.

12 →

a) Nina kauft:

b) Marco kauft:

c) Leon hat: Er kauft:

d) Ida hat: Sie kauft:

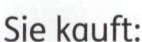

○ 2

15 →

a)	b)	c)	d)	e)
40 + 30	50 + 40	20 – 10	50 – 20	30 + 50
60 + 20	40 + 60	60 – 40	90 – 40	100 – 70
20 + 50	30 + 70	30 – 30	80 – 30	20 + 80
30 + 60	10 + 90	80 – 70	40 – 20	70 – 60

○ 3

19 →

a) 74

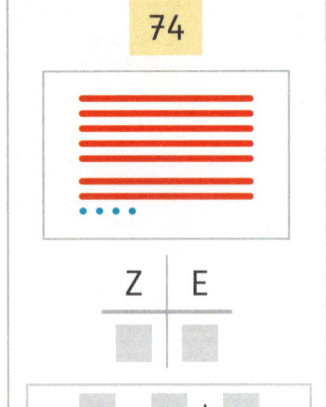

Z | E

□ = □ + □

b)

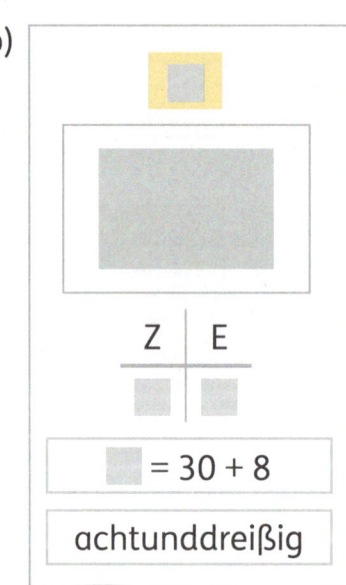

Z | E

□ = 30 + 8

achtunddreißig

c) 89

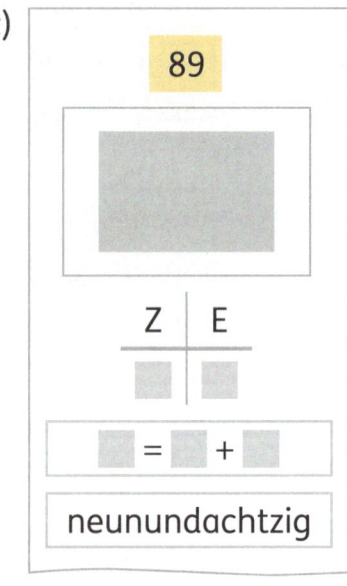

Z | E

□ = □ + □

neunundachtzig

○ 4 a) Auf welche Zahlen zeigen die roten Pfeile? Schreibe sie auf.

22 →

 a) A → 7

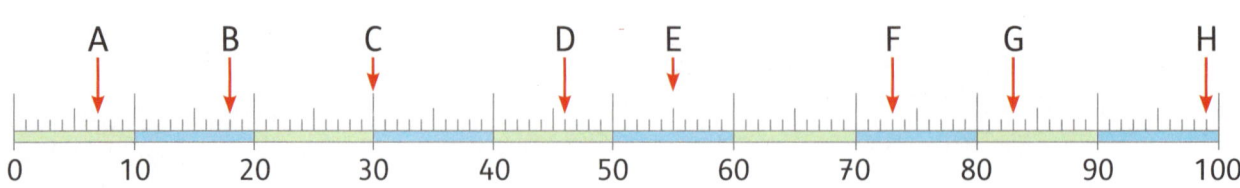

A   B   C   D   E   F   G   H

0 10 20 30 40 50 60 70 80 90 100

b) Zähle in Einerschritten und notiere.

von 28 bis 35   von 26 bis 19

von 83 bis 90   von 64 bis 57

c) Zähle in Zehnerschritten und notiere.

von 12 bis 62   von 76 bis 26

von 41 bis 91   von 53 bis 3

Reflexion: Kinder sprechen über ihren Lernstand. **1** Aufgaben mit den 3 Lösungsschritten bearbeiten. **2** Aufgaben mit Zehnerzahlen lösen. **3** Die Zahlen-Steckbriefe im Heft vervollständigen. **4** Zahlen an den roten Pfeilen bestimmen und im Heft notieren. In Einer- und Zehnerschritten vorwärts und rückwärts zählen und Zahlen notieren.

→ Arbeitsheft, Seite 20

○ **5** a) Notiere Vorgänger und Nachfolger.   b) Notiere die Nachbarzehner.

V	Z	N
34	35	36
	79	
	43	
	99	
	50	

V	Z	N
		48
61		
87		
		32
54		

NZ	Z	NZ
30	39	40
	56	
	61	
	76	
	98	

NZ	Z	NZ
	42	
	89	
	17	
	80	
	23	

◑ **6** Löse die Zahlenrätsel.

a)
> Bei meiner Zahl ist der Zehner um 2 größer als 3. Der Einer ist kleiner als 1.

b)
> Bei meiner Zahl ist der Einer die Hälfte von 4. Der Zehner ist der Nachfolger von 5.

c)
> Meine Zahl hat doppelt so viele Einer wie Zehner. Der Zehner ist der Vorgänger von 2.

◑ **7** Überlege zuerst: Wie viel Geld ist es jeweils? Schreibe auf.
Überlege dann: Wie viel fehlt bis 100 Euro? Ergänze.

a)    b)    c)    d)

a)   3 0 € + ☐ € = 1 0 0 €

e)    f)    g)    h)

◑ **8** Lege die Bandmuster. Setze sie fort.

a)   b)    c)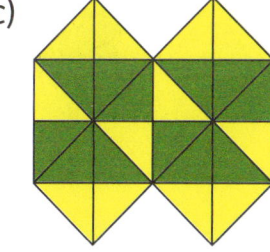

---

5 Die Nachbarzahlen im Heft notieren.   **6** Zahlenrätsel lösen.   **7** Zuerst die Geldbeträge bestimmen, notieren, dann bis auf 100 Euro ergänzen.   **8** Die vorgegebenen Bandmuster legen und nach links und rechts fortsetzen.

→ Arbeitsheft, Seite 20

Rückblick – Über Lernen sprechen

1
a)
6 + 2
3 + 4
4 + 4
0 + 5
1 + 6

b)
12 + 5
11 + 8
13 + 2
10 + 5
14 + 5

c)
5 + 5 + 4
6 + 4 + 8
8 + 2 + 5
3 + 7 + 4
1 + 9 + 5

d)
7 + 4
6 + 8
9 + 4
8 + 5
7 + 7

e)
7 + ⬜ = 10
6 + ⬜ = 11
9 + ⬜ = 12
6 + ⬜ = 13
9 + ⬜ = 14

2
a)
8 – 7
9 – 5
6 – 3
7 – 4
4 – 0

b)
14 – 3
18 – 7
20 – 8
19 – 5
16 – 4

c)
14 – 4 – 3
13 – 3 – 5
18 – 8 – 7
15 – 5 – 5
19 – 9 – 7

d)
14 – 9
12 – 4
15 – 9
17 – 9
11 – 5

e)
13 – ⬜ = 7
12 – ⬜ = 5
17 – ⬜ = 9
13 – ⬜ = 5
14 – ⬜ = 8

3 Schreibe die Aufgabenfamilien.

a)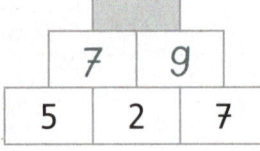

b)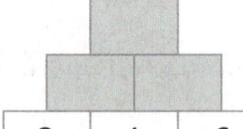

c)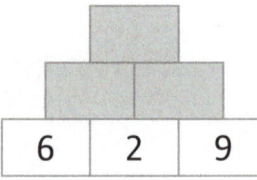

4
a)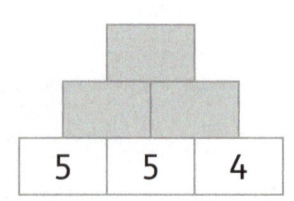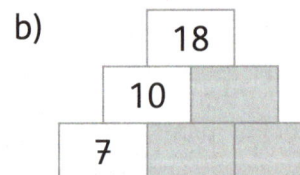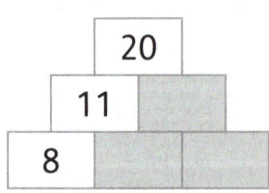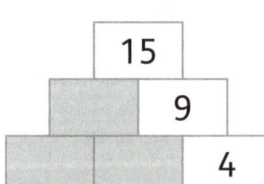

b)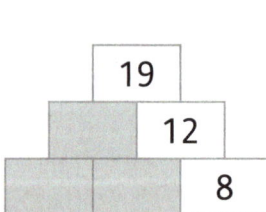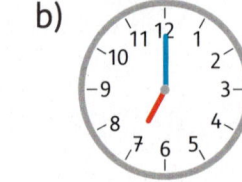

5 Wie spät ist es? Schreibe jeweils beide Uhrzeiten auf.

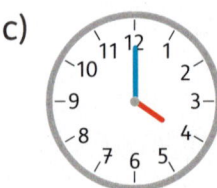

a)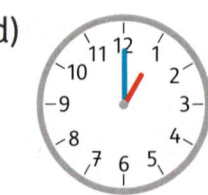

b)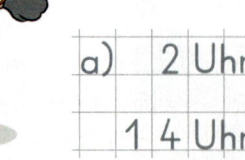

c)

d)

a)	2 Uhr
	14 Uhr

e)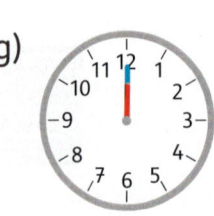

f)

g)

Reflexion: Kinder sprechen über ihren Lernstand. **1, 2** Aufgaben ohne und mit Zehnerübergang lösen. **3** Aufgabenfamilien im Heft notieren. **4** Fehlende Zahlen in den Zahlenmauern mithilfe der Addition und Subtraktion bzw. durch Ergänzen finden. **5** Jeweils beide Uhrzeiten (volle Stunden) ablesen und notieren.

Knobeln mit Formen

○ **1** Knacke den Tresor.

Emma: Hierhin gehört das gelbe Dreieck, weil ...

Legeregel:
Es gibt vier Formen:

In jeder Reihe,
in jeder Spalte
und in jedem 2 x 2 Quadrat
liegt jede Form genau
einmal.

○ **2** a)

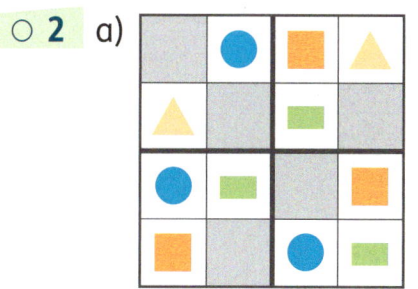

b)

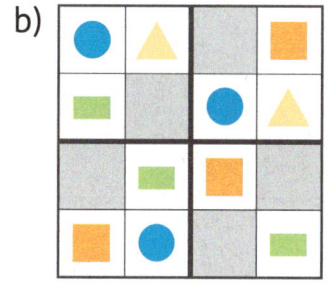

c)

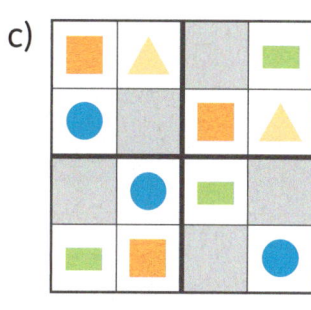

d)

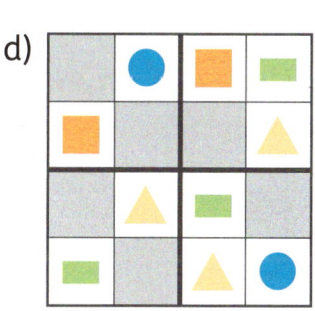

e)

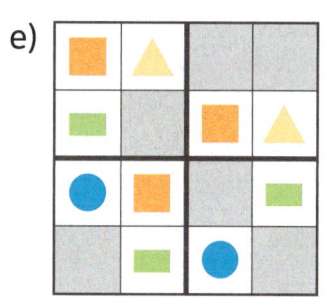

f)

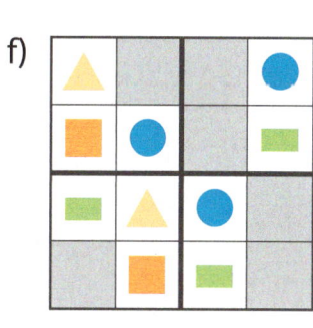

◗ **3** a)

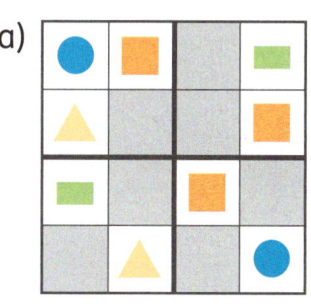

b)

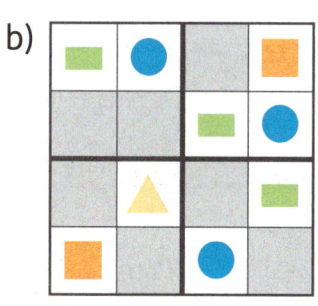

c)

● **4** a)

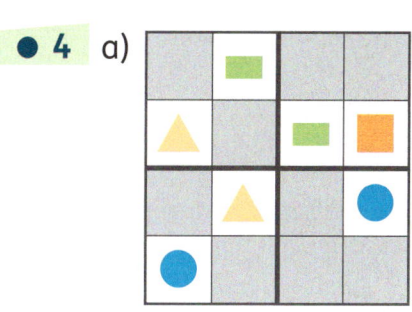

b)

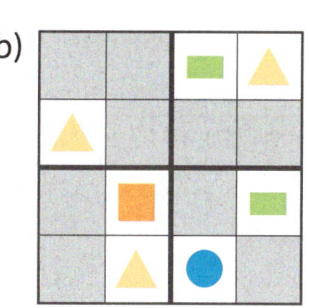

c)

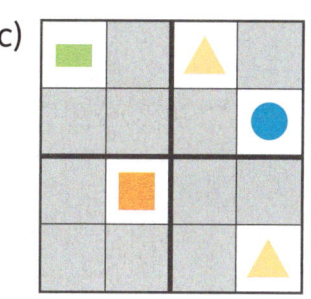

1–4 Die Muster in den 4 x 4-Rastern so ergänzen, dass in jeder Reihe, jeder Spalte und in jedem 2 x 2-Quadrat jede Form genau einmal vorkommt. Differenzierung: Eigene Tresore bzw. Muster mit den vorgegebenen oder anderen Formen erfinden.

33

→ Arbeitsheft, Seite 21

Plus mit Einern

1

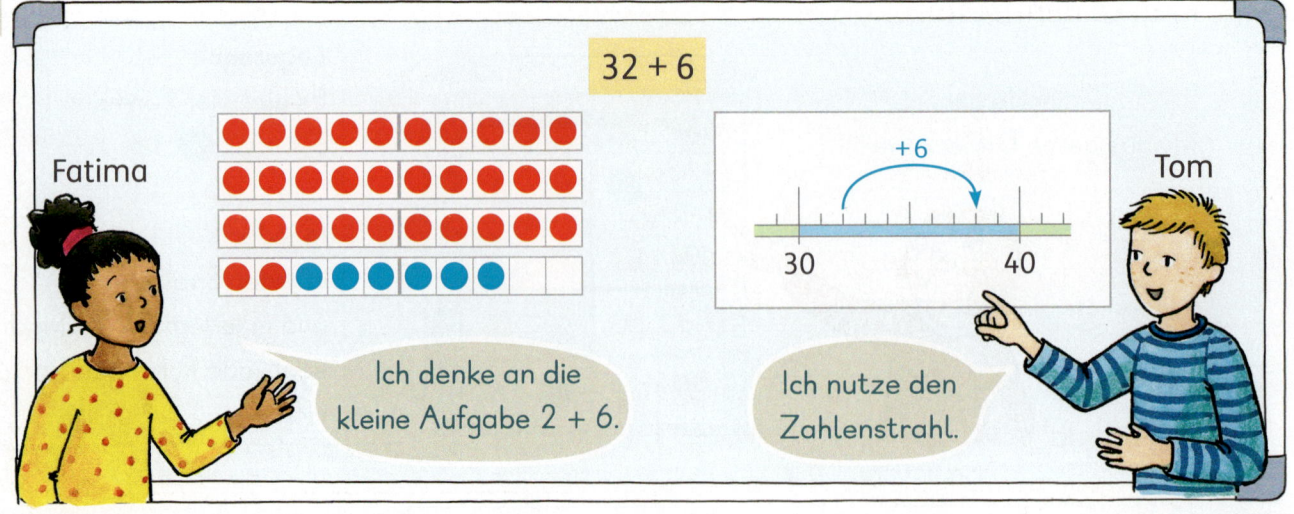

$32 + 6$

Fatima

Ich denke an die kleine Aufgabe $2 + 6$.

Ich nutze den Zahlenstrahl.

$+6$

30   40

Tom

2
a) $3 + 2$
$13 + 2$
$23 + 2$
$33 + 2$
$43 + 2$

b) $5 + 4$
$25 + 4$
$45 + 4$
$65 + 4$
$85 + 4$

c) $24 + 3$
$46 + 2$
$31 + 6$
$43 + 5$
$74 + 0$

d) $7 + 21$
$3 + 66$
$8 + 91$
$2 + 26$
$5 + 43$

e) $1 + 93$
$6 + 22$
$2 + 67$
$7 + 51$
$4 + 95$

3
a) $47 + 3$
$65 + 5$
$99 + 1$
$54 + 6$
$38 + 2$

b) $76 + 4$
$55 + 5$
$97 + 3$
$24 + 6$
$36 + 4$

Was fällt dir auf?

Max

c) $72 + 8$
$94 + 6$
$61 + 9$
$23 + 7$
$89 + 1$

d) $68 + 2$
$42 + 8$
$27 + 3$
$66 + 4$
$51 + 9$

40 50 60
70 80 100

20 30 40
60 80 100

30 40 70
80 90 100

30 50 60
70 70 80

4 Ergänze bis zum nächsten Zehner.

| 13 | 72 | 94 | 61 | 44 | 36 | 87 |

$1\,3 + 7 = 2\,0$

| 63 | 29 | 79 | 11 | 58 | 21 |

| 92 | 32 | 46 | 74 | 45 | 67 |

5 Familie Rabe geht ins Kino. Frage, löse und antworte.

| 21 Kinder und 8 Erwachsene sitzen im Saal. | Heute sehen den Film 44 Besucher. Gestern waren es 5 Besucher mehr. | Die Karten für Mama und Papa Rabe kosten je 10 €. Eine Kinderkarte kostet 6 €. |

1, 2 Additionsaufgaben ohne Zehnerübergang mit der aus Klasse 1 bekannten Strategie (kleine Aufgabe) lösen. Die Aufgaben auch am Zahlenstrahl veranschaulichen.   **3, 4** Bekannte Strategie auf den neuen Zahlenraum anwenden: Bis zum nächsten Zehner addieren bzw. ergänzen.   **5** Sachaufgaben mit den 3 Lösungsschritten (fragen, lösen, antworten) bearbeiten.

→ Arbeitsheft, Seite 22

Minus mit Einern

1

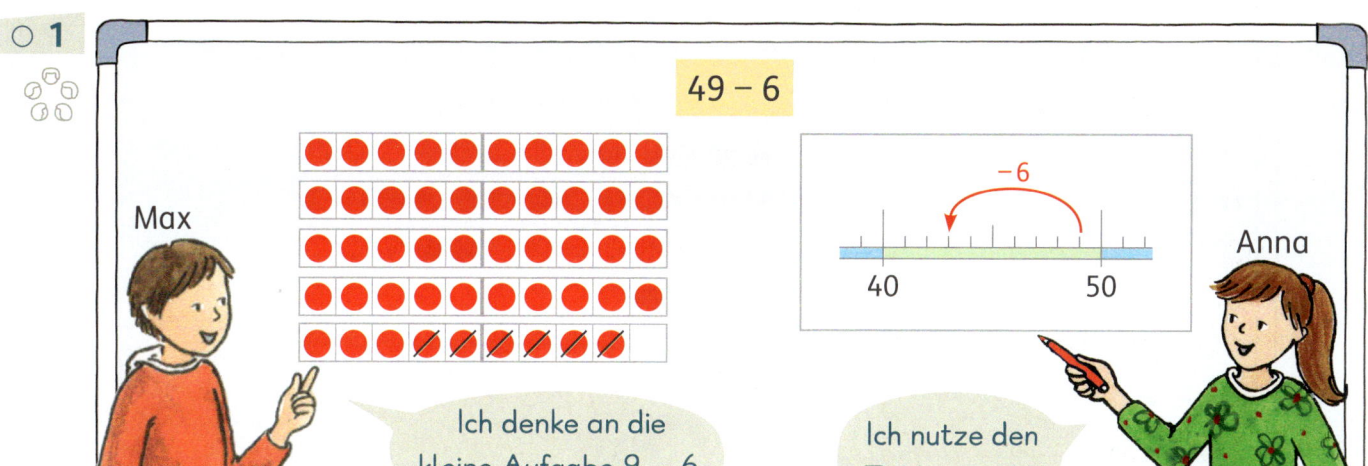

2
a)
19 – 3
39 – 3
59 – 3
79 – 3
99 – 3

b)
8 – 6
18 – 6
28 – 6
38 – 6
48 – 6

c)
23 – 1
96 – 5
46 – 4
68 – 2
35 – 3

d)
67 – 4
28 – 5
87 – 6
56 – 0
78 – 4

e)
98 – 7
41 – 0
82 – 1
79 – 5
39 – 8

3
a)
70 – 4
20 – 5
60 – 7
90 – 2
50 – 1

b)
30 – 6
20 – 8
60 – 0
90 – 9
50 – 3

c)
90 – 5
60 – 6
40 – 3
30 – 4
100 – 7

d)
70 – 1
20 – 2
80 – 0
50 – 8
40 – 9

e)
30 – 6
90 – 7
100 – 1
70 – 0
60 – 3

| 15 49 53 | 12 24 37 | 16 26 37 | 18 31 42 | 24 35 57 |
| 66 76 88 | 47 60 81 | 54 85 93 | 54 69 80 | 70 83 99 |

4 Nimm vom vollen Zehner weg.

a)
40 – ⬚ = 38
20 – ⬚ = 11
30 – ⬚ = 25
70 – ⬚ = 63

b)
50 – ⬚ = 44
80 – ⬚ = 79
90 – ⬚ = 87
100 – ⬚ = 96

c)
20 – ⬚ = 13
50 – ⬚ = 45
90 – ⬚ = 82
20 – ⬚ = 17

d)
70 – ⬚ = 61
100 – ⬚ = 94
30 – ⬚ = 28
60 – ⬚ = 59

5 Für den Film möchte Familie Rabe noch etwas kaufen. Frage, löse und antworte.

Papa Rabe hat 30 €
dabei. Wenn er ein
Eis kauft, hat er noch
28 €.

Im Imbiss wurden
29 Tüten Popcorn
vorbereitet. 5 Tüten
sind bereits verkauft.

Mama Rabe hat 38 €.
Sie kauft für 4 € Popcorn
und für 3 € ein Getränk.

1, 2 Subtraktionsaufgaben ohne Zehnerübergang mit der bekannten Strategie (kleine Aufgabe) lösen. Die Aufgaben auch am
Zahlenstrahl veranschaulichen. 3, 4 Vom vollen Zehner subtrahieren. 5 Sachaufgaben mit den 3 Lösungsschritten (fragen,
lösen, antworten) bearbeiten.

→ Arbeitsheft, Seite 23

Plusaufgaben mit Zehnerübergang

1

28 + 6

+6
+2 +4

25   30   35

28 + 6 =
28 + 2 = 30
30 + 4 =

Zuerst bis zum
nächsten Zehner.

Tom

8 + 6

28 +   6 =
   8 +   6 = 1 4
20 + 1 4 =

Zuerst nur
die Einer.

Fatima

2 Wie rechnet ihr? Erklärt euch euren Rechenweg.

a)	b)	c)	d)	e)
25 + 8	37 + 7	46 + 9	58 + 6	79 + 6
55 + 8	37 + 4	79 + 2	63 + 8	47 + 4
65 + 8	37 + 6	72 + 9	89 + 4	89 + 2
85 + 8	37 + 9	49 + 6	36 + 5	66 + 5
45 + 8	37 + 5	57 + 8	87 + 7	75 + 7

| 33 43 53 | 41 42 43 | 55 55 65 | 41 64 71 | 51 61 71 |
| 63 73 93 | 44 45 46 | 66 81 81 | 83 93 94 | 82 85 91 |

3 Finde die Rechenfehler. Schreibe die falschen Aufgaben richtig auf.

a)
29 + 7 = 26
56 + 9 = 65
64 + 7 = 71
38 + 3 = 41

b)
78 + 3 = 81
26 + 6 = 68
59 + 9 = 78
86 + 5 = 91

c)
77 + 8 = 84
59 + 4 = 63
69 + 2 = 71
47 + 9 = 46

d)
48 + 7 = 55
39 + 9 = 48
29 + 3 = 95
49 + 4 = 53

4 Löse die Zahlenrätsel.

a) Meine Zahl ist um 5 größer als 67.

b) Meine Zahl ist um 3 größer als 88.

c) Meine Zahl ist um 9 größer als der Vorgänger von 50.

d) Der Nachfolger von 63 ist um 7 größer als meine Zahl.

e) Meine Zahl ist um das Doppelte größer als der Vorgänger von 31.

f) Wenn du zu meiner Zahl 5 dazunimmst und das Ergebnis verdoppelst, erhältst du 60.

1 Rechenkonferenz: Verschiedene Lösungsstrategien vorstellen, nachvollziehen, vergleichen und anwenden. Auch auf die Strategie der „kleinen Aufgabe" (Rabe) eingehen. Weiterführung und Vertiefung: sprachliche Bildung, Toleranz. 2 Eigene Rechenstrategie nutzen und dem Partner erklären. 3 Aufgaben kontrollieren und richtig im Heft notieren. 4 Zahlenrätsel lösen.

→ Arbeitsheft, Seite 24

Minusaufgaben mit Zehnerübergang

1

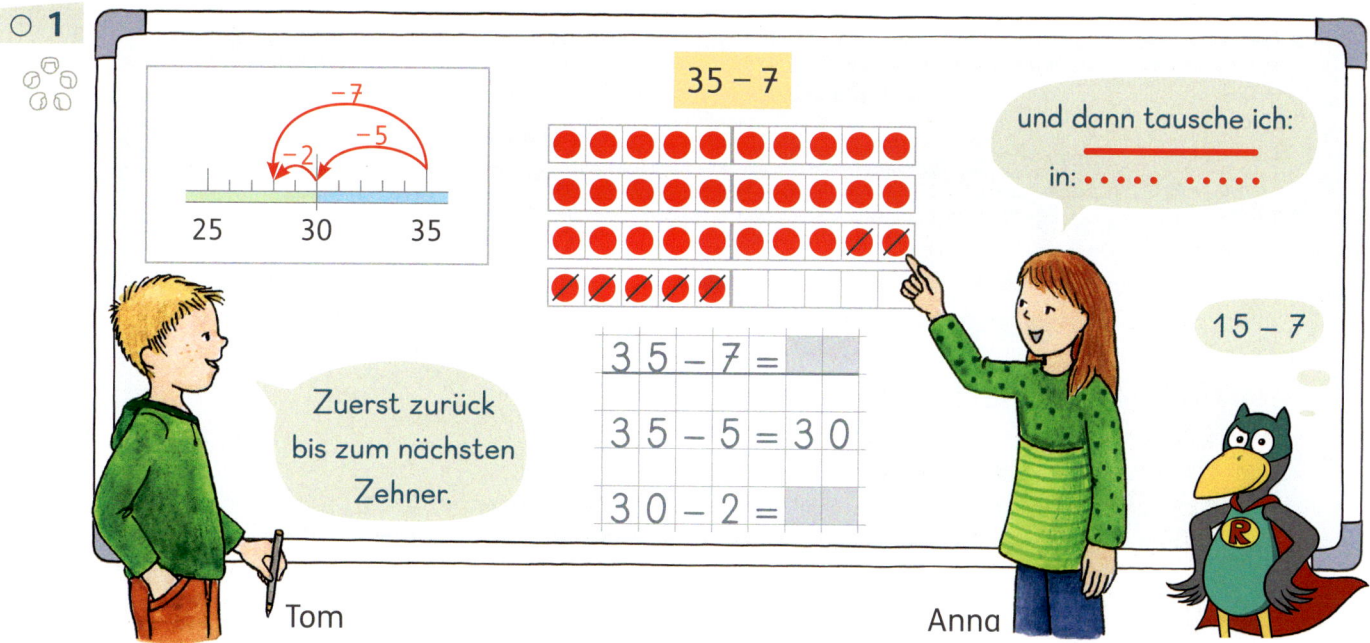

Zuerst zurück bis zum nächsten Zehner.

Tom

35 – 7

und dann tausche ich:
in: ••••• •••••

15 – 7

35 – 7 =
35 – 5 = 30
30 – 2 =

Anna

2 Wie rechnet ihr? Erklärt euch euren Rechenweg.

a) 22 – 8
92 – 8
72 – 8
42 – 8
82 – 8

b) 34 – 7
34 – 8
34 – 6
34 – 9
34 – 5

c) 91 – 9
82 – 6
63 – 9
51 – 2
74 – 8

d) 54 – 9
63 – 8
93 – 4
72 – 6
84 – 7

e) 23 – 6
95 – 8
62 – 5
81 – 4
77 – 9

🔑 14 34 54
64 74 84

23 25 26
27 28 29

49 54 56
66 76 82

45 55 66
77 88 89

17 26 57
68 77 87

3 Finde die Rechenfehler. Schreibe die falschen Aufgaben richtig auf.

a) 42 – 6 = 34
51 – 4 = 47
53 – 8 = 61
15 – 7 = 8

b) 62 – 5 = 57
75 – 9 = 67
76 – 8 = 68
43 – 7 = 63

c) 86 – 9 = 59
42 – 7 = 53
53 – 5 = 48
31 – 2 = 29

d) 67 – 8 = 59
52 – 3 = 49
38 – 9 = 28
94 – 6 = 88

4 Löse die Zahlenrätsel.

a) Meine Zahl ist um 7 kleiner als 24.

b) Meine Zahl ist um 9 kleiner als 56.

c) Meine Zahl ist um 8 kleiner als der Nachfolger von 46.

d) Wenn du von meiner Zahl 6 abziehst und das Ergebnis verdoppelst, erhältst du den Vorgänger von 71.

e) Meine Zahl ist um das Doppelte von 0 kleiner als die Hälfte des Nachfolgers von 99.

1 Rechenkonferenz: Verschiedene Lösungsstrategien vorstellen, nachvollziehen, vergleichen und anwenden. Auch auf die Strategie der „kleinen Aufgabe" (Rabe) eingehen. Weiterführung und Vertiefung: sprachliche Bildung, Toleranz. **2** Eigene Rechenstrategie nutzen und dem Partner erklären. **3** Aufgaben kontrollieren und richtig im Heft notieren. **4** Zahlenrätsel lösen.

→ Arbeitsheft, Seite 25

Gleichungen und Ungleichungen

1

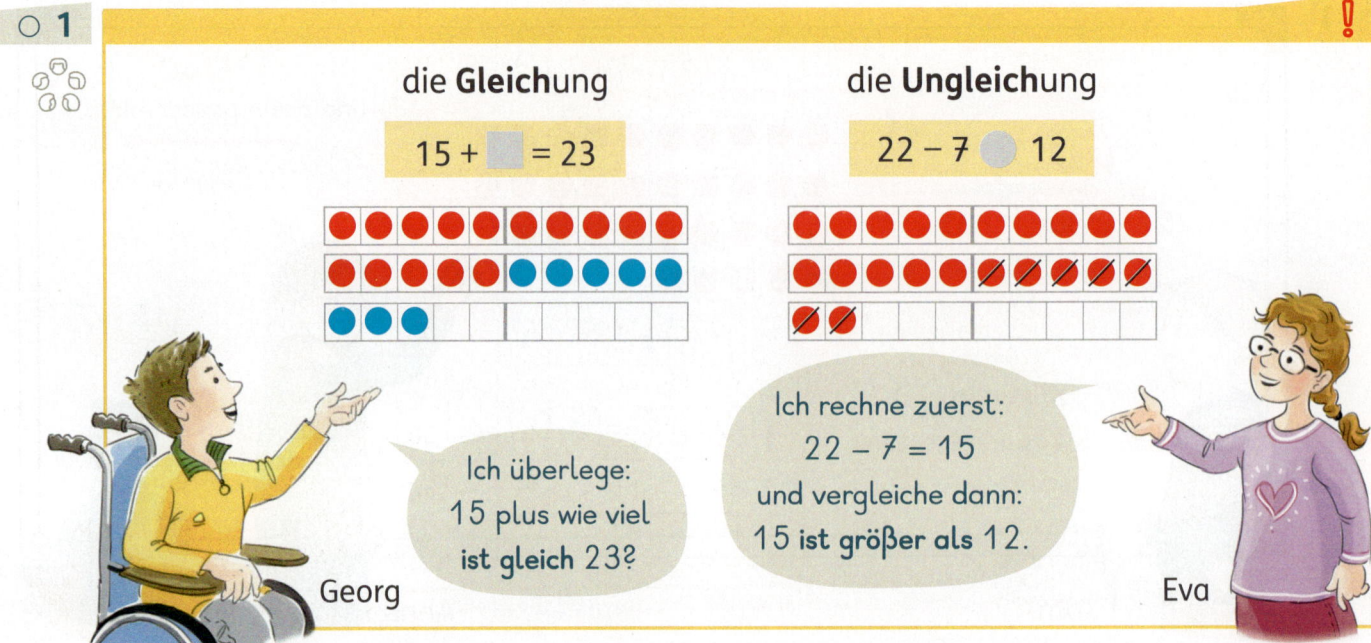

die **Gleich**ung	die **Ungleich**ung
15 + ☐ = 23	22 − 7 ◯ 12

Ich überlege:
15 plus wie viel
ist gleich 23?

Georg

Ich rechne zuerst:
22 − 7 = 15
und vergleiche dann:
15 ist größer als 12.

Eva

2 Gleichung oder Ungleichung? Setze <, > oder = ein.

a) 15 + 7 > 20
   33 + 5 ◯ 37
   54 + 8 ◯ 62
   65 + 9 ◯ 75
   43 + 8 ◯ 51

b) 28 ◯ 22 + 6
   54 ◯ 45 + 7
   35 ◯ 29 + 7
   86 ◯ 75 + 9
   63 ◯ 57 + 8

c) 22 − 8 ◯ 16
   67 − 5 ◯ 61
   43 − 9 ◯ 34
   98 − 7 ◯ 90
   72 − 4 ◯ 69

d) 38 ◯ 45 − 7
   81 ◯ 91 − 9
   74 ◯ 82 − 7
   86 ◯ 93 − 8
   78 ◯ 84 − 6

3 Löse die Gleichungen.

Rechne die Umkehraufgabe.

a) 19 + ☐ = 25
   25 + ☐ = 32
   28 + ☐ = 34
   64 + ☐ = 71
   79 + ☐ = 85

b) 35 − ☐ = 29
   63 − ☐ = 59
   51 − ☐ = 45
   75 − ☐ = 67
   93 − ☐ = 89

c) ☐ + 7 = 45
   ☐ + 9 = 74
   ☐ + 9 = 98
   ☐ + 6 = 35
   ☐ + 7 = 84

d) ☐ − 7 = 18
   ☐ − 9 = 37
   ☐ − 7 = 23
   ☐ − 8 = 43
   ☐ − 6 = 85

4 Löse die Ungleichungen.

a)
3	7	+	0	<	4	1
3	7	+	☐	<	4	1

Hier passen mehrere Zahlen.

a) 37 + ☐ < 41
   49 + ☐ < 52
   76 + ☐ < 78
   85 + ☐ < 90
   58 + ☐ < 65

b) 83 − ☐ > 78
   44 − ☐ > 39
   61 − ☐ > 55
   72 − ☐ > 69
   95 − ☐ > 94

c) 63 − ☐ > 69 − 8
   58 + ☐ < 54 + 7
   26 − ☐ > 32 − 9
   82 − ☐ > 68 + 8
   41 + ☐ < 39 + 8

1 Die Begriffe „Gleichung" und „Ungleichung" und Relationszeichen aus Klasse 1 wiederholen. Die Aufgaben ggf. mit Zehnerstreifen, Plättchen oder am Zahlenstrahl darstellen. **2, 4** Rechensätze und Zahlen vergleichen. **3** Gleichungen lösen. An Beispielen Ergänzungs- bzw. Platzhalteraufgaben wiederholen und die Umkehraufgabe als Lösungsstrategie besprechen.

→ Arbeitsheft, Seite 26

Plus und Minus mit einer Zehnerzahl

1

14 + 20

2 Felder nach unten.

10 + 20

57 – 30

3 Felder nach oben.

50 – 30

Tim   Ronja

1	2	3	4	5	6	7	8	9	10
11	12	13	14	15	16	17	18	19	20
21	22	23	24	25	26	27	28	29	30
31	32	33	34	35	36	37	38	39	40
41	42	43	44	45	46	47	48	49	50
51	52	53	54	55	56	57	58	59	60
61	62	63	64	65	66	67	68	69	70
71	72	73	74	75	76	77	78	79	80
81	82	83	84	85	86	87	88	89	90
91	92	93	94	95	96	97	98	99	100

2

a)	b)	c)	d)	e)
37 + 50	26 + 60	55 – 40	78 – 40	48 + 50
24 + 70	63 + 30	73 – 30	52 – 10	51 – 30
57 + 10	46 + 20	85 – 60	58 – 30	27 + 70
14 + 60	43 + 30	83 – 20	82 – 70	73 – 40
27 + 30	36 + 20	95 – 50	48 – 40	21 + 60

🔑

57 67 74	46 56 66	9 15 25	8 12 18	21 33 81
84 87 94	73 86 93	43 45 63	28 38 42	85 97 98

3 Kontrolliere mit der Umkehraufgabe.

4	5	–	2	0	=	2	5
2	5	+	2	0	=		

45 – 20   51 – 30   72 – 70   94 – 50   64 – 30

85 – 40   73 – 40   89 – 80   77 – 70   55 – 40

4

a)	b)	c)	d)
14 + 30 + 30	42 + 5 + 30	89 – 20 – 50	73 – 5 – 30
37 + 10 + 20	17 + 4 + 60	63 – 40 – 10	54 – 6 – 40
24 + 30 + 10	29 + 8 + 40	69 – 30 – 30	83 – 7 – 50
27 + 10 + 40	32 + 9 + 50	93 – 20 – 70	44 – 8 – 20

🔑

64 67 67	77 77 81	3 9 13	8 16 26
74 77	91 92	19 23	34 38

5 a)

Familie Rabe (2 Erwachsene, 2 Kinder) geht in den Zoo. Am Teich sehen sie ein Schild: Hier leben 52 Flamingos, 20 Enten und 9 Gänse.

b)

Eine Zookarte für Erwachsene kostet 20 €. Eine Kinderkarte kostet 12 €. Eine Zoo-Familienkarte kostet 54 €.

1 Zehnerschritte an der Hundertertafel von Seite 21 ins Gedächtnis rufen und als Strategie zum Rechnen mit einer Zehnerzahl anwenden. Weitere Lösungsstrategien besprechen.   2–4 Additions- und Subtraktionsaufgaben mit einer Zehnerzahl üben.
5 Sachaufgaben mit den 3 Lösungsschritten (fragen, lösen, antworten) bearbeiten.

39

→ Arbeitsheft, Seite 27

Rabomaten

○ 1

Waagerecht:
24 + 5 = 29
3 + 4 = 7

der Rabomat

24	+	5	29
+		+	+
3	+	4	7
27	+	9	36

Senkrecht:
24 + 3 = 27
5 + 4 = 9

Stimmt:
29 + 7 = 36
27 + 9 = 36

Tom

Fatima

○ 2 Löse die Rabomaten.

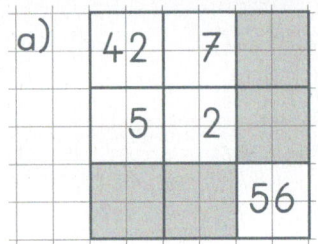

a)

42	7	
5	2	
		56

a)

42	+	7	☐
+		+	+
5	+	2	☐
☐	+	☐	56

b)

65	+	4	☐
+		+	+
3	+	5	☐
☐	+	☐	77

c)

29	+	30	☐
+		+	+
20	+	20	☐
☐	+	☐	99

d)

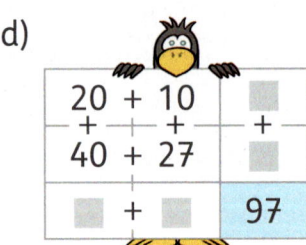

20	+	10	☐
+		+	+
40	+	27	☐
☐	+	☐	97

e)

26	+	4	☐
+		+	+
8	+	46	☐
☐	+	☐	84

◐ 3 a)

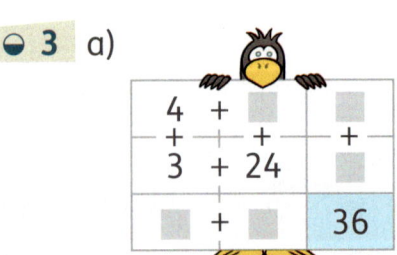

4	+	☐	☐
+		+	+
3	+	24	☐
☐	+	☐	36

b)

62	+	4	☐
+		+	+
☐	+	3	☐
☐	+	☐	73

c)

☐	+	☐	☐
+		+	+
☐	+	57	59
7	+	60	☐

◐ 4 In jedem Rabomaten ist eine Zahl falsch gerechnet. Findet den Fehler. Erklärt.

✿ a)

45	+	2	47
+		+	+
1	+	6	7
44	+	8	54

b)

32	+	10	42
+		+	+
30	+	30	50
52	+	40	92

c)

40	+	30	70
+		+	+
10	+	29	29
50	+	49	99

40

1 Die Verknüpfungstabelle „Rabomat" als neues Übungsformat einführen: Es sind jeweils 3 Aufgaben waagerecht und senkrecht, die zu lösen sind. 2, 3 Fehlende Zahlen in den Rabomaten durch Addition, Ergänzen und Subtraktion finden.
4 Falsche Zahlen finden und berichtigen.

→ Arbeitsheft, Seite 28

Zahlenfolgen

1 Setze die Zahlenfolge um vier Zahlen fort.

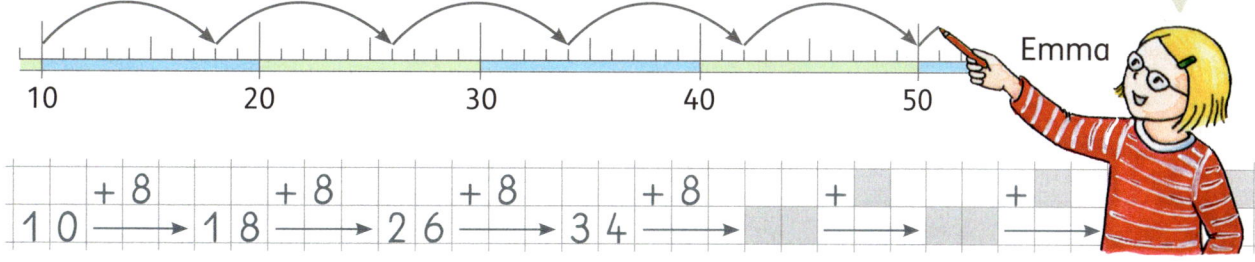

> Der Zahlenstrahl hilft mir. Immer 8 weiterspringen.

Emma

2 Setze jeweils um vier Zahlen fort.

a) 30 → 35 → 40 → 45

b) 50 → 47 → 44 → 41

c) 28 → 34 → 40 → 46

d) 62 → 57 → 52 → 47

3 Setze jeweils um vier Zahlen fort.

a) 20 → 26 → 36 → 42 → 52 →

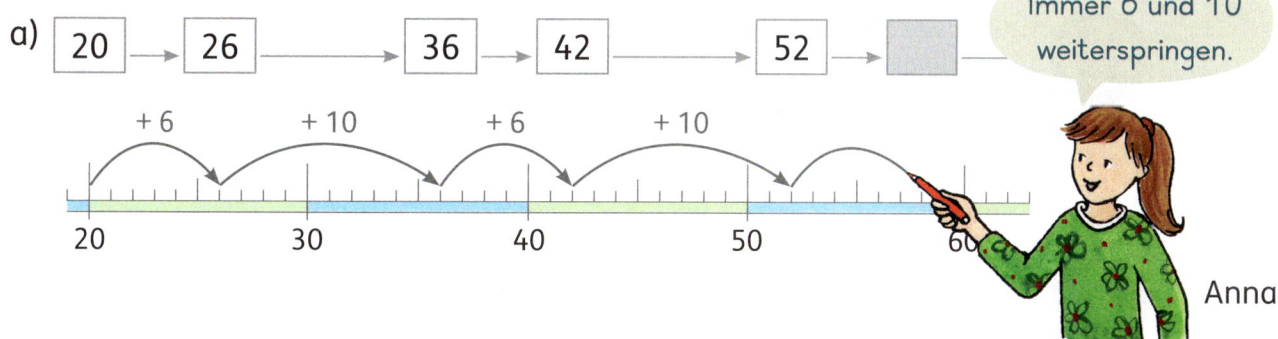

> Immer 6 und 10 weiterspringen.

Anna

b) 7 → 15 → 25 → 33 → 43 → → → →

c) 90 → 87 → 85 → 82 → 80 → → → →

d) 73 → 68 → 62 → 57 → 51 → → → →

4 In jeder Zahlenfolge ist eine Zahl falsch gerechnet. Findet den Fehler und erklärt.

a) 51 → 48 → 57 → 54 → 63 → 60 → 68 → 66 →

b) 18 → 28 → 24 → 34 → 30 → 40 → 36 → 40 →

c) 25 → 26 → 28 → 31 → 35 → 41 → 46 → 53 →

1–4 Die Gesetzmäßigkeiten in den Zahlenfolgen erkennen und beschreiben. Dabei den Zahlenstrahl als Hilfsmittel zum Fortsetzen arithmetischer Muster nutzen. Weiterführung und Vertiefung: sprachliche Bildung.   **4** Falsche Zahlen in Partnerarbeit finden, den Fehler erklären und berichtigen. Die Zahlenfolgen ggf. im Heft fortsetzen.

→ Arbeitsheft, Seite 29

41

Lösungswege finden

1
Bachstraße

Im Bus sind 25 Personen.
6 Personen steigen ein.

F:	Wie viele Personen sind nun im Bus?
L:	2 5 + 6 =
A:	Im Bus sind nun ☐☐ Personen.

2
Marktplatz

Im Bus sind 24 Personen. 5 Personen steigen aus.

a) Finde eine passende Frage.
   Löse und antworte.

b) Dann steigen 3 Personen ein.
   Mit wie vielen Personen fährt
   der Bus weiter?

3
Südring

Ein Bus kommt mit 29 Personen an und fährt mit 33 Personen ab.

a) Finde eine passende Frage.
   Löse und antworte.

b) Wie viele Personen sind am
   Südring ausgestiegen, wenn
   7 Personen eingestiegen sind?

4
Talstraße

Vor der Haltestelle waren 32 Personen im Bus. Danach sind es 28.

a) Finde eine passende Frage.
   Löse und antworte.

b) Wie viele Personen sind an der
   Talschule eingestiegen, wenn
   8 Personen ausgestiegen sind?

5
✳

Schreibt Rechen-
geschichten.

40 Personen im Bus,
7 steigen aus

26 Kinder in der Klasse 2a,
8 kommen mit dem Bus

18 Kinder im Bus,
4 steigen aus, 10 ein

Klassenstufe 2 mit insgesamt
55 Kindern, 50 Sitzplätze im Bus

1–4 Sachsituationen als Lösungshilfe handelnd nachvollziehen. Die Aufgaben mit den 3 Lösungsschritten (fragen, lösen,
antworten) bearbeiten.   5 Zu den vorgegebenen Informationen eigene Sachaufgaben schreiben und z. B. in einer Sachrechenkartei sammeln. Die Aufgaben von anderen Kindern lösen lassen. Weiterführung und Vertiefung: sprachliche Bildung.

→ Arbeitsheft, Seite 30

Tabellen anlegen

Für jedes Kind ein Getränk.

Gesundes Klassenfrühstück in der Klasse 2b

Was möchstest du essen?

Wurstbrot	Käsebrot	Müsli	Gemüse	Obst
ℍℍ ⦀⦀	ℍℍ ℍℍ	ℍℍ ℍℍ ℍℍ ⦀⦀	ℍℍ ℍℍ ⦀⦀⦀	ℍℍ ℍℍ ℍℍ ⦀⦀⦀⦀

Was möchstest du trinken?

Früchtetee	Kräutertee	Wasser	O-Saft	Multisaft
ℍℍ	⎮	⦀⦀⦀	ℍℍ⎮	⦀⦀⦀⦀

1 a) Lege eine Tabelle für das Essen an. Übertrage aus der Strichliste.

Wurstbrot	Käsebrot	Müsli	
8			

b) Lege eine Tabelle für die Getränke an. Wie viele Kinder sind in der Klasse?

Früchtetee	Kräutertee	Wasser	
5			

2 Die Lehrerin fragt die Kinder, wer was mitbringen möchte.

> Ein Kind möchte Salami und Schinken mitbringen.

> 4 Kinder melden sich für Gurken und Tomaten.

> 5 Kinder wollen jeweils ein Brot mitbringen.

> 2 Kinder bringen Äpfel und Bananen mit.

> 5 Kinder bringen jeweils eine Packung Tee mit.

> 2 Kinder fragen zu Hause, ob sie Saft mitbringen können.

a) Sammle die Informationen in einer Tabelle.

b) Vergleiche deine Tabelle mit den Tabellen aus Aufgabe 1. Überlege, was noch fehlen könnte. Überlege, was zu viel ist.

3 So hat den Kindern das Klassenfrühstück gefallen:

a) Erkläre die Übersicht. b) Erstelle eine Strichliste. c) Erstelle eine Tabelle.

4 Plant ein eigenes gesundes Klassenfrühstück. Stellt den Plan übersichtlich dar.

1–3 Informationen aus Strichlisten, Texten und Schaubildern in Tabellen darstellen und damit arbeiten. 4 Eigene geeignete Darstellungsformen für die Planung finden. Weiterführung und Vertiefung: sprachliche Bildung, Verantwortung übernehmen, Kompromisse schließen.

43

→ Arbeitsheft, Seite 31

Längen vergleichen

1 Kinder der Klasse 2 versuchen, sich nach der Größe aufzustellen. Könnt ihr helfen?

Ich bin am größten!

Nein, ich bin der Größte.

Du stehst falsch!

Alex   Ivo   Anna   Alisa   Johannes   Marvin   Ida

2 a) Vergleicht die Kinder von Aufgabe 1. Verwendet diese Ausdrücke:

… ist größer als …	… ist genauso groß wie …	… ist am kleinsten.
… ist kleiner als …	… sind gleich groß.	… ist am größten.

b) Vergleicht Kinder aus eurer Klasse.

c) Vergleicht und ordnet nach der Größe: Farbstifte, Radiergummis, Pinsel, …

3 Vergleiche und beschreibe.
Verwende diese Wörter:

… höher …	… schmaler …
… breiter …	… niedriger …

Der blaue Turm ist höher als der gelbe Turm.

4 Vergleicht auf dem Schulhof.
Wer kommt am weitesten mit …

10 Schritten?

einem Sprung mit geschlossenen Beinen?

10 Sprüngen mit geschlossenen Beinen?

10 Sprüngen auf dem linken Bein?

10 Sprüngen auf dem rechten Bein?

1, 2 Über die Situation sprechen und im Klassenzimmer nachspielen. Körpergrößen mit geeigneten Begriffen vergleichen.
3 Auch eigene Türme bauen und vergleichen. 4 Weitere Körpergrößen vergleichen. Weiterführung und Vertiefung: Absprachen treffen.

Mit Körpermaßen messen

Körpermaße

Fingerbreite Handspanne Armspanne Fuß Schritt

Die Tafel ist ▢ Handspannen hoch.

Ida

Alisa

Ich habe 39 Fuß gemessen.

Das Zimmer ist 14 Schritte lang.

Alex

Ivo

Johannes

○ 2 Miss im Klassenzimmer mit deinen Körpermaßen. Schätzt zuerst.

| Länge der Tafel |
| Höhe der Tafel |
| Länge des Zimmers |
| Breite des Zimmers |

Welches Körpermaß ist sinnvoll?

	Körpermaß	geschätzt	gemessen
Länge der Tafel			

◑ 3 Was passt zusammen?

Breite einer Tür: 5 Fuß

Breite einer Tür	100 Schritte
Länge eines Radiergummis	30 Handspannen
Länge eines Pausenhofs	5 Fuß
Länge eines Whiteboards	5 Fingerbreiten

◑ 4 Welche Messergebnisse stammen
✳ von Alex, welche von Ida? Erklärt.

Breite der Tür	Breite des Klassenzimmers
	12 Handspannen
	9 Schritte
	11 Schritte
	10 Handspannen

1 Verschiedene Körpermaße als nicht-standardisierte Maßeinheiten kennenlernen. 2 Für das Messen zunächst ein geeignetes Körpermaß wählen, dann messen und in einer Tabelle notieren. 3 Längen in Körpermaßen schätzen. 4 Probleme bei der Verwendung von Körpermaßen erkennen. Weiterführung und Vertiefung: Kompromisse schließen, Absprachen treffen.

Längen: Meter

1 Die Kinder messen die Breite des Klassenzimmers.

2 Schneidet euch von einer Schnur einen Meter ab.

a) Sucht Gegenstände in der Schule, die ungefähr einen Meter lang sind.

b) Welche eurer Körpermaße sind ungefähr einen Meter lang?

3 Schätzt zuerst und messt dann.

	geschätzt	gemessen
Höhe der Tafel	m	m

Höhe der Tafel

Breite der Tafel

Länge des Zimmers

Breite des Zimmers

4 Was passt zusammen?

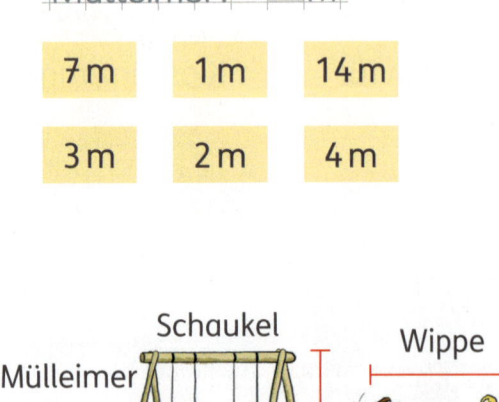

Mülleimer: ▢ m

7 m   1 m   14 m

3 m   2 m   4 m

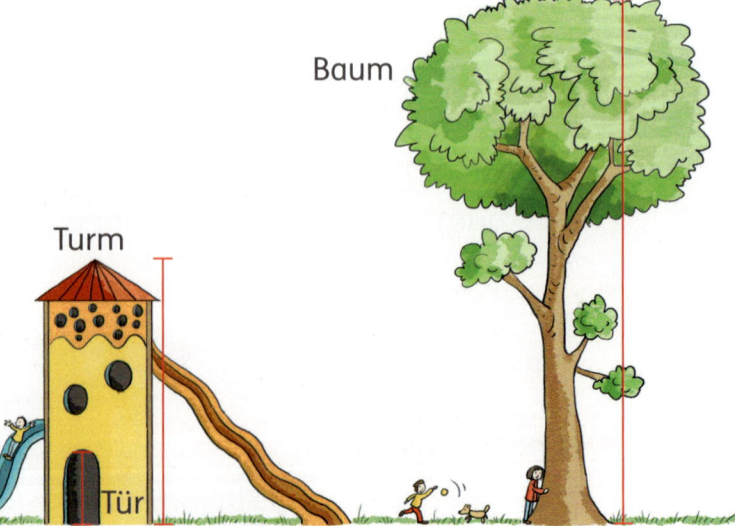

Baum

Turm

Tür

Schaukel

Wippe

Mülleimer

46

1 Die Einheit Meter für Längenangaben als standardisierte Einheit kennenlernen. Das Tafellineal bzw. 2 Schritte als Repräsentanten für einen Meter einprägen.   2 Eine Meterschnur zum Messen herstellen. Gegenstände mit ca. 1 Meter Länge finden und als Repräsentanten festhalten.   3 Längen schätzen und messen.   4 Größenvorstellungen im Meterbereich festigen.

Längen: Zentimeter

○ **1** Miss mit dem Lineal. Beginne immer bei 0.

Kurze Dinge misst man in Zentimeter.

1 Meter = 100 Zentimeter
1 m = 100 cm

ungefähr 1 cm   ungefähr 10 cm

○ **2** a) Schätzt zuerst und messt dann.

a)	geschätzt	gemessen
Spitzer	cm	cm

Spitzer   Bleistift

Radiergummi   Klebestift

b) Messt Gegenstände aus eurer Schultasche. Welche sind ungefähr …

10 cm lang?   20 cm lang?   30 cm lang?   25 cm lang?

○ **3** Miss die Länge jeder Strecke. Zeichne sie dann in dein Heft.

a) ├────────┤

a)   2 cm ├────────┤

Eine Strecke ist die kürzeste Verbindung zwischen 2 Punkten.

b) ├────────────────────────────┤

c) ├──────┤   d) ├────────────────────┤

e) ├──────────────────┤   f) ├────┤

Tarek

○ **4** Messt genau und entdeckt das Geheimnis jeder Zick-Zack-Linie.

❋ a)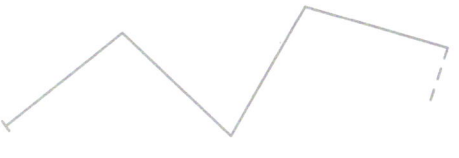

b)

c)

d) Zeichnet selbst solche Linien.

1 Die Einheit Zentimeter für Längenangaben als standardisierte Einheit kennenlernen. Fingernagel- und Handbreite als Repräsentanten für 1 cm bzw. 10 cm einprägen. **2** Längen messen und schätzen. **3, 4** Strecken und Streckenzüge messen.

47

→ Arbeitsheft, Seite 32

Längen: Meter und Zentimeter

1 Messt Längen in eurem Klassenzimmer.

Lehrertisch: ☐ m ☐ cm

Der Tisch ist 30 cm länger als 1 m.

Dann ist er ☐ m ☐ cm lang!

Fatima   Tom

Tisch

Fenster

Tür (Breite)

Tür (Höhe)

Schrank (Höhe)

Schrank (Breite)

2 a) Was passt zusammen? Begründe.

1 m 53 cm

59 cm

3 m 5 cm

27 cm

1 m 96 cm

b) Ordne die Dinge nach der Länge.   b) Tischtennisschläger: ☐☐ cm

3 Wie viel ist es zusammen?   a) 2 m + 40 cm = 2 m 40 cm

a) 2 m + 40 cm
   2 m + 22 cm
   2 m + 35 cm
   2 m + 75 cm

b) 34 cm + 4 m
   78 cm + 1 m
   34 cm + 3 m
   56 cm + 4 m

c) 76 cm + 8 m
   63 cm + 6 m
   20 cm + 5 m
   7 cm + 7 m

d) 2 m 54 cm + 8 cm
   3 m 46 cm + 6 cm
   6 m 44 cm + 30 cm
   7 m 62 cm + 20 cm

4 Wie viel fehlt bis zum nächsten vollen Meter?

a) 60 cm + ☐ cm = 1 m
   40 cm + ☐ cm = 1 m
   95 cm + ☐ cm = 1 m
   20 cm + ☐ Meter = 1 m

b) 1 m 50 cm + ☐ cm = 2 m
   2 m 10 cm + ☐ cm = 3 m
   1 m 70 cm + ☐ cm = 2 m
   2 m 50 cm + ☐ cm = 3 m

c) 3 m 91 cm + ☐ cm = 4 m
   4 m 75 cm + ☐ cm = 5 m
   3 m 81 cm + ☐ cm = 4 m
   4 m 1 cm + ☐ cm = 5 m

🔑 5 15 40 60 80   30 30 50 50 90   9 19 22 25 99

1 Schreibweise bei gemischten Längenangaben einführen und in Partnerarbeit Längen im Klassenzimmer messen.
2 Größenvorstellung im Zentimeter- und Meterbereich festigen. 3 Längenangaben addieren. 4 Auf den nächsten vollen Meter ergänzen

→ Arbeitsheft, Seite 33

Projekt: Körperpass erstellen

1

Mein Körperpass
Flügelspanne 64 cm
Körpergröße 59 cm
Fuß 22 cm
Schritt 35 cm

So erstellt ihr euren eigenen Körperpass:
- Male ein Bild von dir.
- Messt gegenseitig eure Körpermaße.
- Welche Körpermaße könnt ihr messen, die der Rabe nicht gemessen hat?
- Schreibe deine Körpermaße dazu.

In meinem Körperpass habe ich schon viele Maße eingetragen. Welche fehlen noch?

2 Vergleicht eure Körperpässe. Wer hat ...

| die größte Körpergröße? | die größte Armspanne? | den größten Fuß? |

| die kleinste Handspanne? | die kleinste Armspanne? | den kleinsten Fuß? |

3 Welche Körpergrößen gibt es in eurer Klasse?

a) Legt eine Strichliste für Körpermaße an.
b) Jedes Kind macht in der Liste einen Strich.
c) Wertet eure Strichliste aus.
   Warum gibt es manche Größen nur selten oder gar nicht?

Körpergröße	Anzahl
bis 1 m 10 cm	
1 m 11 cm bis 1 m 15 cm	
1 m 16 cm bis 1 m 20 cm	
1 m 21 cm bis 1 m 25 cm	
1 m 26 cm bis 1 m 30 cm	
1 m 31 cm bis 1 m 35 cm	
über 1 m 35 cm	

4 Kann das stimmen? Begründet.

a) Ein Zweitklässler ist 33 cm groß.
b) Frau Müllers Armspanne beträgt 1 m 43 cm.
c) Der Fuß von Fatima ist 19 cm lang.
d) Fritz ist der Größte in der Klasse, er ist 1 m 51 cm groß.
e) Die Klassenzimmertür ist genau 2 m 5 cm hoch.
f) Jason kommt mit 2 Schritten 7 m weit.
g) Der Füller von Herrn Kumpf ist 13 m lang.

Fatima

1 Einen individuellen Körperpass erstellen, in dem wichtige Körpermaße in Zentimeter und Meter eingetragen sind.
2, 3 Körpermaße untereinander vergleichen.   4 Aussagen über Längenangaben auf Plausibilität prüfen.

Mit Daten und Tabellen arbeiten

○ **1** Die Klasse 2 der See-Grundschule hat Daten gesammelt:

Klassensteckbrief

Name	Alter	Größe	Augenfarbe	Lieblingstier
Alina	8	1 m 22 cm	braun	Pferd
Cedric	7	1 m 18 cm	grün	Hund
Denise	8	1 m 29 cm	blau	Hund
Eric	9	1 m 32 cm	braun	Hase
Sam	8	1 m 30 cm	braun	Schlange

> **!**
>
> **Daten** sind Angaben.
>
> Daten können aus Zahlen oder aus Worten bestehen.

a) Welche Daten könnt ihr aus der Tabelle ablesen? Erklärt.

b) Welches Kind ist das kleinste, welches Kind ist das größte in der Klasse?

c) Welche Daten verwendet Fatima? Was möchte sie herausfinden?

d) Stellt eigene Fragen zur Tabelle.

> Ich lege eine Strichliste an.

Fatima

○ **2** Sammelt Daten in eurer Klasse.

Erstellt einen Klassensteckbrief.

Klassensteckbrief unserer Klasse:				
Name	Alter	Größe	Augenfarbe	Lieblingstier

a) Nutzt den Klassensteckbrief: Erstellt eine Strichliste zu den Augenfarben.

b) Welche Augenfarbe kommt in eurer Klasse am häufigsten (am wenigsten) vor?

c) Erstellt weitere Strichlisten zu den Daten aus eurem Steckbrief.

◔ **3** Übertrage die Daten der Mädchen vom Sportfest in eine Tabelle.

Rahel
Sprung: 2 m 16 cm
Wurf: 18 m

Sarah
Sprung: 2 m 44 cm
Wurf: 17 m

Olga
Sprung: 1 m 90 cm
Wurf: 9 m

Elisa
Sprung: 2 m 10 cm
Wurf: 21 m

Alina
Sprung: 3 m 5 cm
Wurf: 22 m

Tabea
Sprung: 2 m 6 cm
Wurf: 12 m

Maria
Sprung: 2 m 25 cm
Wurf: 19 m

Samira
Sprung: 2 m 38 cm
Wurf: 14 m

1 Datenbanktabellen kennenlernen und daraus Daten entnehmen. Die Häufigkeitstabelle von Fatima thematisieren. **2** Selbst Daten erheben und in Tabellen darstellen. Dabei die Daten zur Körpergröße ggf. aus Aufgabe 2 von Seite 49 thematisieren und für den Klassensteckbrief nutzen. **3** Selbst Datenbanktabellen entwickeln.

→ Arbeitsheft, Seite 34

Mit Skizzen und Tabellen arbeiten

1 Von einem 8 m langen Baumstamm sollen 2 m lange Stücke abgesägt werden.

a) Wie viele Stücke werden es?

b) Wie oft muss man dafür sägen?

Löse mit einer Skizze:

1 m ⟶ 2 Kästchen

2 5 Mädchen stellen sich nebeneinander auf:
Rechts außen steht Petra.
Zwischen Petra und Vivien steht Dora.
Neben Vivien steht Jule und neben Jule steht noch Anne.

In welcher Reihenfolge stehen die Mädchen?

Löse mit einer Skizze.

3 Mia hat 5 Muggelsteine mehr als Selma.
Zusammen haben sie 19 Steine.

Wie viele Muggelsteine hat Mia?

Wie viele Muggelsteine hat Selma?

Löse mit einer Tabelle.

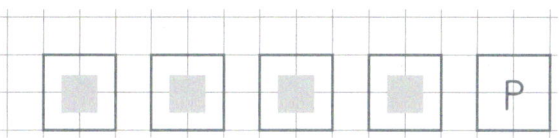

Selma	Mia	zusammen
1	6	7
2		

(über Mia: +5)

4 Stellt Fragen zu den Sachaufgaben. Löst mit einer geeigneten Lösungshilfe.

a) Bei einer Umfrage zur Gestaltung des Pausenhofs stimmten 45 Jungen und 30 Mädchen für „gut". 22 Jungen und 14 Mädchen stimmten für „nicht so gut".

b) Für ein Spiel stellen sich 5 Jungen der Größe nach auf:
Klaus steht vorne. Tiago ist der Kleinste, Enes steht zwischen Thomas und Leo. Leo ist größer als Thomas.

c) Ein Spielplatz ist 30 m lang und 20 m breit.
Um ihn herum soll eine Hecke angelegt werden.

1–4 Die Sachaufgaben mithilfe grafischer Darstellungsformen lösen. Die Lösungswege jeweils beschreiben und begründen. Weiterführung und Vertiefung: sprachliche Bildung.

→ Arbeitsheft, Seite 35

Wiederholung – Über Lernen sprechen

1
34 → 36

a)	b)	c)	d)	e)
32 + 3	72 + 4	28 + 6	45 + 8	92 + 2 + 5
41 + 8	61 + 7	35 + 7	56 + 5	81 + 3 + 1
33 + 6	63 + 3	37 + 7	44 + 7	91 + 2 + 4
31 + 6	70 + 0	27 + 9	57 + 6	82 + 1 + 6
43 + 4	61 + 3	38 + 8	49 + 6	83 + 0 + 4

35 37 39   64 66 68   34 36 38   51 53 55   85 87 89
45 47 49   70 74 76   42 44 46   61 63 65   95 97 99

2
35 → 37

a)	b)	c)	d)	e)
35 – 4	67 – 3	33 – 7	72 – 7	89 – 4 – 2
48 – 7	66 – 0	43 – 9	63 – 6	97 – 1 – 3
39 – 6	76 – 4	32 – 8	75 – 8	88 – 2 – 2
38 – 3	69 – 7	40 – 8	76 – 7	99 – 0 – 4
49 – 4	78 – 2	34 – 6	65 – 6	88 – 3 – 1

31 33 35   62 64 66   22 24 26   57 59 61   83 84 84
37 41 45   70 72 76   28 32 34   65 67 69   92 93 95

3 Gleichung oder Ungleichung? Setze <, > oder = ein.
38 →

a)	b)	c)	d)
43 + 6 ◯ 48	46 + 5 ◯ 52	69 – 4 ◯ 59	53 – 7 ◯ 43
27 + 2 ◯ 29	86 + 6 ◯ 82	37 – 2 ◯ 25	75 – 8 ◯ 68
38 + 2 ◯ 50	64 + 9 ◯ 73	76 – 5 ◯ 69	64 – 9 ◯ 59
81 + 6 ◯ 85	35 + 8 ◯ 42	25 – 4 ◯ 31	52 – 8 ◯ 42
52 + 8 ◯ 60	77 + 7 ◯ 74	48 – 6 ◯ 43	46 – 7 ◯ 49

4
39 →

a)	b)	c)	d)
47 + 50	51 + 5 + 20	88 – 40	89 – 7 – 30
14 + 80	33 + 4 + 50	62 – 10	94 – 2 – 50
65 + 20	14 + 9 + 40	64 – 30	78 – 9 – 20
23 + 60	42 + 6 + 30	92 – 70	87 – 9 – 30
28 + 70	16 + 5 + 60	58 – 50	95 – 8 – 40

83 85 94   63 75 76   8 22 33   42 44 47
95 97 98   78 81 87   34 48 52   48 49 52

5

a)

24	+	30		▢
+		+		+
20	+	10		▢
▢	+	▢		▢

b)

20	+	40		▢
+		+		+
15	+	▢		▢
▢	+	▢		95

c)

▢	+	▢		57
+		+		+
▢	+	20		30
▢	+	50		▢

Reflexion: Kinder sprechen über ihren Lernstand. **1, 2** Aufgaben ohne und mit Zehnerübergang lösen. **3** Rechensätze lösen und mit den Zahlen unter Verwendung der Relationszeichen vergleichen. **4** Aufgaben mit einer Zehnerzahl lösen.
5 Fehlende Zahlen in den Rabomaten durch Addition, Ergänzen und Subtraktion finden.

→ Arbeitsheft, Seite 36

6 Setze die Zahlenfolgen jeweils um vier Zahlen fort.

41 →

a) $20 \rightarrow 24 \rightarrow 28 \rightarrow 32$

b) $38 \rightarrow 43 \rightarrow 48 \rightarrow 53$

c) $80 \rightarrow 76 \rightarrow 72 \rightarrow 68$

d) $92 \rightarrow 86 \rightarrow 80 \rightarrow 74$

e) $13 \rightarrow 14 \rightarrow 16 \rightarrow 19$

f) $63 \rightarrow 62 \rightarrow 60 \rightarrow 57$

7 Miss die Länge jeder Strecke. Zeichne sie dann in dein Heft.

47 →

a) ⊢————⊣ b) ⊢—————————⊣

c) ⊢————————⊣ d) ⊢————————⊣

e) ⊢——————————————⊣

f) ⊢——————————————————⊣

8 Ordne nach der Länge. Beginne mit der kürzesten Länge.

48 →

a)

3 m 70 cm	3 cm
5 m	7 m 30 cm
2 m 40 cm	4 m 90 cm

b)

5 m 85 cm	8 m 50 cm
8 m 55 cm	58 m
85 cm	5 m 88 cm

9 Wie viel fehlt bis zum nächsten vollen Meter?

48 →

a) $70 \text{ cm} + \square \text{ cm} = 1 \text{ m}$
   $93 \text{ cm} + \square \text{ cm} = 1 \text{ m}$
   $30 \text{ cm} + \square \text{ cm} = 1 \text{ m}$
   $97 \text{ cm} + \square \text{ cm} = 1 \text{ m}$
   $1 \text{ cm} + \square \text{ cm} = 1 \text{ m}$

b) $1 \text{ m } 90 \text{ cm} + \square \text{ cm} = 2 \text{ m}$
   $1 \text{ m } 20 \text{ cm} + \square \text{ cm} = 2 \text{ m}$
   $1 \text{ m } 92 \text{ cm} + \square \text{ cm} = 2 \text{ m}$
   $1 \text{ m } 0 \text{ cm} + \square \text{ cm} = 2 \text{ m}$
   $1 \text{ m } 99 \text{ cm} + \square \text{ cm} = 2 \text{ m}$

c) $1 \text{ m } 91 \text{ cm} + \square \text{ cm} = 2 \text{ m}$
   $2 \text{ m } 40 \text{ cm} + \square \text{ cm} = 3 \text{ m}$
   $3 \text{ m } 10 \text{ cm} + \square \text{ cm} = 4 \text{ m}$
   $4 \text{ m } 95 \text{ cm} + \square \text{ cm} = 5 \text{ m}$
   $5 \text{ m } 94 \text{ cm} + \square \text{ cm} = 6 \text{ m}$

🔑 3 7 9 30 70 99   1 8 10 40 80 100   5 6 9 60 90 95

10 Löse mit einer Skizze.

51 →

a) 4 Jungen stellen sich nebeneinander auf:
Ganz links steht Flo.
Neben Flo steht Julian.
Tom steht zwischen Julian und David.
In welcher Reihenfolge stehen die Jungs?

b) Jana ordnet 5 Stifte in ihre Mappe:
Der blaue Stift kommt nach links, der
rote nach rechts. Zwischen dem gelben
und dem roten Stift liegt nur der braune
Stift. Zuletzt folgt der grüne Stift.

6 Die Gesetzmäßigkeiten in den Zahlenfolgen erkennen und entsprechend um 4 Zahlen fortsetzen. Ggf. einen Zahlenstrahl zu Hilfe nehmen. 7 Strecken messen und zeichnen. 8 Die Längenangaben der Größe nach ordnen. 9 Auf den nächsten vollen Meter ergänzen. 10 Eine geeignete Darstellungsform finden und Aufgaben mit deren Hilfe lösen.

53

→ Arbeitsheft, Seite 36

Rückblick – Über Lernen sprechen

1 Welche Frage kannst du jeweils beantworten? Entscheide, löse und antworte.

13 ⤷

a)

Wie viel Geld muss Jule bezahlen?

Wie viel Geld bekommt Jule zurück?

b)

Wann beginnt der Film?

Wie viel Geld bekommt Tim zurück?

2 a) Notiere Vorgänger und Nachfolger.   b) Notiere die Nachbarzehner.

23 ⤷

V	Z	N
23	24	25
	46	
	68	
	79	
	90	

V	Z	N
33		
		48
59		
		71
88		

NZ	Z	NZ
10	12	20
	67	
	36	
	79	
	54	

NZ	Z	NZ
	41	
	29	
	78	
	20	
	95	

3 Ordne die Zahlen nach der Größe. Beginne mit der kleinsten Zahl.

23 ⤷

a) 11, 27

a)

83	27
11	34
46	91
76	84

b)

29	5
72	99
40	50
13	66

c)

41	54
1	14
45	10
100	55

4 a) Zeichne ab und färbe.   b) Zeichne ab und setze fort.

29 ⤷

54

🦉 Knobeln mit Texten

1 Wer sitzt wo?

a) Ina, Ben, Tabea und Daniel sitzen in der ersten Reihe.
- – Ina sitzt neben Ben.
- – Ina sitzt nicht neben Tabea.
- – Ben sitzt auf Platz 1.

b) Max, Tom, Anina und Jana sitzen in der zweiten Reihe.
- – Anina sitzt nicht neben Jana.
- – Tom sieht Max links neben sich.
- – Jana sitzt auf Platz 8.

2 Der Rabe stellt neun Kisten ins Regal. Wo steht welche Kiste?

a) Die Kiste im Fach Nr. 3 ist orange.
b) Über der weißen steht die blaue Kiste.
c) Zwischen Weiß und Rot steht Grün.
d) Rechts unten steht die hellbraune Kiste.
e) Links unten findet man die gelbe Kiste.
f) In der unteren Reihe steht die graue Kiste.
g) Über dem 4. Fach steht die blaue Kiste.

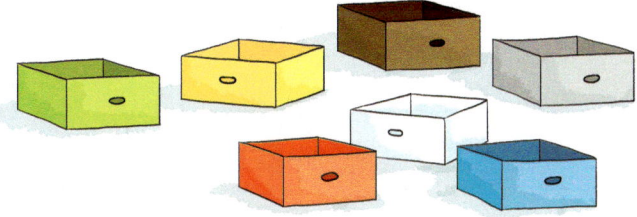

3 Jedes Kind betreibt eine andere Sportart. Wer betreibt welche Sportart?

a) Die Mädchen brauchen keinen Ball.
b) Anton spielt Tischtennis.
c) Eines der Mädchen liebt Radfahren.
d) Ole spielt kein Tennis.
e) Ein Junge spielt Fußball.
f) Lea findet Skateboards langweilig.
g) Bens Hobby ist Tennis.

Sportart trifft zu: +
Sportart trifft nicht zu: −

	⚽	🚲	🏓	🎾	🛹
Lea	−		−	−	
Anton					
Ina					
Ben					
Ole					

1–3 Aussagen zu den Aufgaben aufmerksam lesen. Für die Lösungen jeweils relevante Informationen entnehmen. Dabei die Aussagen zueinander in Beziehung setzen, um die gesuchten Zuordnungen (z. B. Name des Kindes zur Platznummer) zu finden und zu notieren.

55

→ Arbeitsheft, Seite 37

Vom Plus zum Mal

1 Erzählt eine Rechengeschichte.

3 + 3 + 3 + 3 Ballons
oder auch
4 mal 3 Ballons.

$$3 + 3 + 3 + 3 = 12$$

die Malaufgabe $\quad 4 \cdot 3 = 12$

mal

2 a)

a) | 3 + 3 + 3 = ☐
☐ · ☐ =

b)

☐ + ☐ + ☐ = ☐

☐ · ☐ = ☐

3 a)

☐ + ☐ + ☐ + ☐ = ☐

☐ · ☐ = ☐

b)

☐ + ☐ = ☐

☐ · ☐ = ☐

1–3 Zu der Bildfolge bzw. den Bildern Rechengeschichten erzählen. Multiplikationsaufgaben zum zeitlich-sukzessiven Aspekt über Additionsaufgaben ableiten und notieren. In Rollenspielen weitere Situationen darstellen und Multiplikationsaufgaben notieren. Weiterführung und Vertiefung: sprachliche Bildung.

→ Arbeitsheft, Seite 38

○ 4 Schreibe die Plusaufgabe und die Malaufgabe.

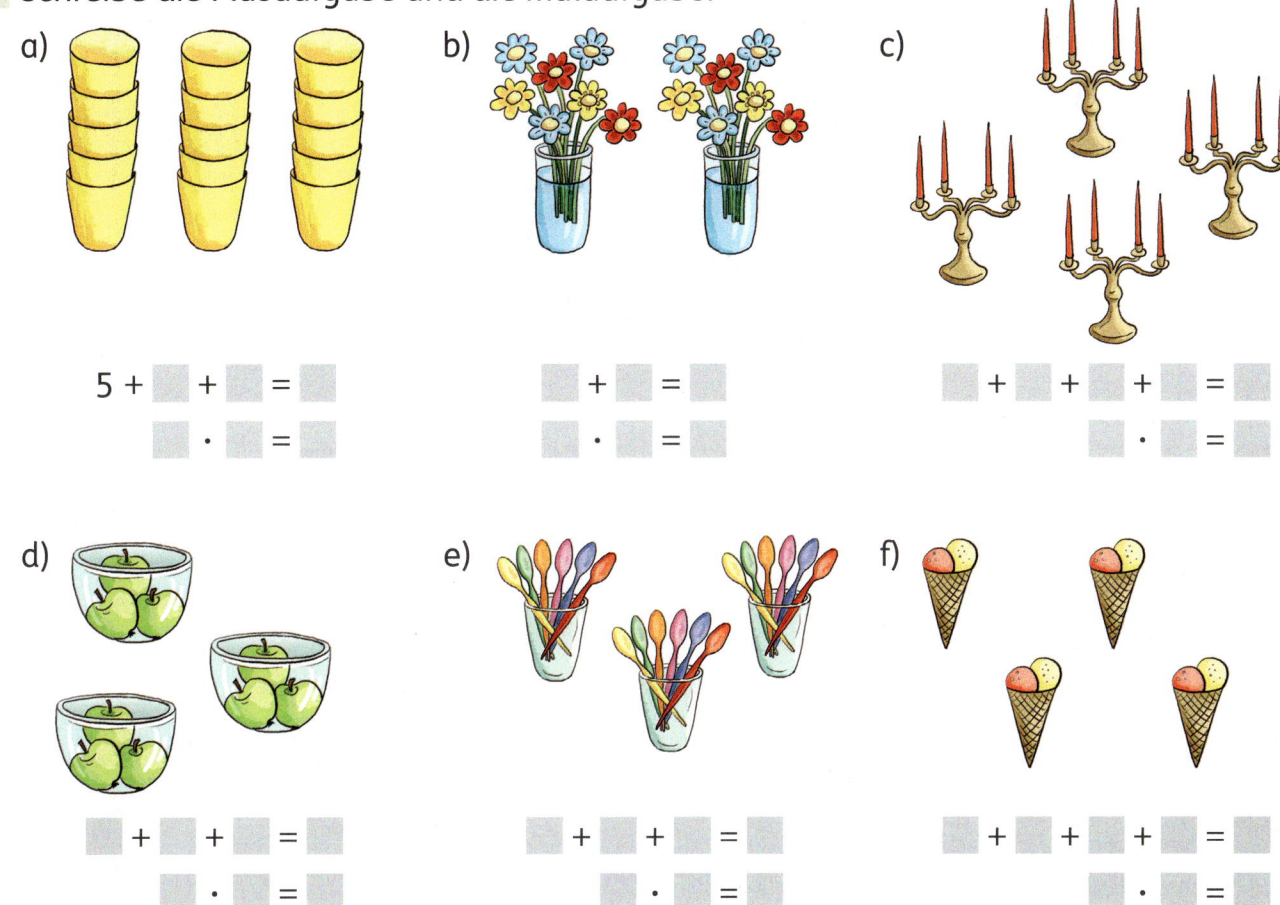

a)

5 + ☐ + ☐ = ☐
☐ · ☐ = ☐

b)

☐ + ☐ = ☐
☐ · ☐ = ☐

c)

☐ + ☐ + ☐ + ☐ = ☐
☐ · ☐ = ☐

d)

☐ + ☐ + ☐ = ☐
☐ · ☐ = ☐

e)

☐ + ☐ + ☐ = ☐
☐ · ☐ = ☐

f)

☐ + ☐ + ☐ + ☐ = ☐
☐ · ☐ = ☐

● 5 Finde Malaufgaben. Schreibe zu jeder Malaufgabe auch die Plusaufgabe.

4, 5 Multiplikationsaufgaben zum räumlich-simultanen Aspekt über die Additionsaufgaben ableiten und notieren.
Weiterführung und Vertiefung: Beziehungen gestalten.

57

→ Arbeitsheft, Seite 38

Malaufgaben

1

2 Welche Malaufgaben siehst du? Schreibe sie auf und rechne.

a) 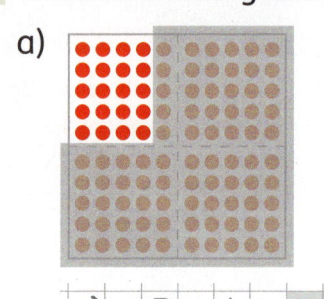   b) 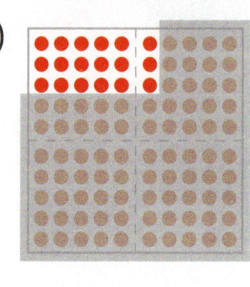   c) 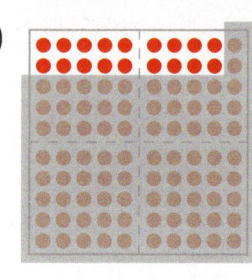   d)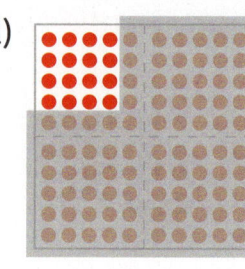

a) 5 · 4 =

e) 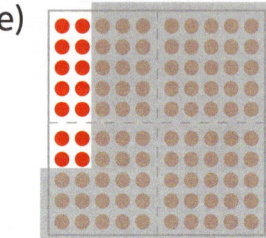   f) 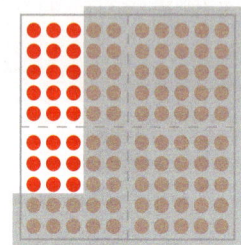   g) 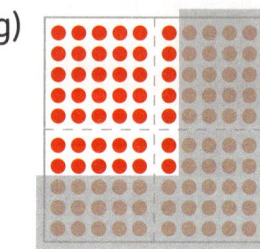   h)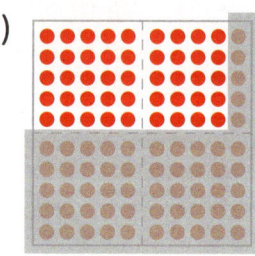

3 Zeigt am Hunderterfeld und rechnet.

2 · 7	4 · 9	5 · 5
3 · 10	8 · 1	7 · 6
9 · 3	10 · 2	5 · 8
2 · 8	3 · 5	6 · 1

4 Zeichne das Punktebild und rechne.

2 · 5

2 · 5 =

6 · 3	5 · 2
7 · 4	4 · 4
10 · 1	1 · 8
4 · 5	3 · 7

5 a) Findet vier Malaufgaben mit jeweils 12 Punkten. Schreibt sie auf und rechnet.

※ b) Findet vier Malaufgaben mit jeweils 20 Punkten. Schreibt sie auf und rechnet.

1 Darstellung von Multiplikationsaufgaben mit dem Abdeckwinkel am Hunderterfeld kennenlernen. Darstellungen in Punktebilder übertragen.   2, 3 Malaufgaben am Hunderterfeld zeigen, notieren und rechnen.   4 Malaufgaben in Punktebilder übertragen und rechnen.   5 Verschiedene Malaufgaben zu einer vorgegebenen Punkteanzahl finden, notieren und rechnen.

→ Arbeitsheft, Seite 39

Tauschaufgaben

1 Erklärt, was die Kinder sehen.

Toni

Ich sehe
4 Reihen mit je
6 Plättchen.

Fanni

Ich sehe
6 Reihen mit je
4 Plättchen.

Ich drehe
das Buch.

$4 \cdot 6 = 24$
$6 \cdot 4 = 24$

die Tauschaufgabe

2 Rechne die Malaufgabe und ihre Tauschaufgabe.

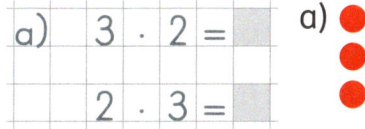

a)
$3 \cdot 2 =$
$2 \cdot 3 =$

a)

b)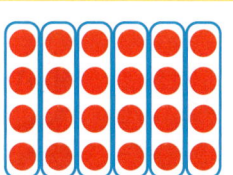

c)

d)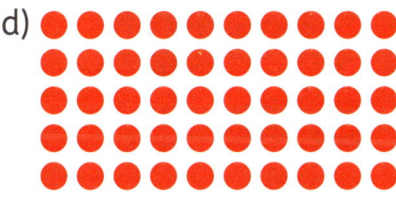

e)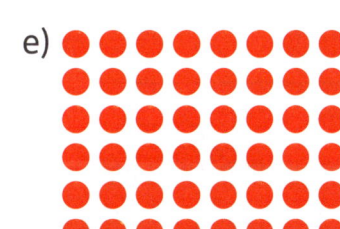

f)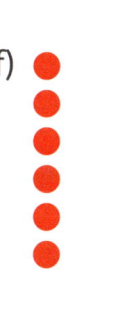

g)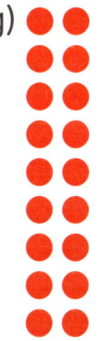

h)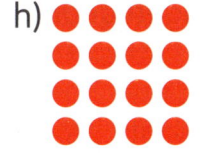

i)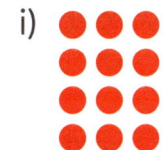

j)

k)

3 Zeichne Punktebilder. Rechne die Malaufgabe und die Tauschaufgabe.

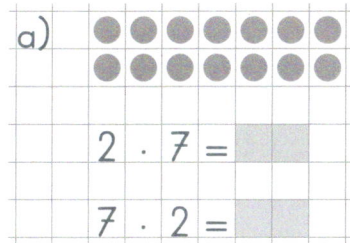

a)
$2 \cdot 7 =$
$7 \cdot 2 =$

a) 2 / 7

b) 4 / 2

c) 8 / 3

d) 3 / 3

e) 10 / 1

f) 5 / 5

g) 9 / 4

h) 0 / 8

1, 2 Plättchen- bzw. Punktebilder von zwei unterschiedlichen Perspektiven betrachten. Aufgabe und Tauschaufgabe erfassen, notieren und rechnen.   3 Aus den jeweils 2 Zahlen Aufgabe und Tauschaufgabe bilden, zeichnen, notieren und rechnen.

→ Arbeitsheft, Seite 40

Aufteilen

1 Erzählt eine Rechengeschichte.

Ich teile 12 Kinder auf: Immer 4 Kinder an eine Bahn.

12 Kinder **geteilt** durch 4 Kinder.

die Geteiltaufgabe aufteilen

12 : 4 = 3

geteilt durch

2 Teile auf.

a) Immer 5 Schwimmbretter in ein Fach.

b) Immer 4 Tauchringe an eine Stange.

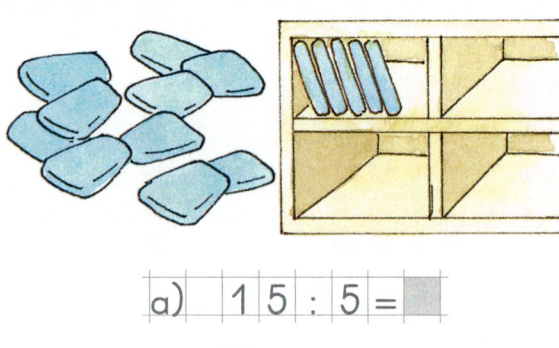

a) 1 5 : 5 = ▢

16 : ▢ = ▢

Es werden ▢ Fächer gebraucht.

Es werden ▢ Stangen gebraucht.

3 Teile auf.

a) Immer ▢ Bälle in ein Netz.

b) Immer ▢ Flossen an einen Haken.

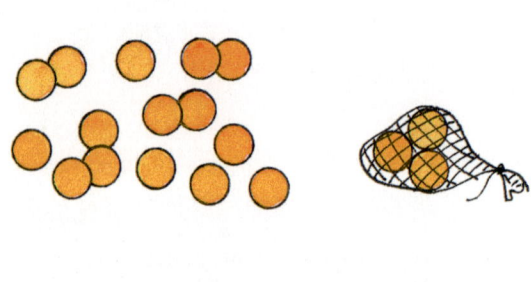

▢ : ▢ = ▢

▢ : ▢ = ▢

Es werden ▢ Netze gebraucht.

Es werden ▢ Haken gebraucht.

1–3 Zu der Bildfolge bzw. den Bildern Rechengeschichten erzählen. Die Division über das Aufteilen kennenlernen. Die Sprech- und Schreibweise dazu einführen. In Rollenspielen weitere Situationen darstellen und Divisionsaufgaben notieren. Weiterführung und Vertiefung: sprachliche Bildung.

→ Arbeitsheft, Seite 41

Verteilen

1 Wie viele Erdbeeren bekommt jedes Kind?

Ich verteile 10 Erdbeeren: Für jedes der 5 Kinder gleich viele.

Frau Fischer

10 Erdbeeren **geteilt** durch 5 Kinder.

die Geteiltaufgabe   10 : 5 = 2

verteilen   geteilt durch

2 Verteile.

a) Auf jeden Teller gleich viele Beeren.

a)   1 5 : 3 = ▢

Immer ▢ Beeren auf einem Teller.

b) In jede Schale gleich viele Bananen.

14 : ▢ = ▢

Immer ▢ Bananen in einer Schale.

3 Verteile.

a) Auf jeden Teller gleich viele Stücke.

▢ : ▢ = ▢

Immer ▢ Stücke auf einem Teller.

b) In jede Dose gleich viele Stücke.

▢ : ▢ = ▢

Immer ▢ Stücke in einer Dose.

1–3 Zu der Bildfolge bzw. den Bildern Rechengeschichten erzählen. Die Division auch über das Verteilen kennenlernen. Die Sprech- und Schreibweise dazu einführen. In Rollenspielen weitere Situationen darstellen und Divisionsaufgaben notieren. Weiterführung und Vertiefung: sprachliche Bildung.

→ Arbeitsheft, Seite 42

Geteiltaufgaben

○ 1 Teile auf.

a) Lege, schreibe und rechne.

20 : 4

Immer 4 in einer Reihe.

Mattis

b) Zeichne, schreibe und rechne.

12 : 2

Immer ▢.

b)

1 2 : 2 =

| 10 : 5 | 21 : 7 | 18 : 3 | 32 : 8 |
| 10 : 2 | 21 : 3 | 18 : 2 | 32 : 4 |

| 12 : 4 | 20 : 5 | 6 : 2 | 7 : 7 |
| 12 : 3 | 20 : 4 | 6 : 3 | 0 : 5 |

● 2 Welche Reihen können die Kinder legen?

✻

| Sina hat 8 Plättchen. | Nils hat 9 Plättchen. | Paul hat 16 Plättchen. |
| Luisa hat 24 Plättchen. | Karim hat 22 Plättchen. | Juna hat 17 Plättchen. |

○ 3 Verteile.

a) Lege, schreibe und rechne.

15 : 3

15 Plättchen in 3 Spalten.

Mareike

b) Zeichne, schreibe und rechne.

24 : 6

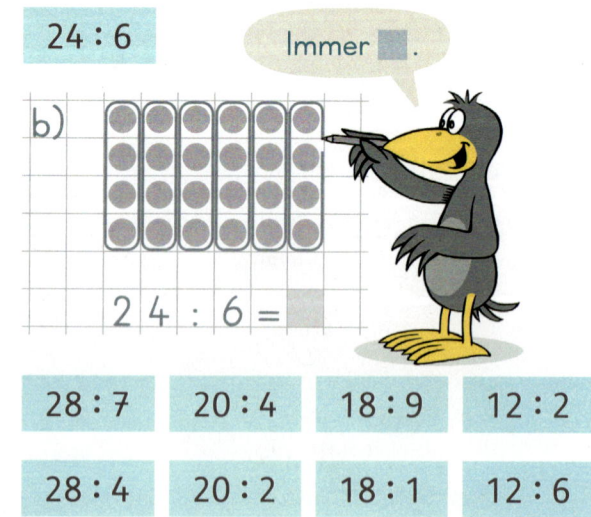

Immer ▢.

b)

2 4 : 6 = ▢

| 15 : 5 | 30 : 5 | 27 : 9 | 36 : 6 |
| 15 : 1 | 30 : 6 | 27 : 3 | 36 : 9 |

| 28 : 7 | 20 : 4 | 18 : 9 | 12 : 2 |
| 28 : 4 | 20 : 2 | 18 : 1 | 12 : 6 |

● 4 Verteilt 32 Spielkarten an ...

✻

| 8 Kinder. | 4 Kinder. | 2 Kinder. | 16 Kinder. | 3 Kinder. |

62

1 Das Aufteilen durch Legen mit Plättchen und Zeichnen üben. Das Aufteilen durch Einkreisen der Reihen verdeutlichen.
3 Das Verteilen durch Legen mit Plättchen und Zeichnen üben. Das Verteilen durch Einkreisen der Spalten verdeutlichen.
2, 4 Möglichkeiten durch Legen mit Plättchen lösen. Letztes Beispiel in Aufgabe 4 besprechen.

→ Arbeitsheft, Seite 42

Umkehraufgaben

○ **1** Erzählt eine Rechengeschichte.

Alma

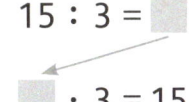

die Geteiltaufgabe   15 : 3 = ▢

▢ · 3 = 15   die Umkehraufgabe

○ **2** Rechne die Geteiltaufgabe und ihre Umkehraufgabe.

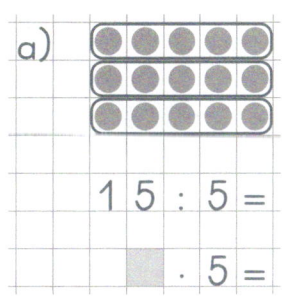

15 : 5 =

▢ · 5 =

a)
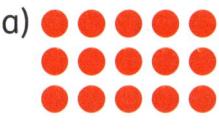

15 : 5

▢ · 5

b)
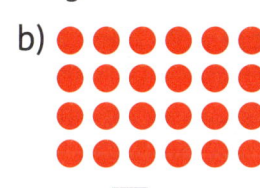

▢ : 6

▢ · 6

c)

▢ : 7

▢ · 7

d)
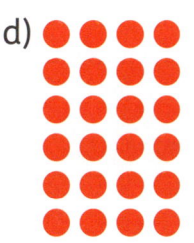

e)
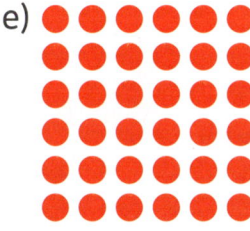

f)
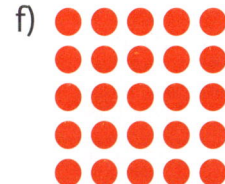

g)
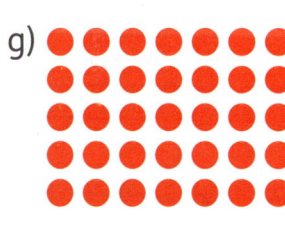

◑ **3**

Malnehmen geht leichter. Deshalb kontrolliere ich mit der Umkehraufgabe.

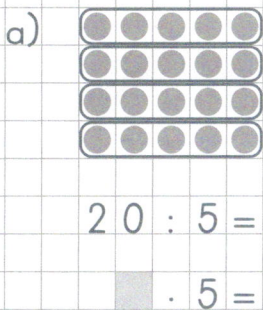

20 : 5 =

▢ · 5 =

a) 20 : 5   b) 40 : 10   c) 12 : 3
    20 : 4   40 : 4   12 : 4
    20 : 2   40 : 8   12 : 2
    20 : 10   40 : 5   12 : 6

d) 6 : 3   e) 32 : 8   f) 15 : 5
     9 : 3   16 : 8   64 : 8
    15 : 3   32 : 4   80 : 10
    30 : 3   16 : 4   24 : 8

1 Die Division und die Multiplikation als Umkehroperationen verstehen.   **2** Aufgaben aus der ikonischen Darstellung ablesen, notieren und lösen.   **3** Zu den Aufgaben Punktebilder zeichnen. Das Ergebnis mit der Umkehraufgabe kontrollieren.

63

→ Arbeitsheft, Seite 43

Aufgabenfamilien

○ 1

12,	3,	4
3 · 4 = 1 2		
4 · 3 = 1 2		
1 2 : 4 =		
1 2 : 3 =		

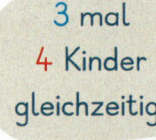

3 mal
4 Kinder
gleichzeitig.

4 mal
3 Kinder auf
einer Bahn.

die Aufgabenfamilie

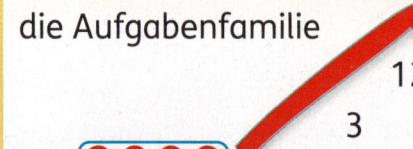

12
3   4

3 · 4 = 12
4 · 3 = 12
12 : 4 = 3
12 : 3 = 4

Anna

Max

○ 2 Schreibe zu jedem Punktebild die Aufgabenfamilie.

a)  b) 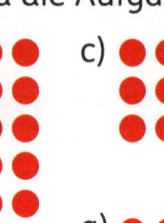 c) 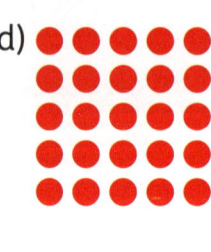 d) 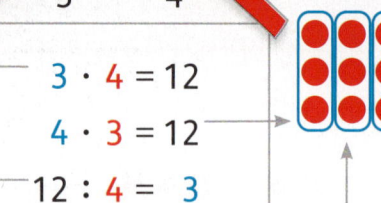 e)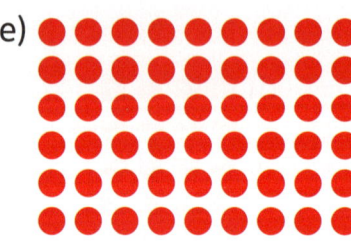

g)

f)

○ 3 Schreibe die Aufgabenfamilien.

a)
20
4   5

b)
12
6   2

c)
24
6   4

◑ 4 Schreibe die Aufgabenfamilien.

a)
☐
5   3

b)
36
4   ☐

c)
8
☐   2

1 Aufgabenfamilien der Multiplikation bzw. Division kennenlernen: Sachsituation nachspielen und die Aufgaben der Aufgabenfamilie ableiten. 2 Aufgabenfamilien aus den Plättchen- bzw. Punktebildern ableiten. Aufgaben notieren und lösen. 3 Zu
den vorgegebenen Zahlen Aufgabenfamilien finden. 4 Die fehlenden Zahlen finden und Aufgabenfamilien lösen.

→ Arbeitsheft, Seite 44

Einmaleins mit 1 und 0

1 Wie viele Krapfen? Wie viele Luftballons? Erzählt Rechengeschichten.

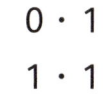

0 · 1		0 · 0
1 · 1		1 · 0
2 · 1		2 · 0
3 · 1		3 · 0
4 · 1		4 · 0
5 · 1		5 · 0
6 · 1		6 · 0
7 · 1		7 · 0
8 · 1		8 · 0
9 · 1		9 · 0
10 · 1		10 · 0

3 · 1 = ▨

3 · 0 = ▨

5 · 1 = ▨   5 · 0 = ▨

2 Rechne die Aufgabe und ihre Tauschaufgabe.

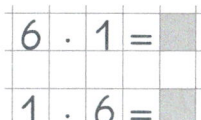

6 · 1 = ▨
1 · 6 = ▨

6 · 1	0 · 1	8 · 0	3 · 1	7 · 1
10 · 1	4 · 1	9 · 1	1 · 1	5 · 0

3 Rechne die Aufgabe und ihre Umkehraufgabe.

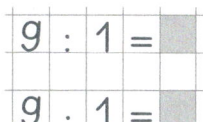

9 : 1 = ▨
9 · 1 = ▨

9 : 1	8 : 1	4 : 1	3 : 1	6 : 1
2 : 1	10 : 1	7 : 1	5 : 1	1 : 1

4 Aufgepasst bei 0 und 1.

Aha! Mal 0 ergibt immer 0.

a) 3 + 1
3 + 0
3 · 1
3 · 0
3 : 1

b) 2 − 0
2 + 0
2 · 1
2 · 0
2 : 1

c) 7 + ▨ = 7
7 − ▨ = 0
7 · ▨ = 7
7 · ▨ = 0
7 : ▨ = 7

d) ▨ + 8 = 8
▨ − 8 = 0
▨ · 8 = 8
▨ · 8 = 0
▨ : 1 = 8

5 Wie viele Gummibärchen bekommst du? Ich gebe dir …

a)
0-mal
8 Bärchen.

b)
8-mal
0 Bärchen.

c)
1-mal
8 Bärchen.

d)
0-mal
0 Bärchen.

1 Ergebnisse des Einmaleins mit 0 und 1 erarbeiten und an einer 1 · 1 Tafel (s. Seite 90) zeigen.   **2** Aufgaben und Tauschaufgaben lösen.   **3** Aufgaben lösen und mit der Umkehraufgabe kontrollieren.   **4** Aufgaben mit 0 werden häufig falsch gelöst. Sensibilisiert man die Kinder für dieses Problem, können zukünftige Fehler vermieden werden.

→ Arbeitsheft, Seite 45

Einmaleins mit 10

1 Wie viele Eier? Löst zuerst die Kernaufgaben.

1 · 10 =

5 · 10 =

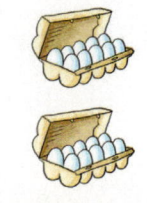

2 · 10 =

10 · 10 =

0 · 10
1 · 10
2 · 10
3 · 10
4 · 10
5 · 10
6 · 10
7 · 10
8 · 10
9 · 10
10 · 10

Kernaufgaben sind einfache Aufgaben.

2 Setze die Zehnerreihe fort.

a) vorwärts   0, 10, 20,

b) rückwärts   100, 90, 80,

3 a)
1 · 10	3 · 10	0 · 10
2 · 10	6 · 10	4 · 10
5 · 10	9 · 10	7 · 10
10 · 10	8 · 10	6 · 10

b)
· 10 = 20	· 10 = 60
· 10 = 50	· 10 = 90
· 10 = 10	· 10 = 80
· 10 = 100	· 10 = 70

c)
10 · 5	10 · 4	10 · 6
10 · 2	10 · 8	10 · 9
10 · 10	10 · 0	10 · 7
10 · 1	10 · 3	10 · 8

d)
10 · = 50	10 · = 20
10 · = 30	10 · = 60
10 · = 70	10 · = 40
10 · = 80	10 · = 90

4 a)
20 : 10	60 : 10	70 : 10
50 : 10	30 : 10	80 : 10
10 : 10	40 : 10	90 : 10
100 : 10	0 : 10	50 : 10

b)
30 : = 3	70 : = 7
20 : = 2	60 : = 6
50 : = 5	90 : = 9
40 : = 4	80 : = 8

5 Schreibe die Aufgabenfamilien.

a)

5   10

b)

60

10

c)
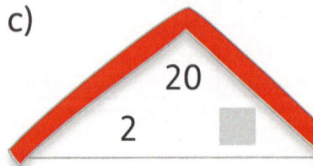

20

2

1 Ergebnisse des Einmaleins mit 10 erarbeiten und an einer 1 · 1 Tafel (s. Seite 90) zeigen. Kernaufgaben als einfache Aufgaben einführen.   2–4 Die Ergebnisse des Einmaleins mit 10 einprägen.   5 Zu den vorgegebenen Zahlen Aufgabenfamilien finden.

→ Arbeitsheft, Seite 46

Einmaleins mit 5

1 Wie viele Finger? Löst zuerst die Kernaufgaben.

■ · 5 = ■

■ · 5 = ■

■ · 5 = ■

■ · 5 = ■

0 · 5
1 · 5
2 · 5
3 · 5
4 · 5
5 · 5
6 · 5
7 · 5
8 · 5
9 · 5
10 · 5

Vergleicht mit der Zehnerreihe.

2 Setze die Fünferreihe fort.

a) vorwärts 0, 5, 10, ■

b) rückwärts 50, 45, 40, ■

3 a)

1 · 5	3 · 5	4 · 5
2 · 5	6 · 5	8 · 5
5 · 5	9 · 5	7 · 5
10 · 5	0 · 5	9 · 5

b)

■ · 5 = 10	■ · 5 = 30
■ · 5 = 20	■ · 5 = 40
■ · 5 = 50	■ · 5 = 45
■ · 5 = 25	■ · 5 = 35

c)

5 · 2	5 · 4	5 · 7
5 · 5	5 · 8	5 · 9
5 · 1	5 · 3	5 · 0
5 · 10	5 · 6	5 · 8

d)

5 · ■ = 5	5 · ■ = 15
5 · ■ = 50	5 · ■ = 25
5 · ■ = 35	5 · ■ = 30
5 · ■ = 40	5 · ■ = 45

4 a)

5 : 5	20 : 5	40 : 5
10 : 5	15 : 5	0 : 5
25 : 5	30 : 5	45 : 5
50 : 5	35 : 5	10 : 5

b)

10 : ■ = 2	20 : ■ = 4
25 : ■ = 5	30 : ■ = 6
50 : ■ = 10	40 : ■ = 8
0 : ■ = 0	35 : ■ = 7

5 Frage, löse und antworte.

a)
> Beim Judowettkampf nehmen 30 Kinder teil. Es sind 5-mal so viele Mädchen wie Jungen.

b)
> Bei einem anderen Wettkampf nehmen 25 Kinder teil. Es sind 4-mal so viele Jungen wie Mädchen.

1 Ergebnisse des Einmaleins mit 5 erarbeiten und an einer 1 · 1 Tafel (s. Seite 90) zeigen. Kernaufgaben hervorheben.
2–4 Die Ergebnisse des Einmaleins mit 5 einprägen. **5** Sachaufgaben mit den 3 Lösungsschritten (fragen, lösen, antworten) bearbeiten.

→ Arbeitsheft, Seite 46

Einmaleins mit 2

1 Wie viele Schuhe? Löst zuerst die Kernaufgaben.

■ · 2 = ■   ■ · 2 = ■

■ · 2 = ■   ■ · 2 = ■

| 0 · 2 |
| 1 · 2 |
| 2 · 2 |
| 3 · 2 |
| 4 · 2 |
| 5 · 2 |
| 6 · 2 |
| 7 · 2 |
| 8 · 2 |
| 9 · 2 |
| 10 · 2 |

Bei Mal mit 2 wird verdoppelt.

2 Setze die Zweierreihe fort.

a) vorwärts   0, 2, 4, ■   b) rückwärts   20, 18, 16, ■

3
a)
1 · 2	3 · 2	4 · 2
2 · 2	6 · 2	8 · 2
5 · 2	9 · 2	7 · 2
10 · 2	0 · 2	9 · 2

b)
■ · 2 = 4	■ · 2 = 6
■ · 2 = 10	■ · 2 = 14
■ · 2 = 2	■ · 2 = 18
■ · 2 = 20	■ · 2 = 16

c)
2 · 2	2 · 4	2 · 6
2 · 1	2 · 0	2 · 7
2 · 5	2 · 8	2 · 9
2 · 10	2 · 3	2 · 8

d)
2 · ■ = 20	2 · ■ = 8
2 · ■ = 10	2 · ■ = 16
2 · ■ = 6	2 · ■ = 0
2 · ■ = 12	2 · ■ = 14

4
a)
2 : 2	6 : 2	16 : 2
4 : 2	12 : 2	0 : 2
10 : 2	8 : 2	18 : 2
20 : 2	14 : 2	20 : 2

b)
4 : ■ = 2	8 : ■ = 4
10 : ■ = 5	12 : ■ = 6
20 : ■ = 10	16 : ■ = 8
2 : ■ = 1	14 : ■ = 7

5 Löse die Zahlenrätsel.

a) Wenn ich meine Zahl mit 5 malnehme, kommt das Gleiche heraus, wie wenn ich 3 mal 10 rechne.

b) Wenn ich meine Zahl mit 5 malnehme, ist sie um 24 größer, als wenn ich sie mit 2 malnehme.

1 Ergebnisse des Einmaleins mit 2 erarbeiten und an einer 1 · 1 Tafel (s. Seite 90) zeigen. Kernaufgaben hervorheben. Zusammenhang von Verdoppeln und Multiplizieren mit 2 herstellen.   **2–4** Die Ergebnisse des Einmaleins mit 2 einprägen. Auch Zusammenhang von Halbieren und Dividieren durch 2 herstellen.   **5** Zahlenrätsel lösen.

→ Arbeitsheft, Seite 47

Gerade und ungerade Zahlen

○ **1** Versucht, für die Zahlen von 1 bis 20 jeweils zwei gleich hohe Türme zu bauen.
Erklärt mit der Zweierreihe.

gerade **Zahlen** sind
durch 2 teilbar: 0, 2, 4, 6, …

ungerade **Zahlen** sind **nicht**
durch 2 teilbar: 1, 3, 5, 7, …

○ **2** Male ab und setze fort. Was fällt dir auf? Beschreibe.

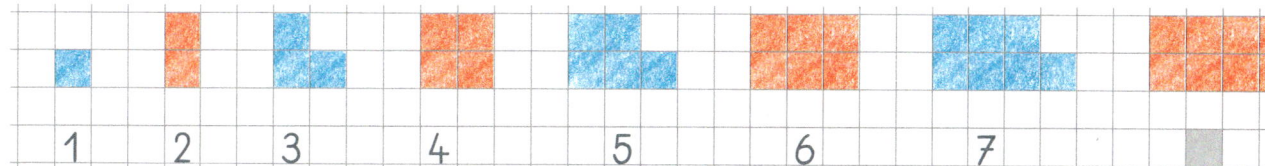

◑ **3** Ist das Ergebnis jeweils gerade oder ungerade? Was fällt euch auf? Beschreibt.

$4 + 4 =$ ☐   ☐ + ☐ = ☐   ☐ + ☐ = ☐   ☐ + ☐ = ☐

◑ **4** Kann das stimmen? Begründet.

   a) Gerade Zahlen gehören zur Zweierreihe.

   b) Ungerade Zahlen kann man halbieren.

   c) Wenn ich eine gerade Zahl mit einer geraden Zahl malnehme,
      ist das Ergebnis immer gerade.

   d) Wenn ich eine ungerade Zahl mit einer ungeraden Zahl
      malnehme, ist das Ergebnis immer ungerade.

Anna

1, 2 Gerade und ungerade Zahlen einführen und untersuchen.   **3** Gesetzmäßigkeiten bei der Addition von geraden und ungeraden Zahlen entdecken.   **4** Aussagen über das Multiplizieren und Dividieren von geraden und ungeraden Zahlen auf Plausibilität prüfen. Weiterführung und Vertiefung: sprachliche Bildung.

69

→ Arbeitsheft, Seite 48

Verdoppeln und Halbieren nutzen

1 Verdoppelt und halbiert.

2 a) Verdopple. Zeichne Punktebilder.

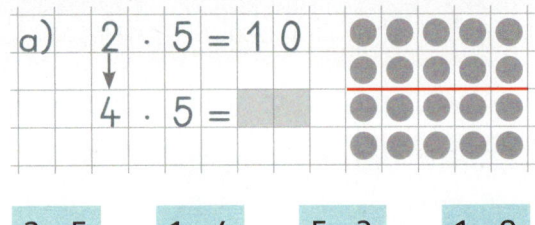

b) Halbiere. Zeichne Punktebilder.

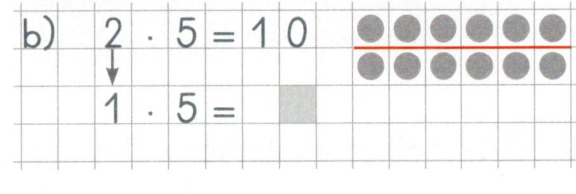

| 2 · 5 | 1 · 4 | 5 · 3 | 1 · 9 |

| 2 · 5 | 2 · 9 | 6 · 5 | 8 · 5 |

3 a) Verdopple.

| 2 · 4 | 1 · 3 | 2 · 1 |
| 4 · 4 | 2 · 3 | 4 · 1 |

| 4 · 4 | 2 · 3 | 4 · 1 |
| ▢ · 4 | ▢ · 3 | ▢ · 1 |

| 3 · 5 | 4 · 3 | 5 · 1 |
| ▢ · 5 | ▢ · 3 | ▢ · 1 |

b) Halbiere.

| 6 · 2 | 2 · 10 | 10 · 0 |
| 3 · 2 | 1 · 10 | 5 · 0 |

| 8 · 2 | 6 · 10 | 4 · 0 |
| ▢ · 2 | ▢ · 10 | ▢ · 0 |

| 4 · 2 | 8 · 10 | 6 · 0 |
| ▢ · 2 | ▢ · 10 | ▢ · 0 |

4

a) Jonas denkt sich eine Zahl. Sie ist das Doppelte von 3 · 5.

b) Mara denkt sich eine Zahl. Sie ist die Hälfte von 6 · 10.

c) Leo denkt sich eine Zahl. Sie ist das Zweifache von 4 · 5.

d) Erkan denkt sich eine Zahl. Sie ist das Doppelte vom Doppelten von 2 · 2.

e) Sanni denkt sich eine Zahl. Sie ist die Hälfte von der Hälfte von 8 · 5.

f) Erfinde eigene Zahlenrätsel.

1 Das Verdoppeln und Halbieren nutzen, um weitere Multiplikationsaufgaben zu erschließen. Situationen in Partnerarbeit nachspielen.   **2** Zu beiden Aufgaben Punktebilder zeichnen, Aufgaben notieren und lösen.   **3** Verdoppeln und Halbieren üben.   **4** Die Zahlenrätsel lösen.

→ Arbeitsheft, Seite 48

Quadratzahl-Aufgaben

1 Legt Quadrate mit quadratischen Geoplättchen. Beschreibt.

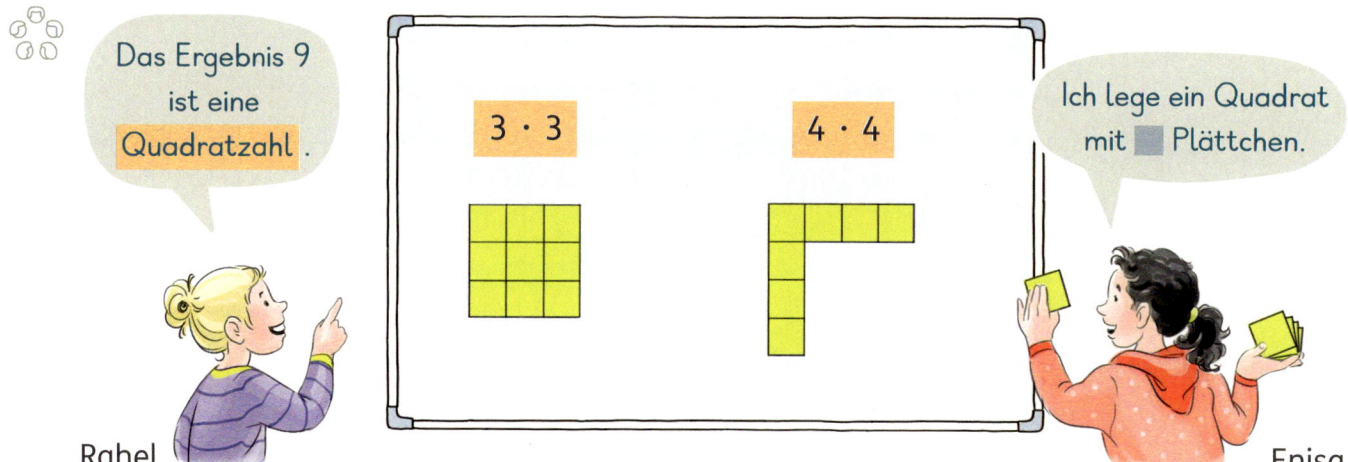

Das Ergebnis 9 ist eine Quadratzahl.

3 · 3   4 · 4

Ich lege ein Quadrat mit ▮ Plättchen.

Rahel   Enisa

9 = 3 · 3   Eine Quadratzahl entsteht, wenn man eine Zahl mit sich selbst malnimmt.

2 Malt ab und setzt fort. Was fällt euch auf? Beschreibt.

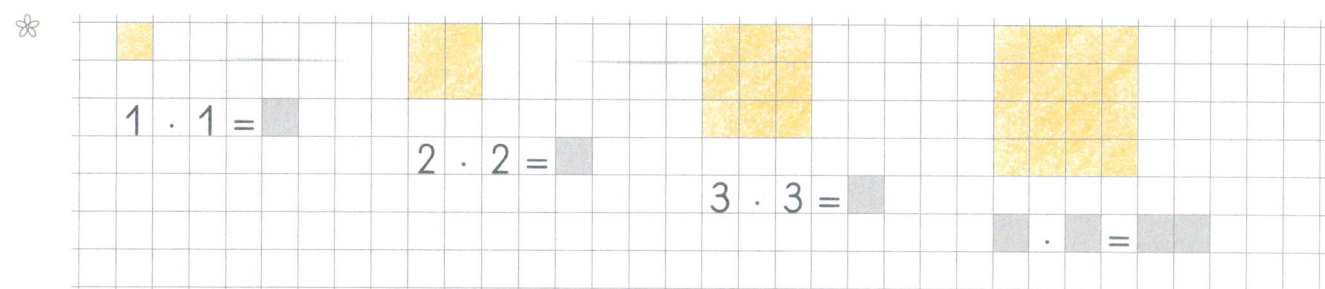

1 · 1 = ▮
2 · 2 = ▮
3 · 3 = ▮
▮ · ▮ = ▮

3 Löse die Quadratzahl-Aufgaben.

a) 9 = ▮ · ▮   b) 81 = ▮ · ▮
25 = ▮ · ▮   100 = ▮ · ▮
4 = ▮ · ▮   36 = ▮ · ▮
16 = ▮ · ▮   64 = ▮ · ▮

Quadratzahl-Aufgaben sind auch Kernaufgaben.

0 · 0
1 · 1
2 · 2
3 · 3
4 · 4
5 · 5
6 · 6
7 · 7
8 · 8
9 · 9
10 · 10

4 Welche Aufgaben sind Quadratzahl-Aufgaben?

a) 20 = 4 · ▮   b) 30 = 5 · ▮   c) 64 = 1 · ▮
12 = 2 · ▮   0 = 0 · ▮   50 = 5 · ▮
64 = 8 · ▮   35 = 7 · ▮   1 = 1 · ▮
8 = 4 · ▮   16 = 8 · ▮   100 = 50 · ▮
49 = 7 · ▮   36 = 6 · ▮   121 = 11 · ▮

1 Über das Legen von Quadraten Quadratzahl-Aufgaben erarbeiten und den Begriff „Quadratzahl" einführen. Diese an einer 1 · 1 Tafel (s. Seite 90) zeigen. **2** Quadrate zeichnen und passende Aufgaben notieren. Erkennen, dass immer 3, 5, 7, ... Plätt- chen dazukommen. **3, 4** Quadratzahl-Aufgaben lösen bzw. finden.

→ Arbeitsheft, Seite 49

Figuren am Geobrett spannen

○ 1

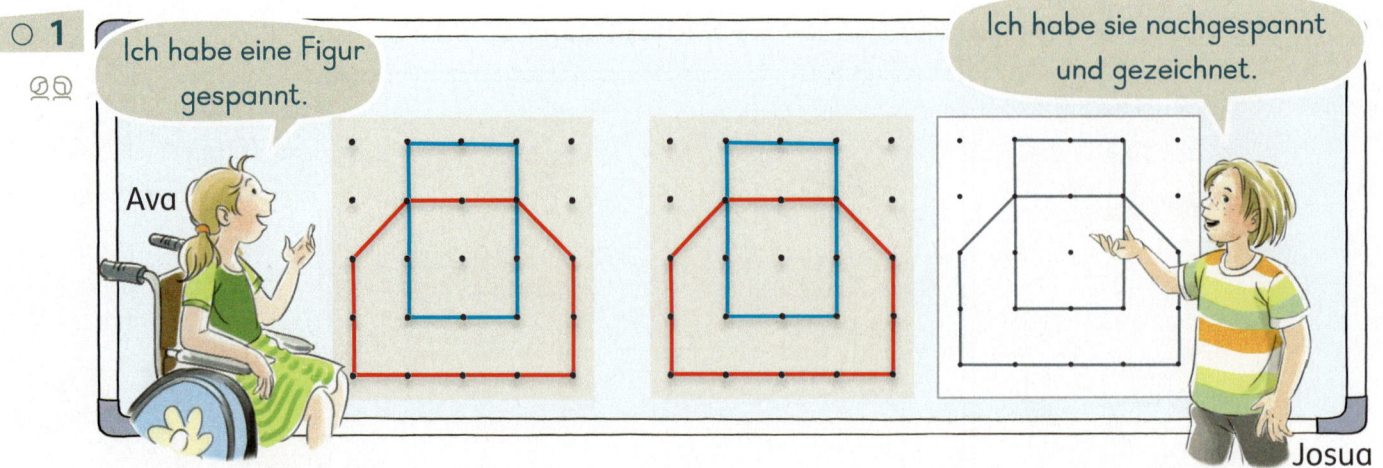

Ava: Ich habe eine Figur gespannt.

Josua: Ich habe sie nachgespannt und gezeichnet.

○ 2 Spanne die Figuren am Geobrett. Zeichne sie. Aus welchen Formen bestehen sie?

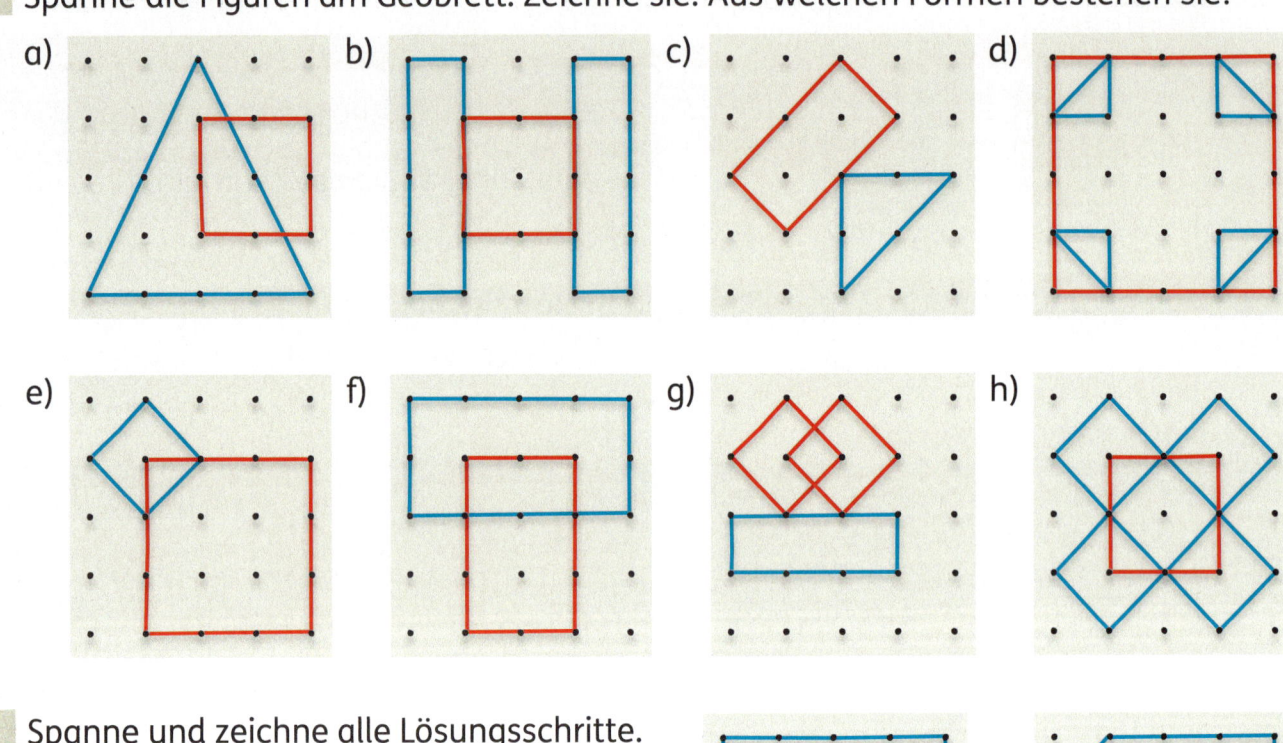

a) b) c) d)

e) f) g) h)

● 3 Spanne und zeichne alle Lösungsschritte.

a) Verändere das Quadrat 4-mal nacheinander, sodass jede neue Figur genau eine Ecke mehr hat.

b) Verändere das Zwölfeck 4-mal nacheinander, sodass jede neue Figur genau eine Ecke weniger hat.

c) Verändere das Zwölfeck 4-mal nacheinander, sodass bei jeder Figur immer eine Ecke dazukommt.

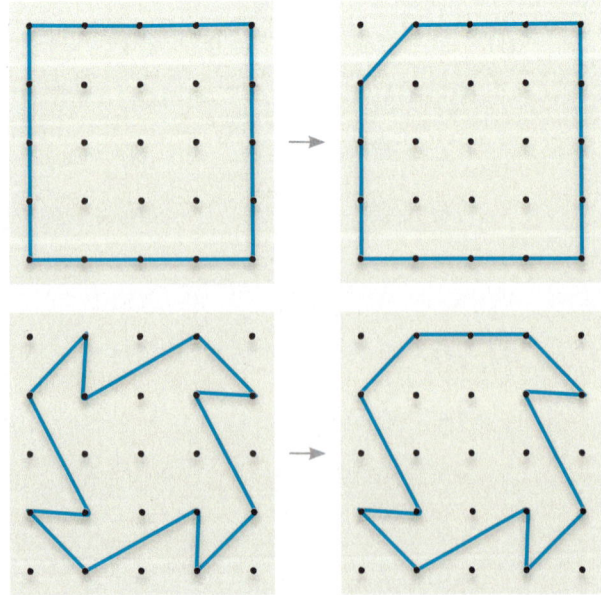

1, 2 Eingeführte Flächenformen wiederholen. Formen und Figuren spannen und im Punkteraster zeichnen. **3** Die vorgegebenen Figuren (links) in jeweils 4 Schritten so verändern, dass die neue Figur (rechts) entsteht. Die Lösungsschritte zeichnerisch im Punkteraster festhalten. Differenzierung: Eigene Figuren ausdenken, nachspannen lassen und zeichnen.

→ Arbeitsheft, Seiten 50

Symmetrische Figuren spannen

○ 1

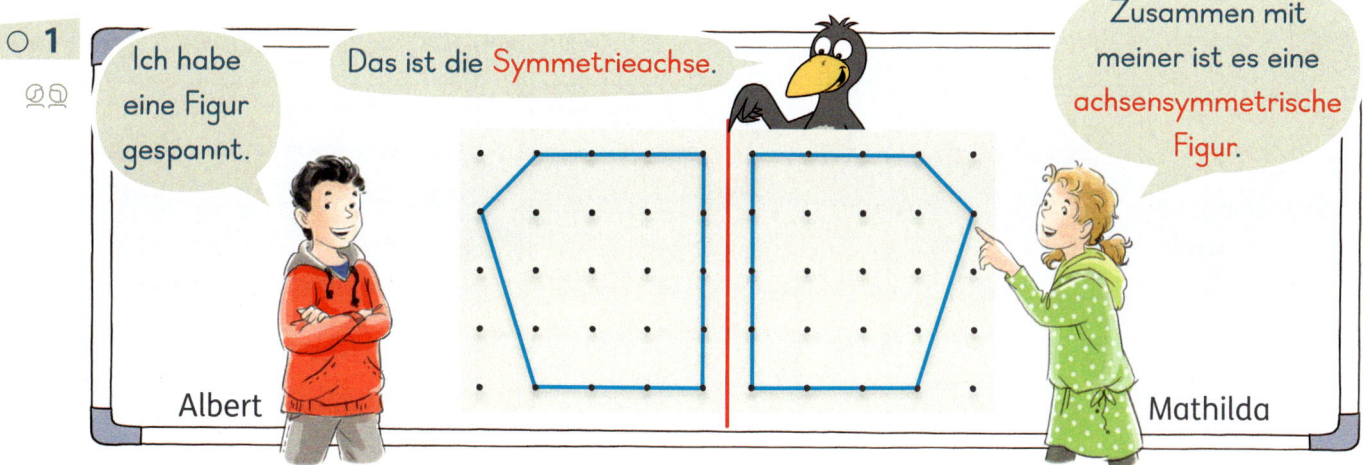

Albert: Ich habe eine Figur gespannt.

Das ist die Symmetrieachse.

Mathilda: Zusammen mit meiner ist es eine achsensymmetrische Figur.

○ 2 Die Mitte zwischen zwei Geobrettern ist die Symmetrieachse. Spiegelt und zeichnet.

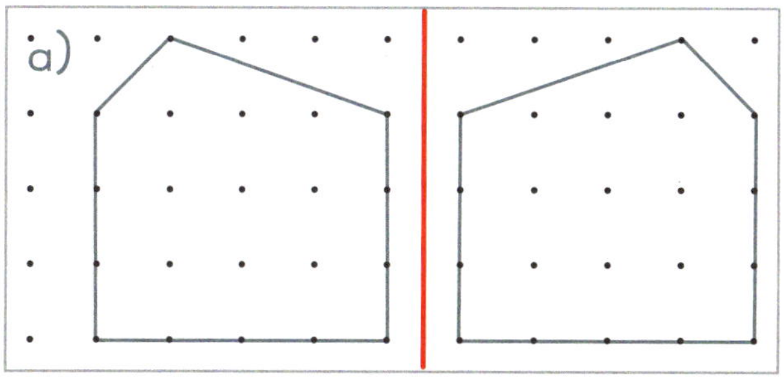

a) 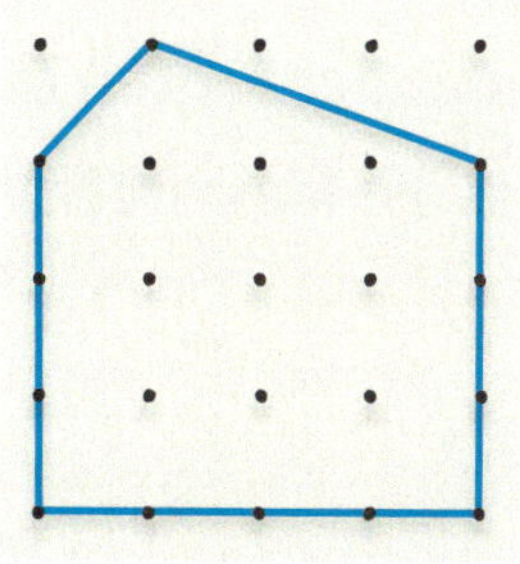 b)

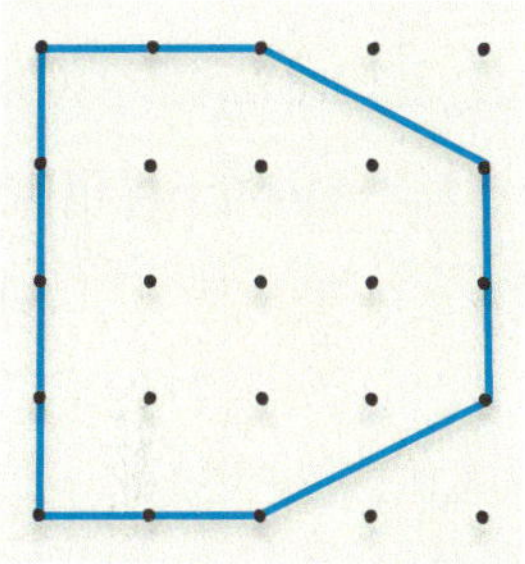

c) 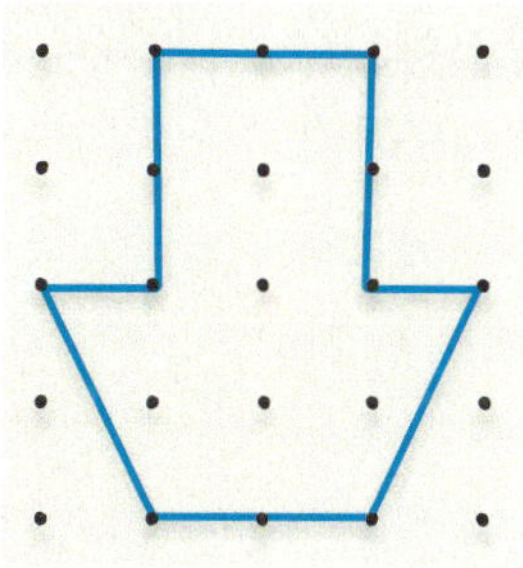 d) 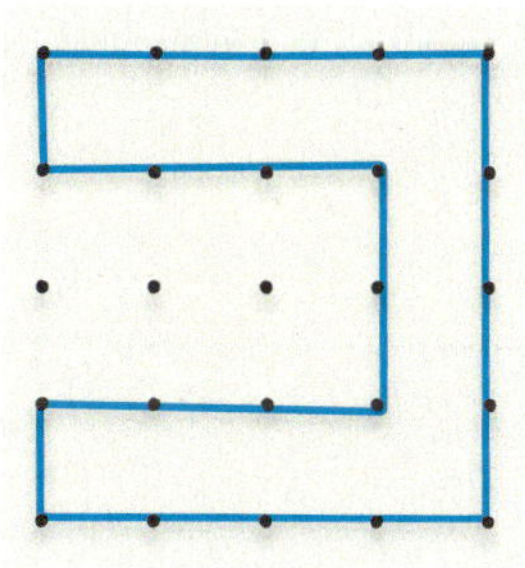 e) 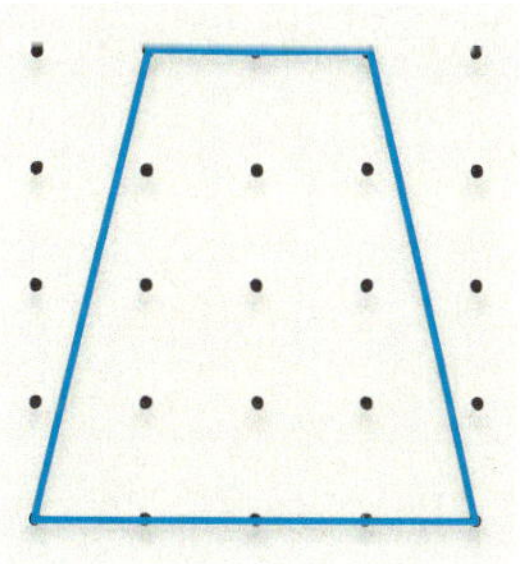 f)

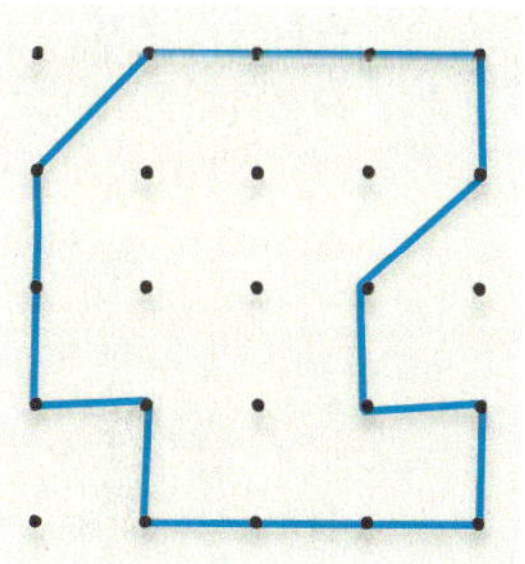

● 3 Legt vier Geobretter zusammen. Spannt die Figuren. Spiegelt 4-mal und zeichnet.

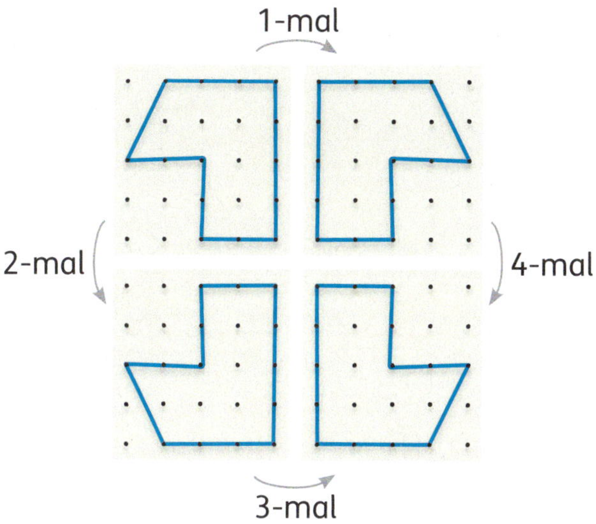

1-mal

2-mal   4-mal

3-mal

a) 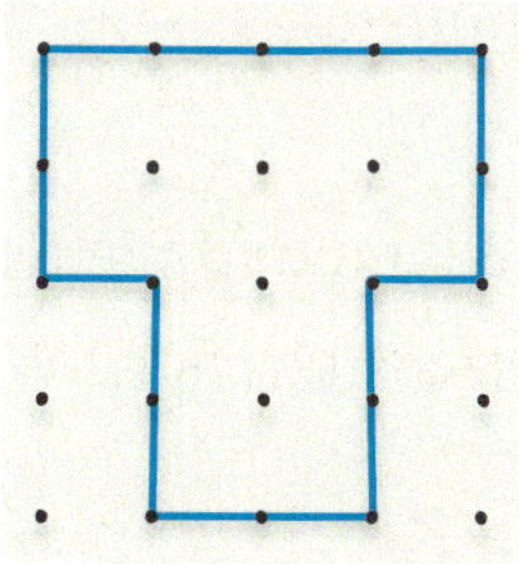 b)

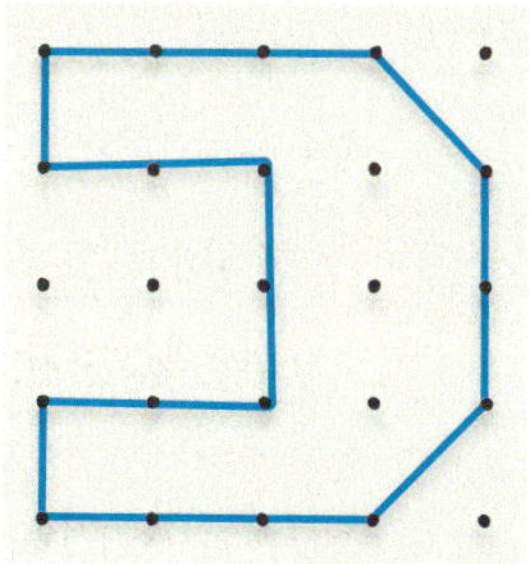

c) 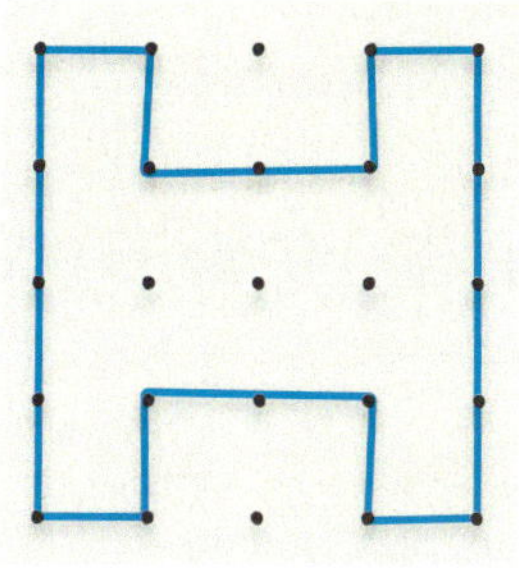 d)

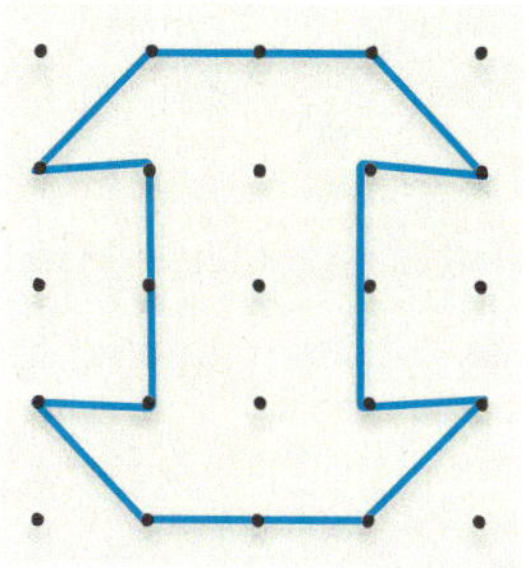

1–3 Gesetzmäßigkeit der Achsensymmetrie wiederholen, symmetrische Figuren spannen. Differenzierung: Eigene Figuren ausdenken und spiegeln lassen. Weiterführung und Vertiefung: ästhetisches Wahrnehmen und Gestalten.

73

→ Arbeitsheft, Seiten 51

Flächeninhalte ermitteln und vergleichen

○ **1** Vergleicht: Welche Figur hat den größeren Flächeninhalt?

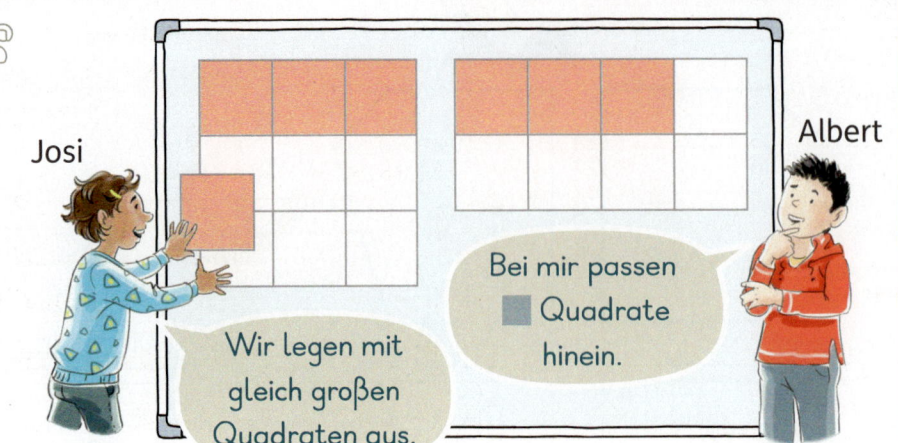

Josi

Wir legen mit gleich großen Quadraten aus.

Bei mir passen ■ Quadrate hinein.

Albert

Der **Flächeninhalt** gibt die Größe der Fläche einer Figur an.

○ **2** Vergleicht: Legt mit dem roten Quadrat aus. Welche Fläche ist die größte?

Welche Fläche ist die kleinste? Welche Flächen sind gleich groß?

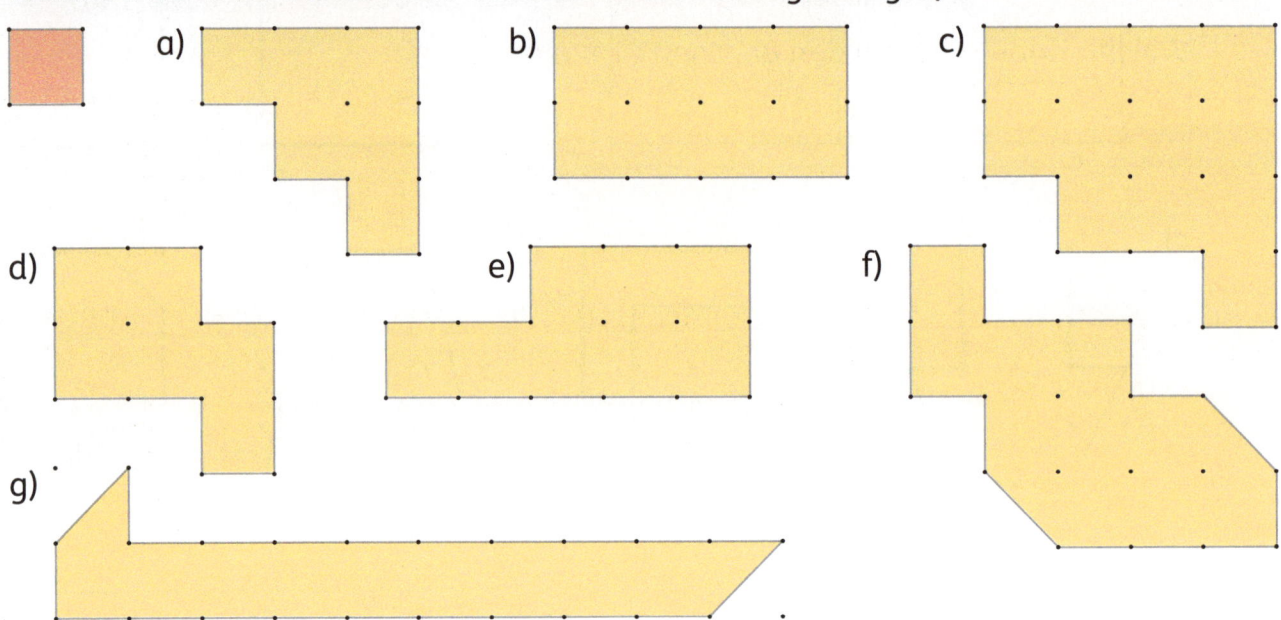

◐ **3** Vergleicht die Flächen mithilfe des roten Dreiecks. Welche Fläche ist die größte?

Welche Fläche ist die kleinste? Welche Flächen sind gleich groß?

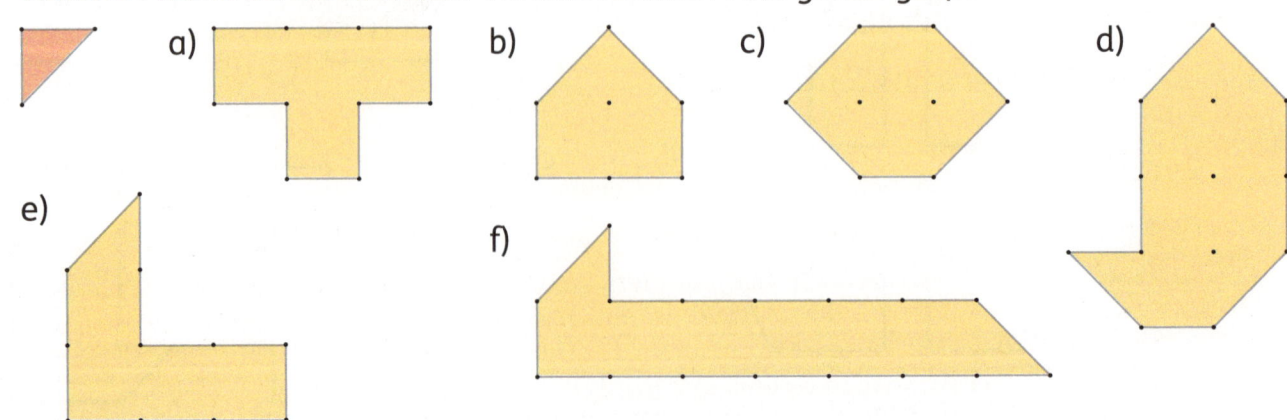

1 Den Begriff „Flächeninhalt" einführen. **2, 3** Die Figuren in ein Punkteraster übertragen. Den Flächeninhalt durch Auslegen der Figuren mit dem roten Quadrat bzw. Dreieck als jeweilige Einheitsfläche ermitteln und die Flächeninhalte miteinander vergleichen.

→ Arbeitsheft, Seiten 52

Umfang und Flächeninhalt

○ **1** Vergleicht: Welche Figur hat den größeren Umfang?

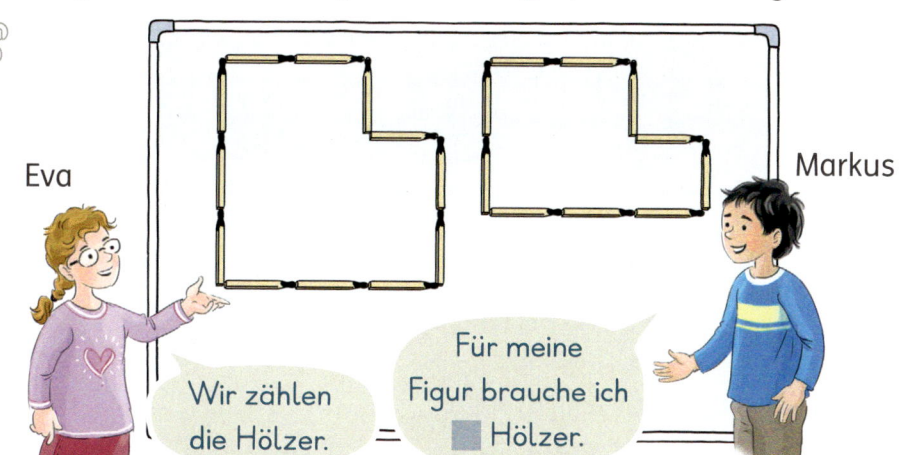

Eva — Wir zählen die Hölzer. = Für meine Figur brauche ich ▮ Hölzer. — Markus

Der Umfang gibt die Länge des Randes einer Figur an.

○ **2** Vergleicht: Legt mit Zündhölzern nach und zeichnet.

Welche Figur hat den größten Umfang? Welche hat den kleinsten Umfang?

Welche Figuren haben den gleichen Umfang?

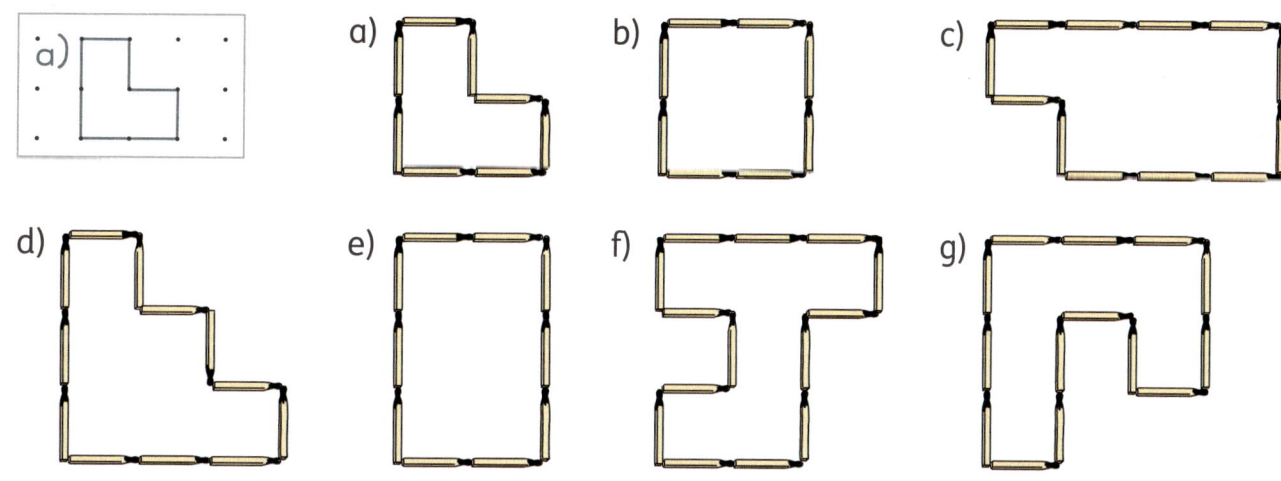

a)   b)   c)   d)   e)   f)   g)

○ **3** Vergleiche den Flächeninhalt der Figuren in Aufgabe 2

mit dem Zündholzquadrat:

Welche Fläche ist die größte?

Welche Fläche ist die kleinste?

Welche Flächen sind gleich groß?

Das ist ein Zündholzquadrat.

◐ **4** Welche Figuren können es sein? Legt und zeichnet.

✳ a) Elina: Meine Figur ist quadratisch und hat einen Umfang von 16 Zündhölzern.

b) Rosalie: Meine Figur hat einen Umfang von 10 Zündhölzern und ist 6 Zündholzquadrate groß.

c) Kilian: Meine Figur hat einen Umfang von 10 Zündhölzern und ist 4 Zündholzquadrate groß.

1 Den Begriff „Umfang" einführen. **2, 3** Den Umfang der Figuren legen und ins Punkteraster übertragen. Den Umfang durch Zählen der Zündhölzer ermitteln und miteinander vergleichen. **4** Figuren mit Zündholzquadraten legen und zeichnen. Für c) gibt es verschiedene Möglichkeiten.

75

→ Arbeitsheft, Seiten 53

Wiederholung – Über Lernen sprechen

57 ⮥

○ **1** Schreibe die Plusaufgabe und die Malaufgabe.

a)

b)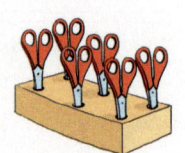

c)

a) ☐ + ☐ + ☐ = ☐

☐ · ☐ = ☐

b) ☐ + ☐ = ☐

☐ · ☐ = ☐

c) ☐ + ☐ + ☐ + ☐ = ☐

☐ · ☐ = ☐

○ **2** Teile auf. Schreibe die Geteiltaufgabe und antworte.

60 ⮥

a) Immer ☐ Stifte in ein Päckchen.

b) Immer ☐ Scheren in einen Block.

c) Immer ☐ Pinsel in einen Becher.

10 : ☐ = ☐   18 : ☐ = ☐   12 : ☐ = ☐

Es werden ☐ Päckchen gebraucht.

Es werden ☐ Blöcke gebraucht.

Es werden ☐ Becher gebraucht.

○ **3**

64 ⮥

a)

16
2   8

b)

24
4   6

c)

21
3   7

d)

☐
3   10

e)

15
3   ☐

f)

8
☐   2

◒ **4** Aufgepasst bei 0 und 1.

65 ⮥

a) 10 · 0

0 · 10

10 · 1

10 − 0

0 : 10

b) 0 · 7

0 + 7

7 − 7

7 · 0

0 : 7

c) 9 · ☐ = 0

☐ − 9 = 0

9 · ☐ = 9

☐ + 9 = 9

9 : ☐ = 9

d) 0 · ☐ = ☐

☐ · 0 = ☐

☐ · ☐ = 0

0 : ☐ = ☐

☐ : ☐ = 0

Reflexion: Kinder sprechen über ihren Lernstand.   **1** Multiplikationsaufgaben zum räumlich-simultanen Aspekt über die Additionsaufgaben ableiten und notieren.   **2** Die Division über das Aufteilen wiederholen.   **3** Fehlende Zahlen finden und Aufgabenfamilien im Heft notieren.   **4** Festigen des Rechnens mit 0 und 1. Bei d) eigene Aufgaben bilden.

→ Arbeitsheft, Seiten 54

○ **5** a)

		b)			c)	
1 · 5	3 · 5	1 · 2	3 · 2	1 · 10	3 · 10
2 · 5	7 · 5	2 · 2	7 · 2	2 · 10	7 · 10
5 · 5	4 · 5	5 · 2	4 · 2	5 · 10	4 · 10
10 · 5	9 · 5	10 · 2	9 · 2	10 · 10	9 · 10
0 · 5	6 · 5	0 · 2	6 · 2	0 · 10	6 · 10

66–68

○ **6** a)

		b)			c)	
15 : 5	50 : 5	6 : 2	12 : 2	20 : 10	90 : 10
5 : 5	25 : 5	14 : 2	8 : 2	10 : 10	100 : 10
10 : 5	20 : 5	4 : 2	18 : 2	80 : 10	70 : 10
45 : 5	35 : 5	16 : 2	10 : 2	60 : 10	30 : 10
30 : 5	40 : 5	2 : 2	20 : 2	40 : 10	50 : 10

66–68

● **7** Was musst du rechnen? Schreibe die Aufgaben auf und antworte.

66–68

a)

Wie viele Hände? _____
Wie viele Finger? _____
Wie viele Füße? _____
Wie viele Zehen? _____
Wie viele Kinder? _____

b)

Wie viele Kinder? _____
Wie viele Hände? _____
Wie viele Finger? _____
Wie viele Füße? _____
Wie viele Zehen? _____

● **8** Pinocchios Nase ist 2 cm lang. Bei jeder Lüge verdoppelt sich ihre Länge.

70

Wie lang ist seine Nase, nachdem er …

a) 2-mal gelogen hat?

b) 3-mal gelogen hat?

c) 4-mal gelogen hat?

d) 5-mal gelogen hat?

● **9** Spanne die Figuren. Spiegle sie an der roten Symmetrieachse. Zeichne.

73

a)
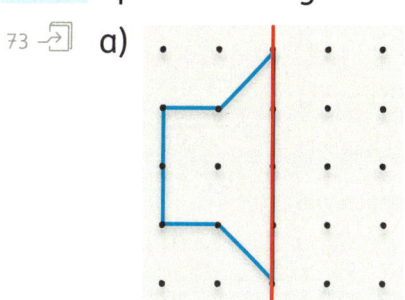

b)
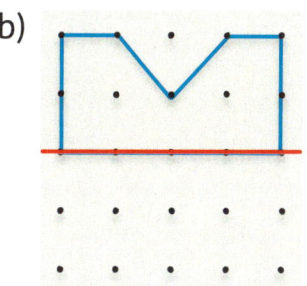

c)
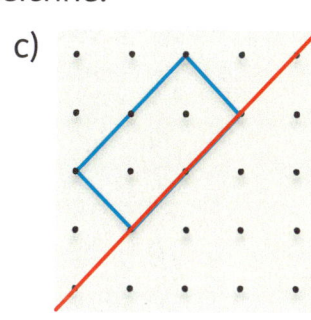

5, 6 Die Ergebnisse des Einmaleins mit 2, 5 und 10 einprägen.   7 Passende Aufgaben finden und notieren.   8 Länge der Nase über das Verdoppeln berechnen.   9 Achsensymmetrische Figuren spannen und im Punkteraster zeichnen.

Rückblick – Über Lernen sprechen

○ **1** Lege die Figur unterschiedlich aus. Zähle und notiere.

27 →

□	▢
△	▢
△	▢
gesamt	▢

○ **2** a) Zeichne ab und färbe.　　　　b) Zeichne ab und setze fort.

29 →

○ **3** Rechne die Plusaufgaben.

36 →
39

a)	b)	c)	d)	e)
34 + 5	67 + 4	79 + 3	45 + 20	18 + 80
26 + 3	36 + 5	68 + 6	19 + 40	56 + 30
42 + 7	49 + 2	59 + 4	26 + 50	78 + 10
57 + 2	35 + 8	47 + 8	48 + 30	29 + 60
73 + 6	58 + 3	66 + 5	39 + 40	73 + 20

🔑
| 29 39 49 | 41 43 51 | 55 63 71 | 59 65 69 | 86 88 89 |
| 59 69 79 | 61 63 71 | 73 74 82 | 76 78 79 | 93 98 99 |

○ **4** Rechne die Minusaufgaben.

37 →
39

a)	b)	c)	d)	e)
59 – 7	83 – 5	62 – 7	78 – 30	92 – 80
47 – 3	91 – 2	51 – 4	65 – 20	89 – 50
55 – 4	72 – 6	73 – 5	86 – 50	98 – 90
68 – 2	61 – 3	54 – 6	47 – 10	76 – 60
79 – 9	85 – 8	63 – 9	93 – 40	64 – 30

🔑
| 41 44 51 | 58 66 77 | 47 48 54 | 36 37 38 | 8 12 14 |
| 52 66 70 | 78 88 89 | 55 58 68 | 45 48 53 | 16 34 39 |

78

Reflexion: Kinder sprechen über ihren Lernstand. **1** Figuren mit den angegebenen Geoplättchen unterschiedlich auslegen. Möglichkeiten in Tabellen notieren. **2** Muster freihändig und/oder mit Lineal zeichnen und fortsetzen (auch nach links, oben und unten). **3, 4** Additions- und Subtraktionsaufgaben ohne/mit Zehnerübergang sowie mit einer Zehnerzahl lösen.

Knobeln mit Formen

○ **1** Zerlege Quadrate mit einem oder zwei geraden Schnitten.

● **2** Zerlege die Formen mit einem geraden Schnitt in die angegebenen Formen.
Klebe deine Ergebnisse auf.

a)

| zwei gleich große Dreiecke | zwei verschieden große Rechtecke | zwei gleich große Rechtecke | ein Dreieck und ein Viereck |

b)

| zwei gleich große Dreiecke | zwei verschieden große Rechtecke | zwei gleich große Rechtecke | ein Dreieck und ein Fünfeck |

c)

| zwei gleich große Dreiecke | zwei verschieden große Dreiecke | ein Dreieck und ein Viereck |

● **3** Kann das stimmen? Begründet.

✳ a) Aus meinem Quadrat habe ich mit zwei Schnitten drei Dreiecke gemacht.

b) Mit zwei Schnitten habe ich drei Rechtecke aus meinem Quadrat hergestellt.

c) Mein Quadrat habe ich mit einem Schnitt in vier Quadrate zerschnitten.

d) Aus einem Rechteck mache ich mit einem Schnitt
zwei gleich große Dreiecke.

e) Mit zwei Schnitten zerlege ich mein Dreieck in
ein großes und zwei kleine Dreiecke.

f) Ich habe ein Rechteck mit zwei Schnitten in
zwei Dreiecke und ein Quadrat zerlegt.

Überprüfe mit
Papier und Schere.

1, 2 Formen durch gerade Schnitte zerlegen (ggf. Faden oder Stäbchen auf die Form legen). Vorgehensweise und entstandene Figur präzise beschreiben. **3** Aussagen auf Plausibilität zunächst auf der Vorstellungsebene überprüfen, anschließend die Entscheidung durch Handeln (gerade Schnitte) überprüfen.

→ Arbeitsheft, Seiten 55

Kernaufgaben zuerst

○ 1

Die Ergebnisse der Kernaufgaben sind schon eingetragen.

Ava

die 1·1 Tafel

·	0	1	2	3	4	5	6	7	8	9	10
0	0	0	0			0					0
1	0	1	2	3	4	5	6	7	8	9	10
2	0	2	4	6	8	10	12	14	16	18	20
3		3	6	9		15					30
4		4	8		16	20					40
5	0	5	10	15	20	25	30	35	40	45	50
6		6	12			30	36				60
7		7	14			35		49			70
8		8	16			40			64		80
9		9	18			45				81	90
10	0	10	20	30	40	50	60	70	80	90	100

Die Tauschaufgaben dazu kenne ich schon.

Micha

○ 2 Zeigt die Ergebnisse der Kernaufgaben an der 1·1 Tafel.

a)
1 · 2
2 · 2
5 · 2
10 · 2

b)
1 · 4
2 · 4
5 · 4
10 · 4

c)
1 · 7
2 · 7
5 · 7
10 · 7

d)
1 · 6
2 · 6
5 · 6
10 · 6

e)
1 · 9
2 · 9
5 · 9
10 · 9

○ 3 Löse zuerst die Kernaufgabe und dann die Nachbaraufgabe.

a)

Soe

2 · 6
3 · 6

1 · 6 dazu.

2 · 7   2 · 9   2 · 8   6 · 6
3 · 7   3 · 9   3 · 8   7 · 6

5 · 3   5 · 8   5 · 9   8 · 8
6 · 3   6 · 8   6 · 9   9 · 8

b)

Sam

5 · 6
4 · 6

1 · 6 weg.

5 · 5   5 · 9   5 · 8   7 · 7
4 · 5   4 · 9   4 · 8   6 · 7

10 · 7   10 · 3   10 · 4   9 · 9
9 · 7   9 · 3   9 · 4   8 · 9

○ 4 Wie rechnest du?

| 4 · 3 | | 6 · 8 | | 9 · 6 | | 6 · 4 | | 4 · 7 | | 7 · 6 | | 8 · 7 |

1 Die Ergebnisse der Kernaufgaben und ihrer Tauschaufgaben in eine 1·1 Tafel eintragen. Die Quadratzahl-Aufgaben ebenfalls als Kernaufgaben thematisieren.   2 Die Kernaufgaben lösen und Ergebnisse an der 1·1 Tafel zeigen.   3, 4 Nachbaraufgaben mithilfe der Kernaufgaben lösen.

→ Arbeitsheft, Seite 56

Kernaufgaben zusammensetzen

1

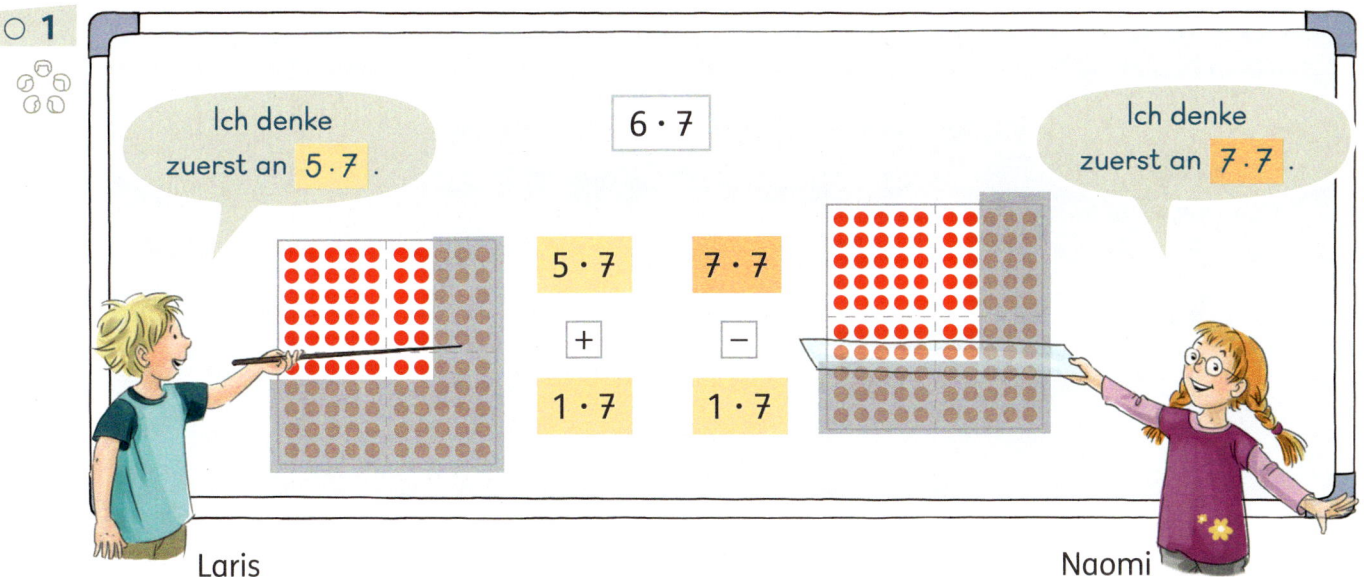

Ich denke zuerst an 5 · 7.

6 · 7

Ich denke zuerst an 7 · 7.

5 · 7   7 · 7

+   −

1 · 7   1 · 7

Laris   Naomi

2 Welche Aufgaben helfen dir? Erkläre.

a) 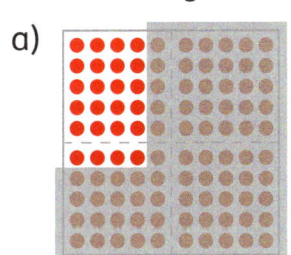   b) 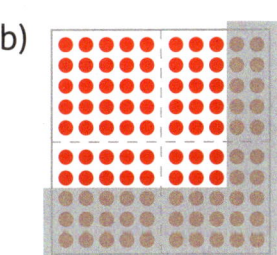   c) 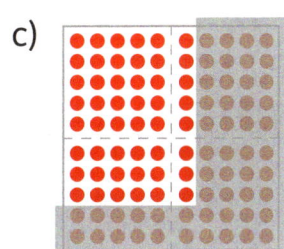   d)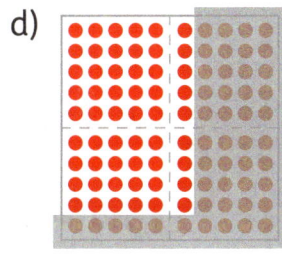

3 Rechne wie Laris.

$3 · 9 =$

$2 · 9 = 18$
$1 · 9 = 9$

3 · 9	6 · 4	6 · 9	6 · 5	8 · 7	7 · 6
2 · 9	5 · 4	5 · 9	5 · 5	7 · 7	6 · 6
1 · 9	1 · 4	1 · 9	1 · 5	1 · 7	1 · 6

4 Rechne wie Naomi.

$4 · 7 =$

$5 · 7 = 35$
$1 · 7 = 7$

4 · 7	4 · 5	9 · 8	4 · 6	3 · 6	8 · 7
5 · 7	5 · 5	10 · 8	5 · 6	5 · 6	10 · 7
1 · 7	1 · 5	1 · 8	1 · 6	2 · 6	2 · 7

5 Wie rechnest du?

6 · 8	3 · 7	3 · 8	9 · 7	6 · 9
7 · 2	8 · 3	9 · 6	7 · 3	4 · 8
8 · 9	4 · 9	7 · 8	3 · 6	7 · 9

Plus oder minus?

1 Rechenkonferenz: Eigene Strategien entwickeln und besprechen. Die Strategien im Buch dienen als Anregung.
2 Eigene Strategie anwenden, am Hunderterfeld zeigen und erklären. Weiterführung und Vertiefung: sprachliche Bildung.
3−5 Durch Zusammensetzen von Kernaufgaben weitere Aufgaben erschließen.

81

→ Arbeitsheft, Seite 56

Einmaleins mit 4

1 Wie viele Hunde sind es? Wie viele Pfoten sind es?
Wie viele ...?

0 · 4
1 · 4
2 · 4
3 · 4
4 · 4
5 · 4
6 · 4
7 · 4
8 · 4
9 · 4
10 · 4

Vergleicht mit der Zweierreihe.

2 a) Nutze die Kernaufgaben.

5 · 4 = 2 0   6 · 4 =

6 · 4 =   5 · 4 = 2 0
                  1 · 4 =   4

| 6·4 | 3·4 | 7·4 | 9·4 | 8·4 |

b) Löse die Gleichungen.

☐ · 4 = 8   ☐ · 4 = 12
☐ · 4 = 20   ☐ · 4 = 24
☐ · 4 = 4   ☐ · 4 = 36
☐ · 4 = 16   ☐ · 4 = 32
☐ · 4 = 40   ☐ · 4 = 28

c) Nutze die Tauschaufgabe.

4 · 2 = | 4·2 | 4·3 | 4·8 |
2 · 4 = 8 | 4·6 | 4·7 | 4·9 |

d) 4 · ☐ = 12   4 · ☐ = 32
   4 · ☐ = 4   4 · ☐ = 28
   4 · ☐ = 0   4 · ☐ = 16
   4 · ☐ = 8   4 · ☐ = 36

3 a)
4 : 4	16 : 4	0 : 4
8 : 4	24 : 4	12 : 4
20 : 4	32 : 4	36 : 4
40 : 4	28 : 4	40 : 10

b)
12 : ☐ = 3   8 : ☐ = 4
24 : ☐ = 6   20 : ☐ = 4
28 : ☐ = 7   4 : ☐ = 4
36 : ☐ = 9   40 : ☐ = 4

4 a) Auf einem Bauernhof leben 8 Hasen.
Wie viele Hasenpfoten sind es?

b) Außerdem gibt es 12 Entenbeine.
Wie viele Enten leben auf dem Hof?

c) Auf dem Hof leben genauso viele Hühner wie Schweine.
Zusammen haben sie 36 Beine. Wie viele Hühner leben auf dem Bauernhof?

1 Ergebnisse des Einmaleins mit 4 erarbeiten, dabei die Kernaufgaben nutzen und an einer 1 • 1 Tafel (s. Seite 90) zeigen. Vierer- und Zweierreihe miteinander vergleichen.   2, 3 Aufgaben mithilfe der Kern-, Tausch- und Umkehraufgaben lösen. Die Ergebnisse des Einmaleins mit 4 einprägen.   4 Sachaufgaben mit den 3 Lösungsschritten (fragen, lösen, antworten) bearbeiten.

→ Arbeitsheft, Seite 57

Einmaleins mit 8

○ **1** Wie viele Spinnen sind es? Wie viele Beine sind es?
Wie viele ...?

0 · 8
1 · 8
2 · 8
3 · 8
4 · 8
5 · 8
6 · 8
7 · 8
8 · 8
9 · 8
10 · 8

7 · 8 merke
ich mir mit
einem Trick:
5 6 = 7 · 8.

○ **2** a) Nutze die Kernaufgaben.

2 · 8 = 1 6   3 · 8 = ☐

3 · 8 = ☐   2 · 8 = 1 6
                          1 · 8 = ☐ 8

| 3 · 8 | 4 · 8 | 7 · 8 | 6 · 8 | 9 · 8 |

b) Löse die Gleichungen.

☐ · 8 = 16   ☐ · 8 = 24
☐ · 8 = 8   ☐ · 8 = 48
☐ · 8 = 40   ☐ · 8 = 32
☐ · 8 = 64   ☐ · 8 = 72
☐ · 8 = 80   ☐ · 8 = 56

c) Nutze die Tauschaufgabe.

8 · 2 = ☐ | 8 · 2 | 8 · 3 | 8 · 6 |

2 · 8 = ☐ | 8 · 4 | 8 · 9 | 8 · 7 |

d) 8 · ☐ = 80   8 · ☐ = 8
    8 · ☐ = 40   8 · ☐ = 56
    8 · ☐ = 0   8 · ☐ = 72
    8 · ☐ = 24   8 · ☐ = 16

○ **3** a)   8 : 8   24 : 8   48 : 8
            16 : 8   32 : 8   72 : 8
            40 : 8   56 : 8   64 : 8
            80 : 8   0 : 8   80 : 10

b) 24 : ☐ = 3   16 : ☐ = 8
    56 : ☐ = 7   40 : ☐ = 8
    48 : ☐ = 6   80 : ☐ = 8
    72 : ☐ = 9   8 : ☐ = 8

○ **4** a)
Lore: Ich esse zweimal 3 Kugeln Eis.

b)
Jim: Ich esse viermal 2 Kugeln Eis.

c)
Philipp: Ich laufe fünfmal 2 Stadionrunden.

d)
Elisa: Ich laufe zweimal 8 Stadionrunden.

1 Ergebnisse des Einmaleins mit 8 erarbeiten, dabei die Kernaufgaben nutzen. Achter-, Vierer- und Zweierreihe miteinander vergleichen und an einer 1 · 1 Tafel (s. Seite 90) zeigen.   **2, 3** Aufgaben mithilfe der Kern-, Tausch- und Umkehraufgaben lösen. Die Ergebnisse des Einmaleins mit 8 einprägen.   **4** Sachaufgaben mit den 3 Lösungsschritten bearbeiten.

83

→ Arbeitsheft, Seite 58

Einmaleins mit 3

1 Wie viele Fahrzeuge sind es? Wie viele Räder sind es?

Wie viele ...?

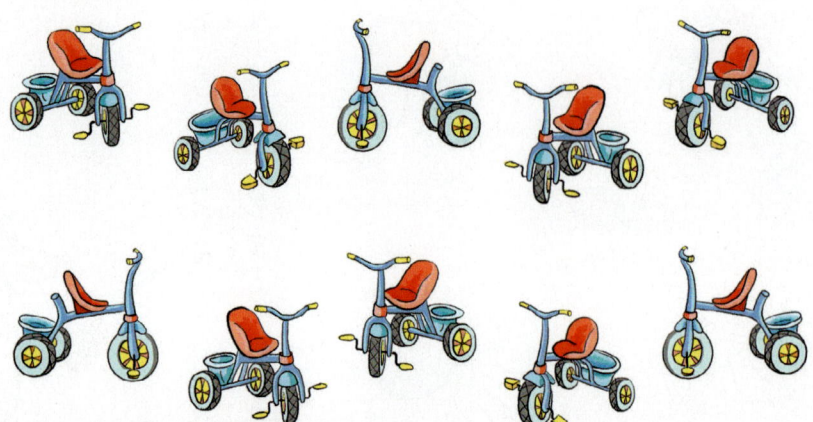

0 · 3
1 · 3
2 · 3
3 · 3
4 · 3
5 · 3
6 · 3
7 · 3
8 · 3
9 · 3
10 · 3

Zeigt die Dreierreihe an der 1 · 1 Tafel.

2 a) Nutze die Kernaufgaben.

$5 \cdot 3 = 15$

$4 \cdot 3 = $

$4 \cdot 3 = $

$5 \cdot 3 = 15$
$1 \cdot 3 = 3$

4 · 3	9 · 3	6 · 3	8 · 3	7 · 3

b) Löse die Gleichungen.

☐ · 3 = 6   ☐ · 3 = 12
☐ · 3 = 15   ☐ · 3 = 18
☐ · 3 = 3   ☐ · 3 = 27
☐ · 3 = 9   ☐ · 3 = 24
☐ · 3 = 30   ☐ · 3 = 21

c) Nutze die Tauschaufgabe.

$3 \cdot 2 = $

$2 \cdot 3 = $

3 · 2	3 · 4	3 · 6
3 · 8	3 · 7	3 · 9

d) 3 · ☐ = 12   3 · ☐ = 9
3 · ☐ = 0   3 · ☐ = 24
3 · ☐ = 6   3 · ☐ = 21
3 · ☐ = 18   3 · ☐ = 27

3 a) 3 : 3   9 : 3   24 : 3
   6 : 3   18 : 3   0 : 3
  15 : 3   12 : 3   27 : 3
  30 : 3   21 : 3   30 : 10

b) 6 : ☐ = 2   15 : ☐ = 3
  12 : ☐ = 4   9 : ☐ = 3
  27 : ☐ = 9   30 : ☐ = 3
  24 : ☐ = 8   3 : ☐ = 3

4 a) Mara denkt sich eine Zahl. Sie gehört zur Dreier- und zur Zehnerreihe.

b) Ben denkt sich eine Zahl. Sie gehört zur Achter- und zur Dreierreihe.

c) Leon denkt sich zwei Zahlen. Sie gehören zur Fünfer- und Dreierreihe.

d) Marie denkt sich drei Zahlen. Sie gehören zur Zweier- und Dreierreihe.

1 Ergebnisse des Einmaleins mit 3 erarbeiten, dabei die Kernaufgaben nutzen. Ergebnisse an einer 1 · 1 Tafel (s. Seite 90) zeigen. 2, 3 Aufgaben mithilfe der Kern-, Tausch- und Umkehraufgaben lösen. Die Ergebnisse des Einmaleins mit 3 einprägen.
4 Die Zahlenrätsel lösen.

→ Arbeitsheft, Seite 59

Einmaleins mit 6

1 Wie viele Käfer sind es? Wie viele Beine sind es?
Wie viele ...?

0 · 6
1 · 6
2 · 6
3 · 6
4 · 6
5 · 6
6 · 6
7 · 6
8 · 6
9 · 6
10 · 6

Vergleicht mit der Dreierreihe.

2 a) Nutze die Kernaufgaben.

5 · 6 = 30   4 · 6 = ▢
4 · 6 = ▢   5 · 6 = 30
               1 · 6 = 6

| 4 · 6 | 3 · 6 | 8 · 6 | 7 · 6 | 9 · 6 |

b) Löse die Gleichungen.

▢ · 6 = 12   ▢ · 6 = 18
▢ · 6 = 30   ▢ · 6 = 48
▢ · 6 = 6   ▢ · 6 = 24
▢ · 6 = 36   ▢ · 6 = 42
▢ · 6 = 60   ▢ · 6 = 54

c) Nutze die Tauschaufgabe.

6 · 2 =
2 · 6 =

| 6 · 2 | 6 · 4 | 6 · 3 |
| 6 · 8 | 6 · 7 | 6 · 9 |

d) 6 · ▢ = 18   6 · ▢ = 60
   6 · ▢ = 6   6 · ▢ = 42
   6 · ▢ = 36   6 · ▢ = 54
   6 · ▢ = 0   6 · ▢ = 48

3 a) 6 : 6   18 : 6   54 : 6
         12 : 6   36 : 6   48 : 6
         30 : 6   24 : 6   42 : 6
         60 : 6   0 : 6   60 : 10

b) 12 : ▢ = 2   6 : ▢ = 6
   24 : ▢ = 4   36 : ▢ = 6
   42 : ▢ = 7   30 : ▢ = 6
   54 : ▢ = 9   60 : ▢ = 6

4 a)

> 3 Kinder treffen sich regelmäßig. Peter kommt täglich, Ute jeden 2. und Til jeden 5. Tag. Heute treffen sich alle. Nach wie vielen Tagen treffen sie sich wieder?

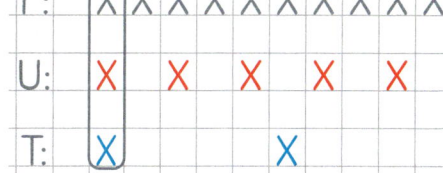

b)

> Ben kommt jeden 6. Tag dazu.

1 Ergebnisse des Einmaleins mit 6 erarbeiten, dabei die Kernaufgaben nutzen. Dreier- und Sechserreihe miteinander vergleichen und an einer 1 · 1 Tafel (s. Seite 90) zeigen.   **2, 3** Aufgaben mithilfe der Kern-, Tausch- und Umkehraufgaben lösen. Die Ergebnisse des Einmaleins mit 6 einprägen.   **4** Lösungsskizze interpretieren, weitere Darstellungsformen finden und lösen.

→ Arbeitsheft, Seite 60

Einmaleins mit 9

○ **1** Wie viele Kisten sind es? Wie viele Flaschen sind es?

Wie viele ...?

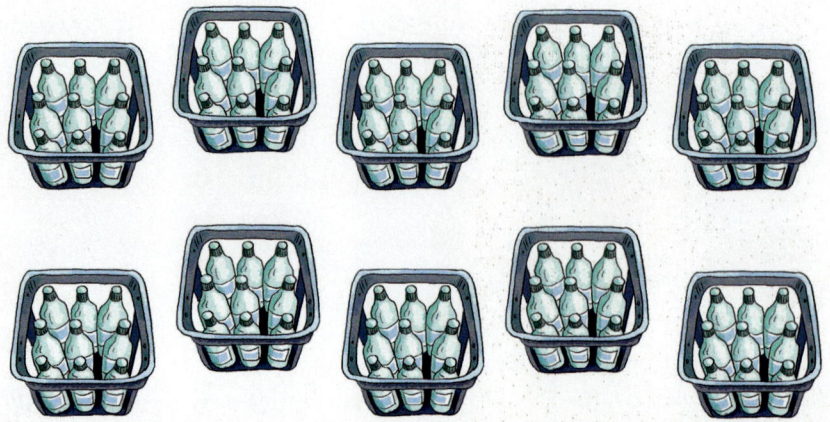

0 · 9	
1 · 9	
2 · 9	
3 · 9	
4 · 9	
5 · 9	
6 · 9	
7 · 9	
8 · 9	
9 · 9	
10 · 9	

Vergleicht mit der Dreier- und Sechserreihe.

○ **2** a) Nutze die Kernaufgaben.

$5 · 9 = 45$ $6 · 9 = $

$6 · 9 = $ $5 · 9 = 45$
   $1 · 9 = 9$

6 · 9	4 · 9	3 · 9	8 · 9	7 · 9

b) Löse die Gleichungen.

▢ · 9 = 18   ▢ · 9 = 27

▢ · 9 = 45   ▢ · 9 = 54

▢ · 9 = 9   ▢ · 9 = 36

▢ · 9 = 81   ▢ · 9 = 72

▢ · 9 = 90   ▢ · 9 = 63

c) Nutze die Tauschaufgabe.

$9 · 2 = $ | 9 · 2 | 9 · 4 | 9 · 3 |

$2 · 9 = $ | 9 · 6 | 9 · 8 | 9 · 7 |

d) 9 · ▢ = 9   9 · ▢ = 54

9 · ▢ = 90   9 · ▢ = 72

9 · ▢ = 0   9 · ▢ = 81

9 · ▢ = 36   9 · ▢ = 63

○ **3** a) 9 : 9   81 : 9   72 : 9

18 : 9   36 : 9   0 : 9

45 : 9   27 : 9   63 : 9

90 : 9   54 : 9   90 : 10

b) 18 : ▢ = 2   9 : ▢ = 9

36 : ▢ = 4   90 : ▢ = 9

54 : ▢ = 6   45 : ▢ = 9

72 : ▢ = 8   81 : ▢ = 9

◐ **4** a)
> Lam denkt sich eine Zahl. Sie gehört zur Neuner- und zur Achterreihe.

b)
> Soe denkt sich eine Zahl. Sie gehört zur Vierer- und zur Neunerreihe.

c)
> Rahel denkt sich zwei Zahlen. Sie gehören zur Neuner- und Sechserreihe.

d)
> Luis denkt sich eine Zahl. Sie gehört zu jeder Einmaleinsreihe.

1 Ergebnisse des Einmaleins mit 9 erarbeiten und mit der Dreier- und Sechserreihe vergleichen, dabei die Kernaufgaben nutzen. Ergebnisse an einer 1 · 1 Tafel (s. Seite 90) zeigen. **2, 3** Aufgaben mithilfe der Kern-, Tausch- und Umkehraufgaben lösen. Die Ergebnisse des Einmaleins mit 9 einprägen. **4** Die Zahlenrätsel lösen.

→ Arbeitsheft, Seite 61

Einmaleins mit 7

1 Eine Woche hat 7 Tage. Wie viele Tage haben:
2 Wochen, 5 Wochen, 10 Wochen, ...?

0 · 7
1 · 7
2 · 7
3 · 7
4 · 7
5 · 7
6 · 7
7 · 7
8 · 7
9 · 7
10 · 7

Zeigt die Siebenerreihe an der 1 · 1 Tafel.

2 a) Nutze die Kernaufgaben.

$2 \cdot 7 = 14$

$3 \cdot 7 = $

$3 \cdot 7 = $

$2 \cdot 7 = 14$
$1 \cdot 7 = 7$

$3 \cdot 7$	$9 \cdot 7$	$6 \cdot 7$	$4 \cdot 7$	$8 \cdot 7$

b) Löse die Gleichungen.

☐ · 7 = 14   ☐ · 7 = 21
☐ · 7 = 35   ☐ · 7 = 42
☐ · 7 = 7   ☐ · 7 = 28
☐ · 7 = 49   ☐ · 7 = 63
☐ · 7 = 70   ☐ · 7 = 56

c) Nutze die Tauschaufgabe.

$7 \cdot 2 = $

$2 \cdot 7 = $

$7 \cdot 2$	$7 \cdot 4$	$7 \cdot 3$
$7 \cdot 6$	$7 \cdot 9$	$7 \cdot 8$

d) 7 · ☐ = 21   7 · ☐ = 42
7 · ☐ = 0   7 · ☐ = 56
7 · ☐ = 14   7 · ☐ = 63
7 · ☐ = 7   7 · ☐ = 28

3 a)

7 : 7	21 : 7	28 : 7
14 : 7	42 : 7	63 : 7
35 : 7	49 : 7	56 : 7
70 : 7	0 : 7	70 : 10

b) 14 : ☐ = 2   70 : ☐ = 7
21 : ☐ = 3   28 : ☐ = 7
49 : ☐ = 7   35 : ☐ = 7
56 : ☐ = 8   7 : ☐ = 7

4 Wie viele Wochen sind es?

7 Tage	21 Tage	35 Tage	49 Tage	70 Tage	28 Tage

42 Tage	63 Tage	77 Tage	84 Tage	98 Tage	91 Tage

1 Ergebnisse des Einmaleins mit 7 erarbeiten, dabei die Kernaufgaben nutzen. Ergebnisse an einer 1 · 1 Tafel (s. Seite 90) zeigen. **2, 3** Aufgaben mithilfe der Kern-, Tausch- und Umkehraufgaben lösen. Die Ergebnisse des Einmaleins mit 7 einprägen.
4 Anzahl der Wochen über die Umkehraufgaben herausfinden.

 → Arbeitsheft, Seite 62

Malpyramiden

Ich rechne so:
5 · 2 = 10
2 · 1 = ■
10 · ■ = ■ ■

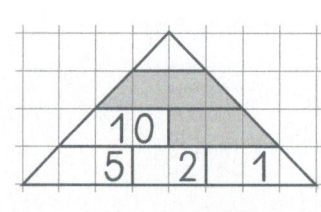

die Malpyramide

a)

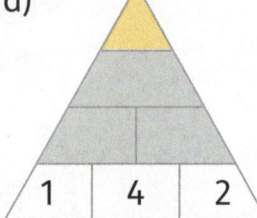

b)

c)

d)

○ 2 a)

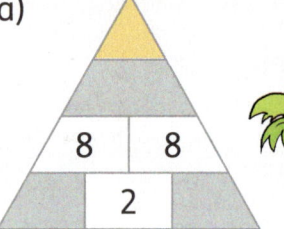

b)

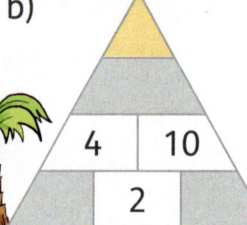

c)

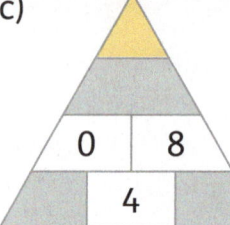

d)

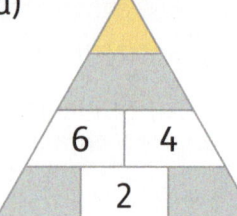

○ 3 a)

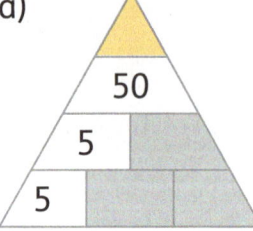

b)

c)

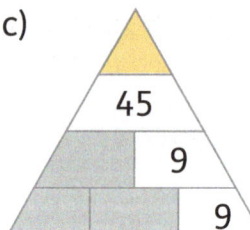

d)

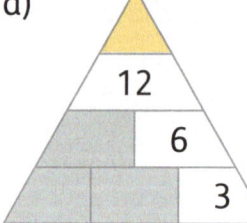

◑ 4 Löst durch Probieren.

 a)

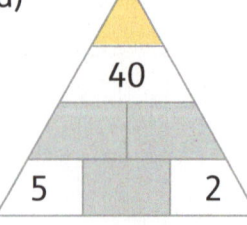

b)

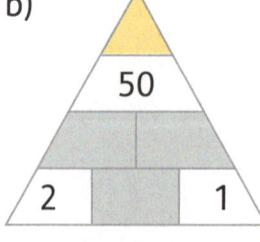

c)

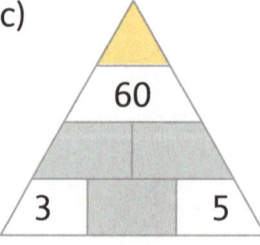

d)

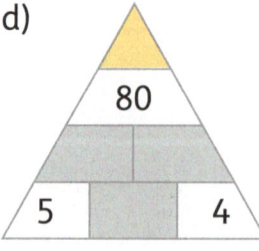

e)

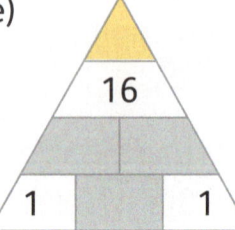

f)

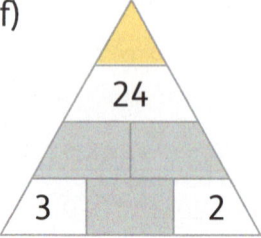

g)

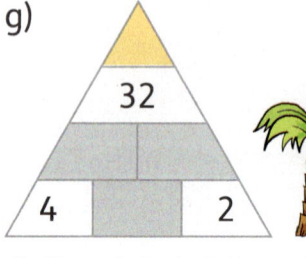

h)

1 Das Übungsformat „Malpyramide" kennenlernen: Das Ergebnis der Multiplikationsaufgabe der Zahlen zweier nebeneinander liegender Steine wird in den Stein darüber eingetragen.   2, 3 Fehlende Zahlen durch Multiplikation und Division ermitteln.
4 Fehlende Zahlen durch Probieren ergänzen.

→ Arbeitsheft, Seite 63

Aufgabenfamilien

○ **1** Schreibe die Aufgabenfamilien.

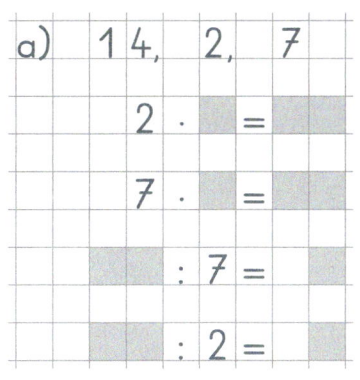

a) 1 4, 2, 7

2 ·		=	
7 ·		=	
		: 7 =	
		: 2 =	

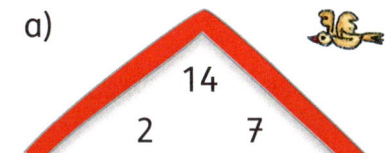

a)
14
2   7

b)
10
5   2

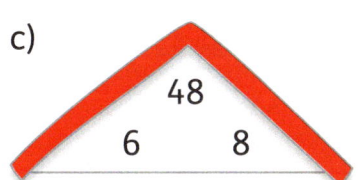

c)
48
6   8

d)
64
8   8

○ **2**

a)
15
3   ☐

b)
36
☐   9

c)
☐
7   8

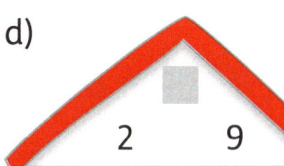

d)
☐
2   9

e)
42
☐   6

f)
72
8   ☐

⊖ **3** Welche Aufgabenfamilien können es sein? Schreibt sie auf.

✽ a)
Hannah:
In meiner Aufgaben-
familie ist die Zahl 56.

b)
Erik:
In meiner Aufgaben-
familie ist die Zahl 30.

c)
Aslan:
In meiner Aufgaben-
familie ist die Zahl 18.

● **4**
✽ a)
Marie:
In meiner Aufgabenfa-
milie sind alle Zahlen
gleich.

b)
Tina:
In meiner Aufgaben-
familie gibt es nur zwei
verschiedene Zahlen.

c)
Louis:
In meiner Aufgaben-
familie ist die 2. Zahl
doppelt so groß wie die
1. Zahl und die 3. Zahl
doppelt so groß wie die
2. Zahl.

d)
Cedrik:
In meiner Aufgaben-
familie ist die 3. Zahl
neunmal so groß wie
die 1. Zahl, die 2. Zahl
ist nur dreimal so groß.

Wo gibt es mehrere
Möglichkeiten?
Findet sie alle.

1, 2 Die 4 Aufgaben einer Aufgabenfamilie finden und notieren (Ausnahme mit nur 2 Aufgaben ist 1 d). **3, 4** Mögliche Aufgabenfamilien finden und notieren. Alle infrage kommenden Aufgabenfamilien finden.

89

→ Arbeitsheft, Seite 64

1 · 1 Tafel

1 In der 1 · 1 Tafel stehen alle Einmaleinsreihen.

·	0	1	2	3	4	5	6	7	8	9	10
0	0·0	0·1	0·2	0·3	0·4	0·5	0·6	0·7	0·8	0·9	0·10
1	1·0	1·1	1·2	1·3	1·4	1·5	1·6	1·7	1·8	1·9	1·10
2	2·0	2·1	2·2	2·3	2·4	2·5	2·6	2·7	2·8	2·9	2·10
3	3·0	3·1	3·2	3·3	3·4	3·5	3·6	3·7	3·8	3·9	3·10
4	4·0	4·1	4·2	4·3	4·4	4·5	4·6	4·7	4·8	4·9	4·10
5	5·0	5·1	5·2	5·3	5·4	5·5	5·6	5·7	5·8	5·9	5·10
6	6·0	6·1	6·2	6·3	6·4	6·5	6·6	6·7	6·8	6·9	6·10
7	7·0	7·1	7·2	7·3	7·4	7·5	7·6	7·7	7·8	7·9	7·10
8	8·0	8·1	8·2	8·3	8·4	8·5	8·6	8·7	8·8	8·9	8·10
9	9·0	9·1	9·2	9·3	9·4	9·5	9·6	9·7	9·8	9·9	9·10
10	10·0	10·1	10·2	10·3	10·4	10·5	10·6	10·7	10·8	10·9	10·10

a) Beschreibt die 1 · 1 Tafel. Was bedeuten die Farben? Beschreibt mithilfe dieser Wörter:

Kernaufgaben	Aufgaben mit ...
Quadratzahlaufgaben	**restliche Aufgaben**

b) Welche Aufgaben stehen in den vier Ecken?

c) Welche Aufgabe steht genau in der Mitte?

2 Rechnet Aufgabe und Tauschaufgabe. Zeigt auf der 1 · 1 Tafel. Was fällt euch auf?

2 · 1 = ▢
1 · 2 = ▢

2 · 1   6 · 3   8 · 4   9 · 5   9 · 2

0 · 10   3 · 9   1 · 8   5 · 7

3 Findet die Nachbaraufgaben. Zeigt zuerst auf der 1 · 1 Tafel und rechnet dann.

a) 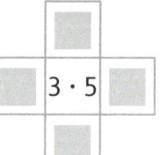 3 · 5

b) 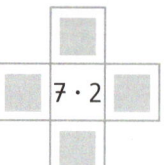 7 · 2

c) 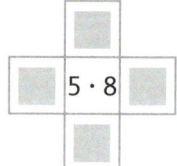 5 · 8

d) 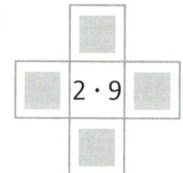 2 · 9

e) 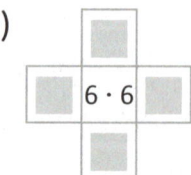 6 · 6

f) 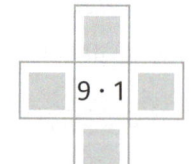 9 · 1

g) 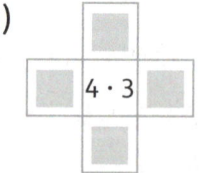 4 · 3

h) 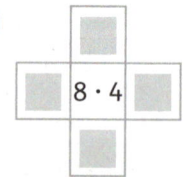 8 · 4

4 Trage in eine 1 · 1 Tafel ein:

a) Ergebnisse, die du schon gut kannst: blau.

b) Ergebnisse, bei denen du noch überlegen musst: rot.

> Hier musst du noch trainieren.

5 a) In welchen Zeilen der 1 · 1 Tafel sind alle Ergebnisse gerade Zahlen? Erklärt.

   b) Gibt es Spalten in der 1 · 1 Tafel, in der alle Ergebnisse ungerade sind? Erklärt.

1 Das Lesen von Zeilen und Spalten wiederholen. Anordnungsprinzipien anhand der Farben und Begriffe erklären. 2 Aufgaben und Tauschaufgaben rechnen. Symmetrische Anordnung erkennen. 3 Nachbaraufgaben lösen. 4 Eine 1 · 1 Tafel individuell ausfüllen, noch nicht automatisierte (rote) Aufgaben üben. 5 Muster erkennen und beschreiben.

→ Arbeitsheft, Seite 65

Einmaleins trainieren

○ 1

verdoppeln	halbieren	Tauschaufgaben
$4 \cdot 9 =$	$4 \cdot 8 =$	$7 \cdot 2 =$
↓	↓	
$8 \cdot 9 =$	$2 \cdot 8 =$	$2 \cdot 7 =$

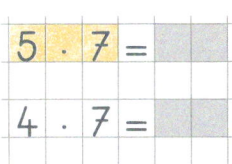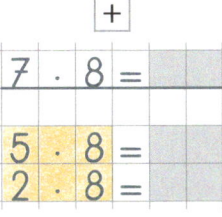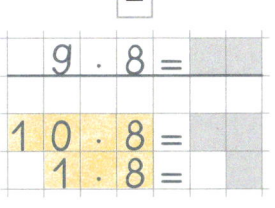

Kernaufgaben zuerst

$5 \cdot 7 =$

$4 \cdot 7 =$

Kernaufgaben zusammensetzen

$+$

$7 \cdot 8 =$

$5 \cdot 8 =$
$2 \cdot 8 =$

$-$

$9 \cdot 8 =$

$10 \cdot 8 =$
$1 \cdot 8 =$

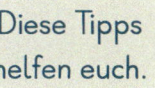
Diese Tipps helfen euch.

○ 2

a) Löse durch Verdoppeln oder Halbieren.

$8 \cdot 6$	$8 \cdot 5$	$6 \cdot 7$
$4 \cdot 8$	$4 \cdot 9$	$5 \cdot 9$

b) Löse mithilfe der Tauschaufgaben.

$8 \cdot 2$	$7 \cdot 2$	$10 \cdot 6$
$5 \cdot 1$	$6 \cdot 3$	$9 \cdot 2$

c) Nutze die Kernaufgaben.

$7 \cdot 4$	$7 \cdot 9$	$9 \cdot 6$
$7 \cdot 3$	$6 \cdot 7$	$9 \cdot 4$

d) Wie rechnest du hier?

$8 \cdot 7$	$9 \cdot 8$	$6 \cdot 2$
$6 \cdot 8$	$3 \cdot 9$	$6 \cdot 9$

○ 3

Einmaleins – Spiel

Ihr braucht: 2 Würfel, 18 Wendeplättchen

Würfle mit zwei Würfeln. Bilde aus den Augenzahlen eine Malaufgabe und rechne. Lege ein Plättchen deiner Farbe auf das Ergebnisfeld. Ist das Feld schon mit der Farbe deines Mitspielers belegt, drehe das Plättchen um. Sind alle Felder belegt, endet das Spiel. Wer am Ende mehr Felder abgedeckt hat, gewinnt.

1 Rechenkonferenz: Gelernte Strategien zur Lösung von Einmaleinsaufgaben wiederholen und erklären. Weiterführung und Vertiefung: sprachliche Bildung.   2 Die verschiedenen Strategien anwenden.   3 Das Spiel mit Wendeplättchen (Spieler 1: rote Seite, Spieler 2: blaue Seite) und 2 Würfeln kann direkt im Buch gespielt werden.

→ Arbeitsheft, Seite 66

Aufteilen mit Rest

1 Wie viele Fünfertürme kann Niklas bauen?

2 Baue Vierer- und Fünfertürme.
Wo bleiben Würfel übrig?
Wie viele?

Würfel	Vierer-türme	Rest	Fünfer-türme	Rest
14	3	2		
9				
25				
19				
16				

3 Zeichne und rechne.

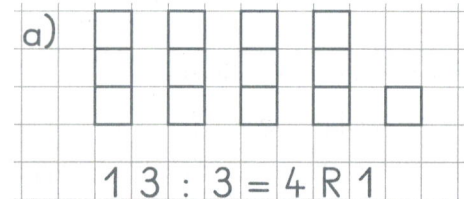

a) 13 : 3
29 : 3
8 : 3
21 : 3
10 : 3

b) 15 : 6
45 : 6
39 : 6
22 : 6
50 : 6

c) ☐ : 4 = 5 R 2
☐ : 4 = 1 R 1
☐ : 4 = 2 R 2
☐ : 4 = 3 R 2
☐ : 4 = 9 R 1

4 a) Tom hat 64 Würfel. Wie viele Zehnertürme baut er, wie viele Würfel bleiben übrig?

b) Anja hat 58 Würfel. Wie viele Achtertürme baut sie, wie viele Würfel bleiben übrig?

c) Paula hat 17 Würfel.

Welche gleichen Türme kann sie bauen, wenn ein Würfel übrig bleiben soll?

Welche gleichen Türme kann sie bauen, wenn zwei Würfel übrig bleiben sollen?

1 Die Division mit Rest über das Bündeln (Bauen von Würfeltürmen) einführen, Notation und Sprechweise thematisieren.
Weiterführung und Vertiefung: sprachliche Bildung.   **2** Würfeltürme bauen und Ergebnisse in einer Tabelle festhalten.
3 Aufgaben zeichnen und lösen.   **4** Aufgaben ggf. durch Nachbauen bearbeiten.

→ Arbeitsheft, Seite 67

Verteilen mit Rest

1 Wie viele Kekse bekommt jedes Kind?

Ich verteile 18 Kekse an 4 Kinder.

Frau Schneider

$18 : 4 = \boxed{}\ R\ \boxed{}$

2 Verteile Plättchen und rechne.

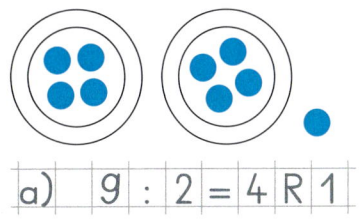

a) $9 : 2 = 4\ R\ 1$

a)	b)	c)	d)
9 : 2	9 : 3	9 : 4	9 : 5
13 : 2	13 : 3	13 : 4	13 : 5
17 : 2	17 : 3	17 : 4	17 : 5
18 : 2	18 : 3	18 : 4	18 : 5
20 : 2	20 : 3	20 : 4	20 : 5

3 Zeichne und rechne.

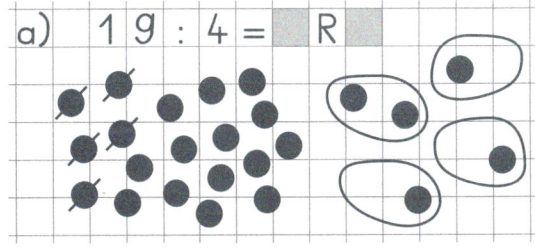

a) $19 : 4 = \boxed{}\ R\ \boxed{}$

a)	b)	c)
19 : 4	22 : 3	20 : 6
16 : 5	23 : 8	18 : 7
18 : 6	24 : 9	16 : 6
19 : 3	25 : 7	14 : 8

4 Der Kinderhort bekommt 10 neue Radiergummis, 30 Bleistifte und 4 Pakete mit je 10 Buntstiften. Sie sollen auf 4 Gruppen im Hort verteilt werden.
Rechne und antworte. Welche der Aufgaben kannst du nicht lösen?

a) Wie viele Radiergummis bekommt jede Gruppe?

b) Wie viele Buntstifte bekommt jede Gruppe?

c) Wie lang ist einer der neuen Bleistifte?

d) Wie viele Bleistifte bekommt jede Gruppe?

e) Wie viele neue Stifte bekommt jede Gruppe?

f) Wie viel kostet einer der neuen Radiergummis?

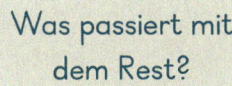

Was passiert mit dem Rest?

---

1 Die Division mit Rest auch über das Verteilen einführen (Verteilen auf Teller). Notation und Sprechweise wiederholen.
2–4 Die Geteiltaufgaben mit Rest mit Plättchen legen, zeichnen und notieren.   4 Nicht beantwortbare Fragen herausfinden.
Gemeinsam diskutieren, was mit den übrig bleibenden Materialien gemacht werden könnte.

→ Arbeitsheft, Seite 67

Körper

○ 1 Beschreibt die Gegenstände. Sortiert nach ihrer Körperform.

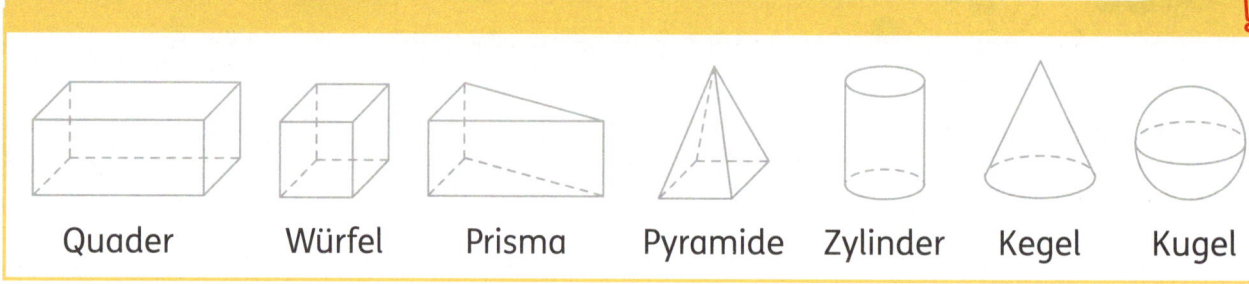

| Quader | Würfel | Prisma | Pyramide | Zylinder | Kegel | Kugel |

○ 2 a) Forme die Körper aus Knete.

b) Beschreibe, begründe und sortiere:

Welche Körper rollen gut?

Welche Körper lassen sich gut stapeln?

Welche Körper lassen sich gut kippen?

○ 3 a) Nutze die Knetkörper als Stempel.

b) Welche Flächenformen haben deine Stempelbilder?

c) Schreibe jeweils den Namen der Flächenform unter das Stempelbild.

○ 4 a) Baue Körper aus Holzstäbchen und Knete.

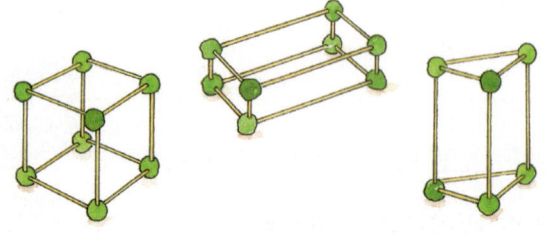

b) Wie viele Holzstäbchen brauchst du jeweils? Zähle.

c) Wie viele Knetkugeln brauchst du jeweils? Zähle.

d) Welche Körper lassen sich so nicht bauen? Begründe.

94

1 Körperformen erkennen und beschreiben. Weitere Beispiele für Körperformen aus der Umwelt finden. 2 Körpermodelle aus Knete herstellen und nach vorgegebenen und selbstgewählten Kriterien sortieren. 3 Ebene Seitenflächen als bekannte Flächenformen erkennen. Zum Bemalen z. B. Abtönfarbe verwenden. 4 Kantenmodelle herstellen und beschreiben.

→ Arbeitsheft, Seite 68

○ **5** Erstelle Körper-Steckbriefe. Vergleiche sie.

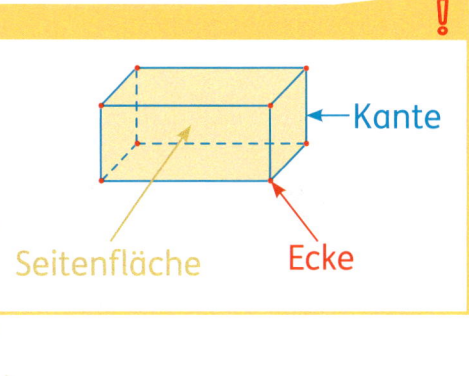

● **6** Körper-Rätsel: Welcher Körper ist es?

a)
Ich habe dreieckige und viereckige Seitenflächen.

Wo gibt es mehrere Lösungen?

b)
Ich habe keine Ecken und Kanten.

c)
Ich habe eine Ecke und eine Kante.

d)
Ich habe 12 Kanten und 6 Seitenflächen.

e)
Ich kann rollen und kippen.

f)
Erfinde eigene Rätsel.

● **7** a) Baut die drei Quader mit Würfeln nach. Was fällt euch auf?

b) Welche verschiedenen Quader könnt ihr aus 12 (24, 27) Würfeln bauen?

● **8** Die Kinder stecken jeweils noch einen gelben Würfel an ihre gebauten Figuren.

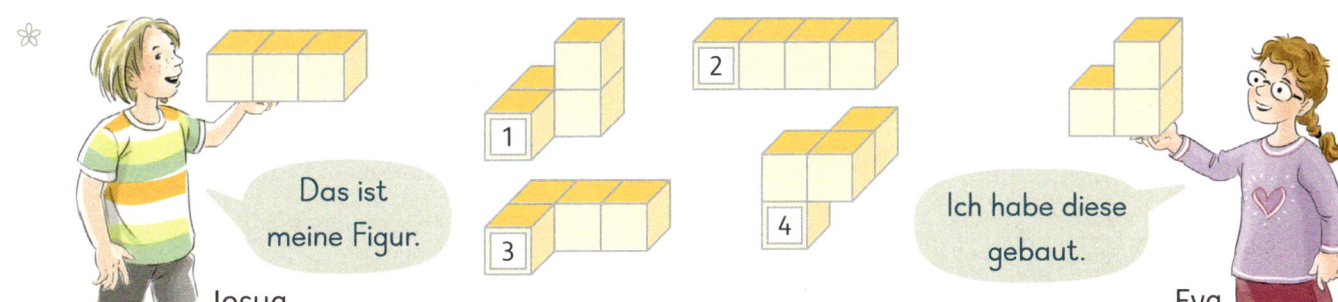

a) Welche der vier Figuren kann Josua bauen? Welche kann Eva bauen?

b) Es gibt noch vier weitere Figuren aus vier Würfeln. Baut sie.

5 Einführung der Begriffe Ecke, Kante und Seitenfläche. Körper-Steckbriefe miteinander vergleichen. Erkennen, dass der Würfel ein spezieller Quader ist. **6** Passende Körperformen benennen. Es sind teilweise mehrere Lösungen möglich. **7, 8** Mit geometrischen Körperformen experimentieren. Körper bzw. Figuren aus Würfelbausteinen zusammensetzen.

→ Arbeitsheft, Seite 68

Bauen und schauen

1 Auf dem Tisch steht ein Gebäude aus Körpern. Welches Kind sieht was?

2 Wer sieht was? Baue die Gebäude nach und kontrolliere.

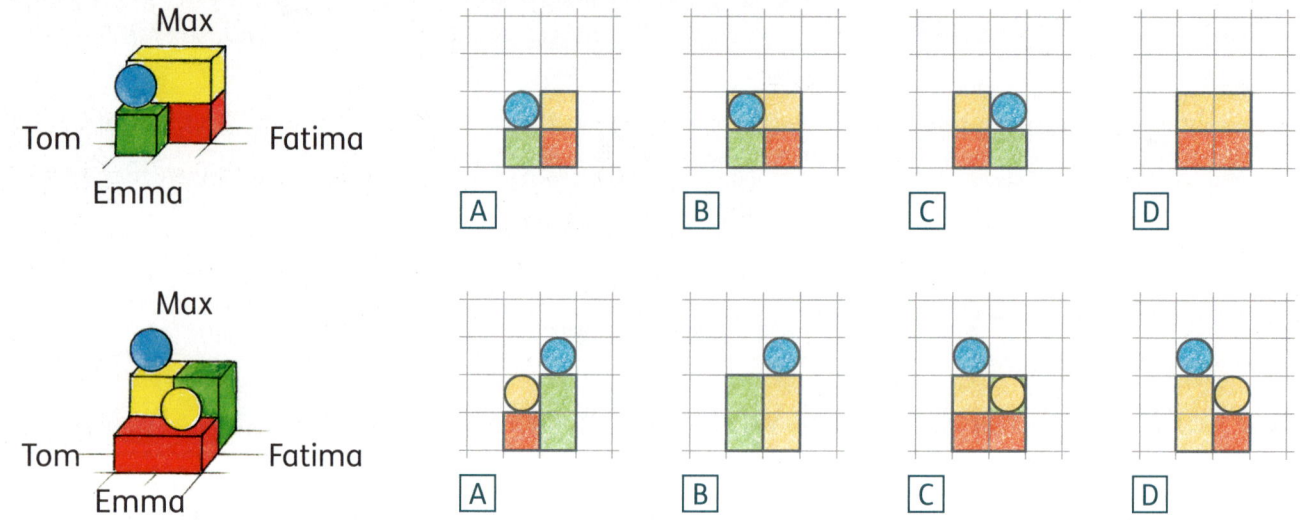

3 Zeichne die Ansichten und färbe.

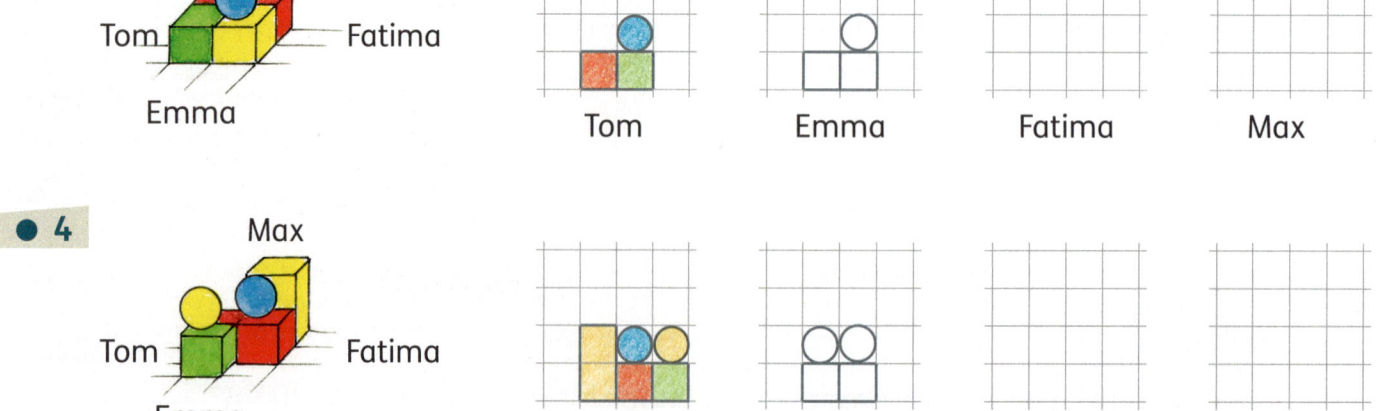

Tom   Emma   Fatima   Max

4

Tom   Emma   Fatima   Max

1–4 Ansichten beschreiben und den Betrachterstandorten zuordnen. Situationen evtl. mit Bauklötzen/aus Knete geformten Körpermodellen nachstellen. Zeichnungen ins Heft übertragen, evtl. vergrößertes Kästchenraster verwenden.

→ Arbeitsheft, Seite 69

Bauen und rechnen

○ 1 Wie viele Würfel sind es? Zeigt die Rechenwege der Kinder am Würfelgebäude.

Ich sehe 2 Dreiertürme und ▢ Vierertürme.

3 Stockwerke mit je 5 Würfeln und das oberste hat ▢ Würfel.

Ich sehe 2 Quader. Einer mit 12 und einer mit ▢ Würfeln.

Anna

Emma

Tom

$3 \cdot 5 = 15$
$15 + 3 = ▢$

$2 \cdot 3 = 6$ $3 \cdot 4 = 12$
$6 + 12 = ▢$

$12 + 6 = ▢$

○ 2 Wie viele Würfel sind es? Schreibe verschiedene Rechnungen.

a)
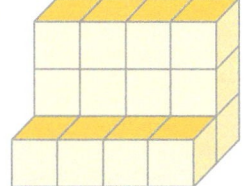

b)

c)

◐ 3 Wie viele Würfel sind es? Schreibe verschiedene Rechnungen.

a)
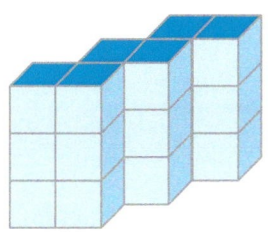

b)
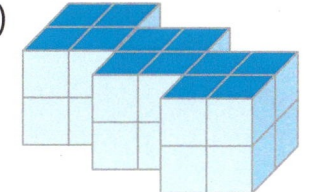

c)
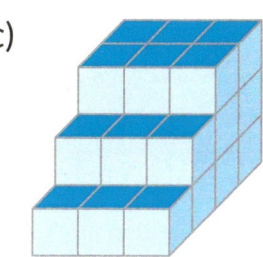

● 4 Wie viele Würfel sind es? Schreibe verschiedene Rechnungen.

a)
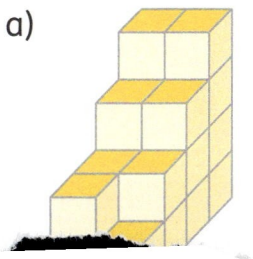

b)

c)
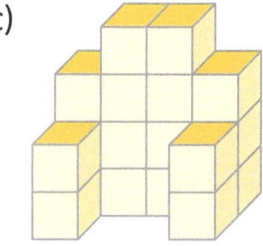

...liche Betrachtungsweisen führen zu unterschiedlichen Rechnungen. Weiterführung und
2–4 Die Gebäude ggf. nachbauen. Jede Aufgabe mit mehreren Rechnungen lösen und damit

97

Wege finden

○ **2** Finde Wege durch den Zoo. Beschreibe und notiere.

   a) vom Eingang zu den Elefanten.   a)   Eingang, Löwe, Giraffe,

   b) vom Eingang zu den Affen.

   c) vom Eingang zu den Krokodilen.

◐ **3** Finde verschiedene Wege und notiere.

   a) Besuche alle Tiere.

   b) Besuche alle Tiere. Gehe nach fünf Tieren etwas essen.

◐ **4** a) Beschreibt euch gegenseitig einen Weg durch den Zoo.

   b) Welche Tiere seht ihr links, welche rechts?

   c) Geht den Weg zurück. Welche Tiere seht ihr jetzt links, wel

1 Den Zooplan lesen und Wege besprechen. Begriffe links/rechts, neben, zwischen, geradeaus, … nu
oder systematisch verschiedene Wege finden, beschreiben und notieren. Dabei vorgegebene Bedin

Wege beschreiben

Ich zeichne einen eigenen Plan.

a) David ist in der Klasse 3. Er geht aus dem Klassenzimmer heraus nach rechts und die 2. Tür rechts hinein. In welchem Raum ist er jetzt?

b) Jenny ist in der Klasse 1a. Sie geht aus dem Klassenzimmer heraus nach links und die nächste Tür links hinein. Wo ist sie jetzt?

● 2 Welchen Weg gehen die Personen? Beschreibe.

a)
> Dolgukan:
> Ich bin in der Klasse 1a und will ins Sekretariat.

b)
> Marvin:
> Ich bin in der Klasse 3 und möchte zur Schulleitung.

c)
> Franka:
> Ich bin in der Klasse 2 und möchte auf den Pausenhof.

d)
> Frau Mahlert:
> Ich hatte Unterricht in der 1b und will nun zum Lehrerzimmer.

e)
> Frau Schlosser:
> Ich bin in der Bibliothek und möchte in Klasse 4.

f)
> Denke dir weitere Aufgaben aus.

● 3 Beschreibt Wege in eurer Schule. Wie kommt ihr vom ...

a) Klassenzimmer zum Pausenhof?

b) Klassenzimmer zum Lehrerzimmer?

... r Klasse 1a?

d) Sucht eigene Wege und beschreibt.

...ildplan nachvollziehen und beschreiben. Eigene Wege beschreiben. 2 Beschriebene Wege auf

99

Geld: Euro und Cent

1

Ich tausche **100 Cent** in **1 Euro**.

> **1 Euro = 100 Cent**
> **1 € = 100 ct**

$5\,0\,ct + 5\,0\,ct + 2\,0\,ct$ $1\,€ + 2\,0\,ct = 1\,€\,2\,0\,ct$

2

Kevin

Steffi

Lena

Tobias

a) Wie viel Geld hat jedes Kind? Schreibe in Euro und Cent.
b) Wer hat am meisten, wer am wenigsten Geld?

a)	Kevin	3 € 40 ct

3 Ordne die Geldbeträge. Beginne mit dem kleinsten Betrag.

a)

4 €	90 ct
1 € 40 ct	8 € 10 ct
15 €	100 ct

b)

77 ct	1 € 17 ct
1 €	7 € 77 ct
7 €	1 € 7 ct

c)

6 € 42 ct	64 ct
46 ct	64 € 20 ct
2 € 20 ct	2 € 4 ct

4 Wie viel fehlt bis zum nächsten Euro?

a) 1 € 30 ct + ☐ ct = 2 €
1 € 50 ct + ☐ ct = 2 €
1 € 10 ct + ☐ ct = 2 €
1 € 40 ct + ☐ ct = 2 €

50 60 70 80 90

b) 3 € 80 ct + ☐ ct = 4 €
5 € 40 ct + ☐ ct = 6 €
6 € 20 ct + ☐ ct = 7 €
7 € 30 ct + ☐ ct = 8 €

20 40 60 70 80

c) 10 € 99 ct + ☐ ct = 11 €
13 € 39 ct + ☐ ct = 14 €
12 € 79 ct + ☐ ct = 13 €
19 € 9 ct + ☐ ct = 20 €

1 21 51 61 91

5 Wie viel Geld ist es?

a)	$7\,0\,ct + 3\,0\,ct + 2\,8\,ct = 1\,€\,2\,8\,ct$

a) 70 ct + 30 ct + 28 ct
95 ct + 5 ct + 56 ct
10 ct + 90 ct + 99 ct
1 ct + 99 ct + 25 ct

b) 20 ct + 15 ct + 80 ct
60 ct + 22 ct + 40 ct
24 ct + 80 ct + 20 ct
15 ct + 38 ct + 85 ct

c) 13 ct + 75 ct + 25 ct
55 ct + 17 ct + 45 ct
2 ... 6 ct + 98 ct

1 Centbeträge in Eurobeträge umwandeln. Die gemischte Schreibweise für Euro und Cent kennenlern...

Sachaufgaben mit Geld lösen

○ **1** Erzählt: Welche Fragen könnt ihr stellen?

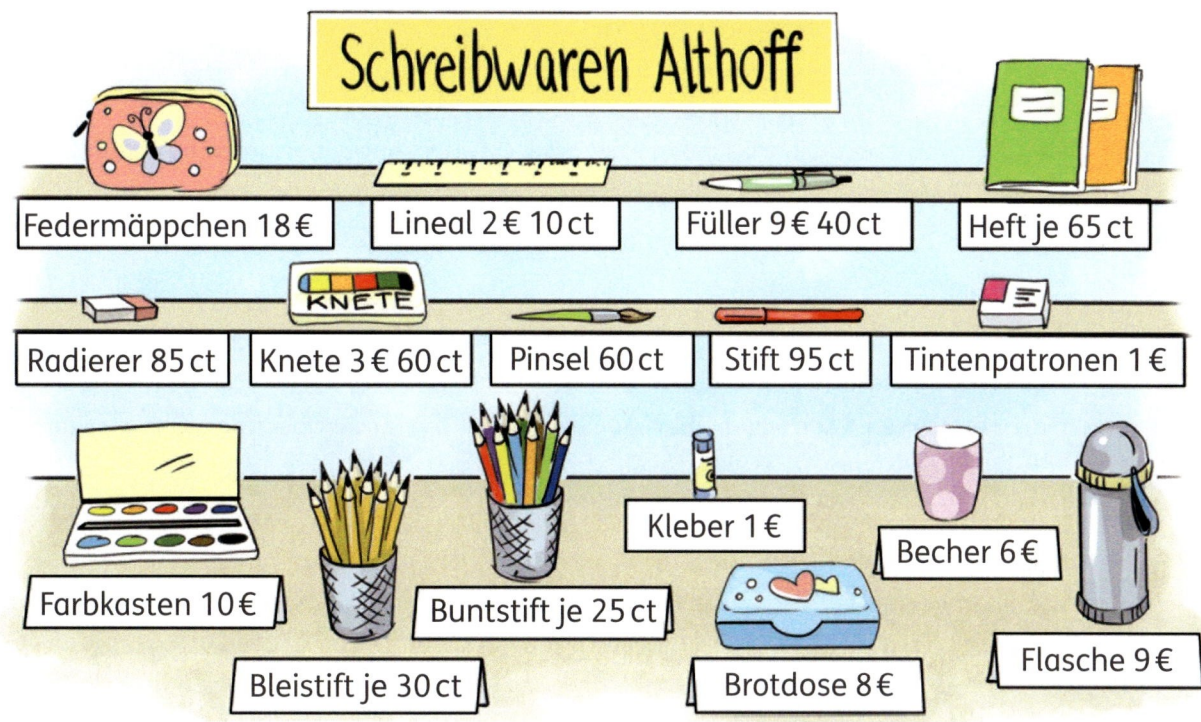

Schreibwaren Althoff

Federmäppchen 18 € | Lineal 2 € 10 ct | Füller 9 € 40 ct | Heft je 65 ct

Radierer 85 ct | Knete 3 € 60 ct | Pinsel 60 ct | Stift 95 ct | Tintenpatronen 1 €

Farbkasten 10 € | Buntstift je 25 ct | Kleber 1 € | Becher 6 € | Flasche 9 €

Bleistift je 30 ct | Brotdose 8 €

○ **2** Die Kinder kaufen Schreibwaren. Frage, löse und antworte.

a)  Ivo kauft eine Flasche und einen Füller. Wie viel Geld bekommt er zurück?

b)  Dyen kauft ein Lineal und Tintenpatronen. Wie viel Geld bekommt sie zurück?

◐ **3** a)  Lina möchte einen Becher, 2 Pinsel und 4 Buntstifte kaufen. Reicht ihr Geld?

b)  Sam möchte Knete, einen Pinsel, Tintenpatronen und einen Bleistift kaufen. Reicht sein Geld?

● **4** a  Ich hatte 3 € 75 ct. Toni hat das Gleiche wie Dyen gekauft. Wie viel Geld hat er noch?

Erfinde eigene Rechengeschichten.

b)  Ich habe 10 € 95 ct. Jule möchte eine Brotdose, einen Kleber, einen Pinsel und 2 Buntstifte kaufen. Reicht ihr Geld noch für zwei Bleistifte?

...ende Fragen finden. Lösungsschritte für Sachaufgaben (fragen, lösen, antworten) wiederholen.

101

Mit Texten arbeiten

○ **1** Die Kinder der Klasse 2a haben Aufgaben zu ihrer Klassenbücherei geschrieben.

a) Lest euch die Texte genau durch.

> **Christian:**
> Ich lese am liebsten Tierbücher. Auch die 26 Märchenbücher gefallen mir gut.
> Es sind 8 Märchenbücher mehr als Tierbücher. 6 Tierbücher sind schon über 50 Jahre alt.
> Wie viele Tierbücher gibt es?

> **Toni:**
> Das Regal unserer Klassenbücherei hat 6 Fächer. Ganz unten stehen die Tierbücher.
> Darüber stehen 15 Bücher über Autos. Es gibt 8 Märchenbücher mehr als Tierbücher,
> nämlich 26 Stück. Die stehen ganz oben. Wie viele Tierbücher gibt es?

> **Melinda:**
> Es gibt 26 Märchenbücher. Das sind 8 mehr als
> Tierbücher. Wie viele Tierbücher gibt es?

b) Vergleicht die Texte. Was fällt euch auf?

c) Welche Angaben sind zum Lösen der Aufgabe wichtig? Welche sind unnötig?

○ **2** a) Lies dir den Text genau durch.

> Oma Müller ist 61 Jahre alt. Sie wohnt seit 34 Jahren in Fischbach und ist
> dort sehr beliebt. Zweimal in der Woche geht sie in die Buchhandlung.
> Ihr Enkel Max hatte ihr am Telefon gesagt, dass er sich ein Bilderbuch
> wünscht. Deshalb kauft sie ihm heute ein Buch für 6 € und noch ein Sudoku-
> Heft. Alles zusammen kostet 7 € 80 ct. Sie bezahlt mit einem 10-€-Schein.

b) Stelle Fragen, löse und antworte.

c) Verändere den Text für jede deiner Fragen, sodass er nur die wichtigen
   Angaben zum Lösen enthält.

◗ **3**

※

> Rudi Ratlos ist 5 Jahre älter als seine Schwester Nele und kann sich nichts merken.
> Obwohl Nele erst 3 Jahre alt ist, kann sie schon bis 79 zählen. Rudi schafft es gerade mal
> 7 Zahlen weiter. Rudi hat schon 8 Zähne verloren, hat damit aber nur 2 weniger als Nele.
> Sie hat schon 20 Zähne. Wenn sie lacht, dann strahlen sie, weil sie ihre Zähne immer gut putzt.

Schreibt zu jeder Frage jeweils einen kurzen Text, mit dem ihr sie beantworten
könnt.

`Wie alt ist Rudi?`   `Wie viele Zähne hat Rudi zur Zeit?`   `Wie we`

1 Texte unter dem Gesichtspunkt relevanter Informationen vergleichen und bewerten. Aufgabe mit de
(fragen, lösen, antworten) bearbeiten. 3 Mathematisch lösbare Fragen finden und Sachtext ent

Textaufgaben hinterfragen

1 Lest genau, bevor ihr rechnet.

Auf einer Torte brennen
10 Kerzen. Die Hälfte davon
wird ausgeblasen.
Wie viele Kerzen brennen noch?

Achtung, bei einer
Aufgabe ergibt Rechnen
keinen Sinn.

Ein Frühstücksei muss 5 Minuten
in einem Topf mit Wasser kochen.
Wie lange müssen
3 Frühstückseier kochen?

2 Ihr könnt immer nur eine Frage beantworten. Begründet und löst.

a)
Leon verpackt 30 Eier in Eierkartons.
In jeden Karton passen 10 Eier.
Wie viele Kartons benötigt Leon?

Frieda kann doppelt so weit werfen
wie Jule.
Wie viele Meter kann Frieda werfen?

b)
Herr Schmidt kauft für seine 3 Kinder
jeweils 3 Kugeln Eis. Wie viele Kugeln Eis
hat Herr Schmidt gekauft?

Die Geschwister Lukas, Julian und Finn
sind zusammen 30 Jahre alt.
Wie alt ist Finn?

c)
Die Kinder von Frau Müller sind 7 Jahre,
12 Jahre und 14 Jahre alt.
Wie alt ist Frau Müller?

Bauer Heinrich hat 45 Kühe. Immer
5 Kühe stehen zusammen in einer Box.
Wie viele Boxen benötigt Bauer Heinrich?

3 Kann das stimmen? Begründet.

Emma bekommt jede Woche
2 € Taschengeld. Jonas bekommt
6 € Taschengeld im Monat.

a) Emma sagt: In vier Wochen bekomme
   ich 80 € Taschengeld.

b) Jonas sagt: In 12 Monaten bekomme ich 12 € Taschengeld.

c) Emma sagt: In 10 Wochen bekomme ich 20 € Taschengeld.

d) Jonas sagt: Ich bekomme dreimal soviel Taschengeld wie Emma.

e) Emma sagt: Ich möchte eine CD für 9 € 99 ct kaufen.
   Da muss ich 20 Wochen sparen.

f) Jonas sagt: Wenn ich das gesamte Taschengeld von
   ... für 10 Eis ausgebe, dann kostet ein Eis 18 €.

Fatima

...en. Kapitänsaufgaben finden. Lösbare Aufgaben mit den Lösungsschritten (fragen, lösen antwor-
... Sachkontexten auf Plausibilität prüfen

103

Wiederholung – Über Lernen sprechen

○ **1**
82–87

a) 5 · 4   7 · 8
    6 · 4   2 · 8
    9 · 4   4 · 8
    1 · 4   6 · 8
    3 · 4   10 · 8

b) 3 · 3   8 · 6
    4 · 3   7 · 6
    2 · 3   5 · 6
    9 · 3   0 · 6
    6 · 3   3 · 6

c) 9 · 9   10 · 7
    1 · 9   6 · 7
    3 · 9   8 · 7
    4 · 9   3 · 7
    7 · 9   5 · 7

○ **2**
82–87

a) 12 : 4   80 : 8
    4 : 4   72 : 8
   28 : 4   56 : 8
   40 : 4   32 : 8
   32 : 4   64 : 8

b) 9 : 3   48 : 6
   15 : 3   54 : 6
    6 : 3   30 : 6
   24 : 3   42 : 6
   18 : 3   24 : 6

c) 9 : 9   21 : 7
   45 : 9   42 : 7
   36 : 9   56 : 7
   27 : 9   70 : 7
   72 : 9   14 : 7

○ **3**
88

a)

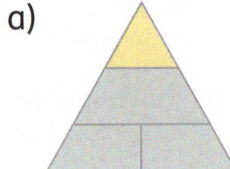

b)

c)

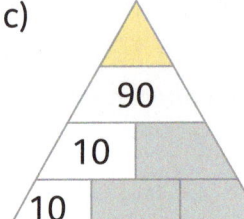

d)

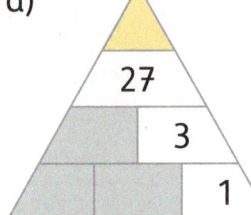

○ **4**
89

a)

b)

c)

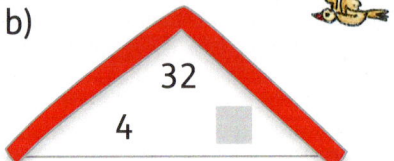 

○ **5**
92

Baue und rechne. Wo bleiben Würfel übrig? Wie viele?

a) 7 : 2
   11 : 2
   14 : 2
   15 : 2

a) 7 : 2 = 3 R 1

b) 7 : 3
   11 : 3
   14 : 3
   15 : 3

c) 7 : 4
   11 : 4
   14 : 4
   15 : 4

d) 7 : 5
   11 : 5
   14 : 5
   15 : 5

◒ **6**
92

Die Kinder bauen Würfeltürme.

a) Tina hat 33 Würfel. Wie viele Siebenertürme kann sie bauen?
   Wie viele Würfel bleiben übrig?

b) Luka hat 26 Würfel. Welche Türme kann er bauen, wenn am Ende genau
   zwei Würfel übrig bleiben sollen?

c) Matthis hat 35 Würfel. Welche Türme kann er bauen, wenn am Ende genau
   drei Würfel übrig bleiben sollen?

Reflexion: Kinder sprechen über ihren Lernstand. **1, 2** Ergebnisse des Einmaleins einprägen. Beim Lös
Zusammenhänge erkennen und auf nutzen. **3** Fehlende Zahlen in den Malpyramiden durch Multi

○ **7** Von wo aus sieht man welche Ansicht? Ordne zu.

96 →

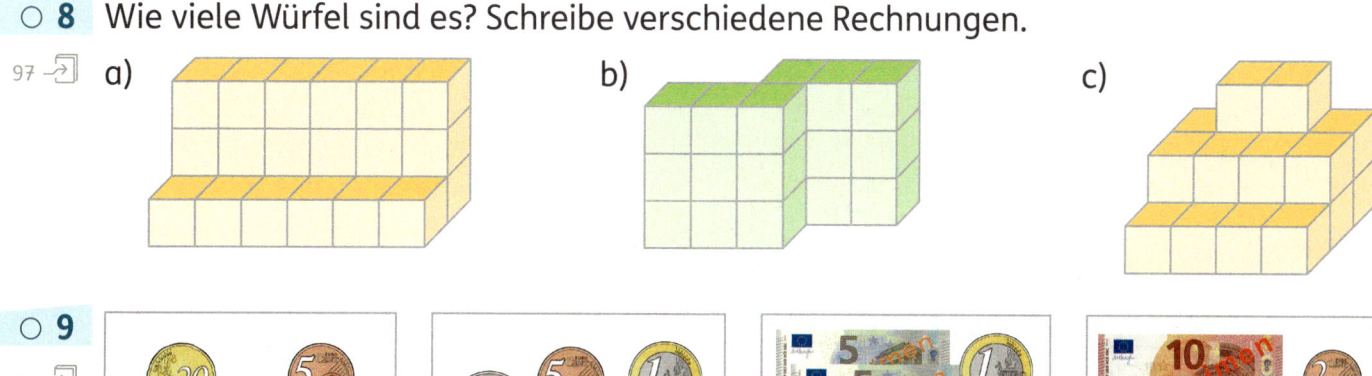

von vorne

von links

von oben

von hinten

von rechts

○ **8** Wie viele Würfel sind es? Schreibe verschiedene Rechnungen.

97 →

a)

b)

c)

○ **9**

100 →

| Ivan | Pauline | Laura | Levin |

a) Wie viel Geld hat jedes Kind? Schreibe in Euro und Cent.

b) Wer hat am meisten, wer am wenigsten Geld?

◐ **10** Löse und antworte.

101 →

a) Tom kauft sich eine Kugel Eis mit Schokoguss.
   Wie viel muss er bezahlen?

b) Jule kauft sich einen Nussbecher mit
   Sahne. Wie viel muss sie bezahlen?

c) Maria bezahlt eine Tüte Schokofrüchte mit einem
   5-€-Schein. Wie viel Geld bekommt sie zurück?

d) Ben hat 4 €. Er kauft eine Kugel Eis mit Sahne.
   Reicht das Geld noch für Fruchtgummis?

Kugel Eis	80 ct
Sahne	60 ct
Schokoguss	20 ct
Früchtebecher	4 € 85 ct
Nussbecher	4 € 40 ct
Tüte Süßwaren:	
Fruchtgummi	2 € 70 ct
Schokofrüchte	3 € 50 ct

7 Ansichten zuordnen.   **8** Die Anzahl der Würfel über verschiedene Rechnungen bestimmen.   **9** Geldbeträge durch Bündelungen von Euro und Cent bestimmen und vergleichen.   **10** Informationen aus der Preistafel entnehmen, Aufgaben lösen und Fragen beantworten.

→ Arbeitsheft, Seite 76

Rückblick – Über Lernen sprechen

○ 1
36 →

a) 35 + 8	b) 77 + 4	c) 48 + 3	d) 84 + 9	e) 56 + 5
37 + 9	76 + 8	47 + 6	87 + 5	58 + 9
34 + 7	78 + 7	43 + 9	86 + 8	54 + 7
38 + 6	79 + 4	45 + 9	85 + 7	59 + 6

41 43 44   81 82 83   51 52 53   91 92 92   61 61 62
45 46   84 85   54 55   93 94   65 67

○ 2
37 →

a) 42 − 3	b) 81 − 8	c) 93 − 9	d) 76 − 9	e) 51 − 8
45 − 8	83 − 6	95 − 7	74 − 7	54 − 9
43 − 7	82 − 7	92 − 6	72 − 6	56 − 7
47 − 9	85 − 9	94 − 9	73 − 8	52 − 5

36 36 37   73 74 75   84 85 86   64 65 66   43 45 47
38 39   76 77   87 88   67 67   48 49

○ 3 Löse die Rabomaten.
40 →

a)    b)    c)

○ 4 Setze die Zahlenfolgen um jeweils vier Zahlen fort.
41 →

a)

b)

c)

d) 88 → 84 → 79 → 75

◒ 5 Wie lang ist die Linie? Miss die Länge der einzelnen Strecken und rechne.
47 →

a)   b) 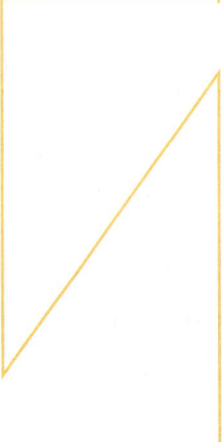   c)    d)

Reflexion: Kinder sprechen über ihren Lernstand. **1, 2** Aufgaben mit Zehnerübergang lösen. **3** Fehlende Zahlen in den Rabomaten ergänzen. **4** Gesetzmäßigkeiten der Zahlenfolgen erkennen und jeweils um 4 Zahlen fortsetzen. **5** Teilstrecken ausmessen und Gesamtstrecken berechnen.

Knobeln mit Blickrichtungen

○ **1** Max hat auf der Bootsfahrt viele Fotos gemacht.

Von wo hat er welches Foto gemacht?

1 Den jeweiligen Standort des Fotografen den Fotos zuordnen. Zuordnungen durch Beschreibung der einzelnen Ansichten begründen. Zur Erläuterung die unterschiedlichen Ansichten evtl. mithilfe von Steckwürfeln oder Spielmaterialien veranschaulichen.

→ Arbeitsheft, Seite 77

Plusaufgaben ohne Zehnerübergang

○ 1

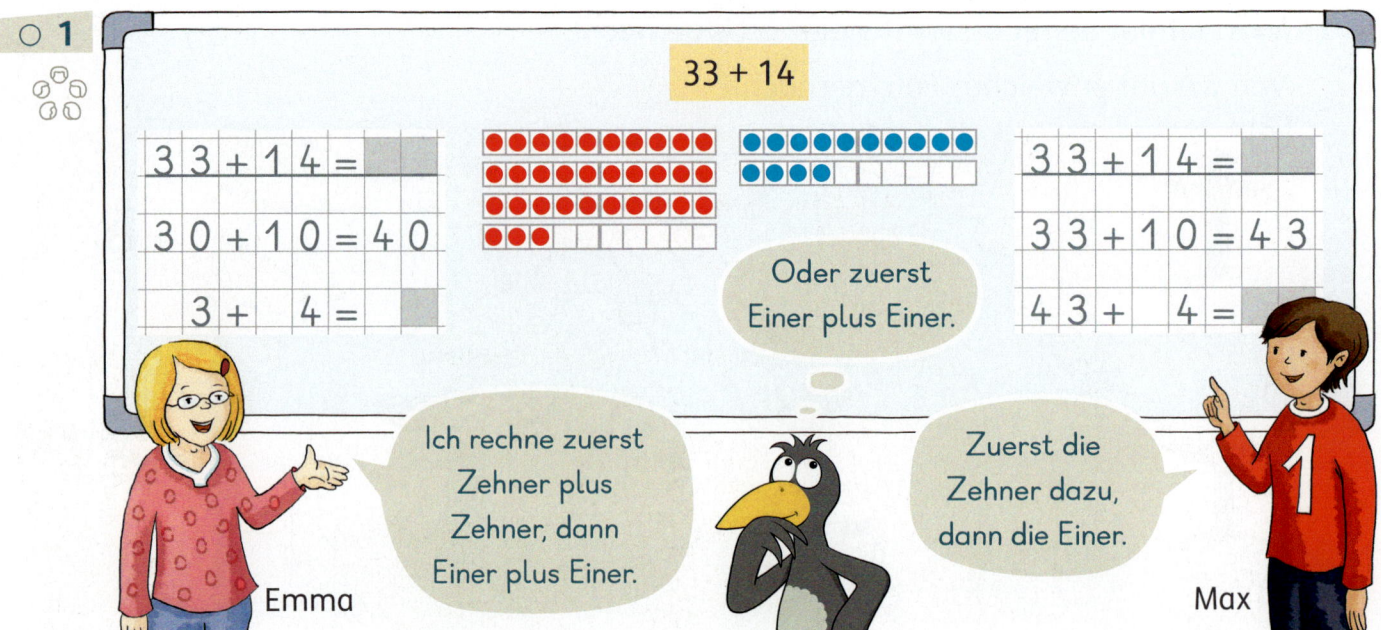

33 + 14

3 3	+ 1 4	=
3 0	+ 1 0	= 4 0
3	+ 4	=

3 3	+ 1 4	=
3 3	+ 1 0	= 4 3
4 3	+ 4	=

Oder zuerst Einer plus Einer.

Ich rechne zuerst Zehner plus Zehner, dann Einer plus Einer.

Emma

Zuerst die Zehner dazu, dann die Einer.

Max

○ 2 Wie rechnet ihr? Erklärt euch euren Rechenweg.

a) 33 + 25	b) 21 + 37	c) 54 + 35	d) 76 + 11	e) 12 + 86
33 + 24	51 + 37	15 + 53	25 + 52	24 + 73
33 + 26	31 + 37	61 + 16	56 + 33	17 + 52
33 + 22	61 + 37	73 + 15	14 + 41	26 + 64
33 + 23	41 + 37	44 + 25	57 + 21	67 + 22

| 55 56 57 | 48 58 68 | 64 68 69 | 55 77 78 | 69 89 90 |
| 58 59 61 | 78 88 98 | 77 88 89 | 87 89 92 | 92 97 98 |

◑ 3 Immer drei Aufgaben haben das gleiche Ergebnis. Schreibe sie untereinander.

53 + 44	61 + 36	20 + 36	11 + 45
16 + 82	34 + 40	33 + 23	12 + 62
14 + 83	43 + 55	53 + 21	74 + 24

◑ 4 Beschreibt die Muster in den Aufgabenrollen. Setzt fort.

a)
31 + 28
32 + 27
33 + 26
34 + 25
35 + 24

b)
3 + 5
8 + 10
13 + 15
18 + 20
23 + 25

c)
41 + 54
35 + 54
31 + 44
25 + 44
21 + 34

d)
66 + 13
62 + 16
56 + 23
52 + 26
46 + 33

108

1 Rechenkonferenz: Verschiedene Lösungsstrategien vorstellen, nachvollziehen, vergleichen und individuell anwenden. 2 Eigene Rechenstrategie nutzen und dem Partner erklären. 3 Immer 3 Aufgaben gehören zusammen. 4 Aufgabenrollen bearbeiten: Je nach Leistungsstand können die Aufgaben nur gelöst oder das Muster der Aufgaben fortgesetzt werden.

→ Arbeitsheft, Seite 78

Plusaufgaben mit Zehnerübergang

○ 1

48 + 35

4	8	+	3	5	=	
4	0	+	3	0	=	7	0
	8	+		5	=	

4	8	+	3	5	=	
4	8	+	3	0	=	7	8
7	8	+		5	=	

Oder zuerst Einer plus Einer.

Tom

Zuerst Zehner plus Zehner, dann Einer plus Einer.

Zuerst die Zehner dazu, dann die Einer.

Anna

○ 2 Wie rechnet ihr? Erklärt euch euren Rechenweg.

a) 33 + 38	b) 47 + 14	c) 18 + 54	d) 76 + 15	e) 15 + 77
33 + 28	37 + 24	19 + 55	17 + 64	35 + 58
33 + 39	35 + 57	32 + 39	48 + 36	12 + 79
33 + 29	67 + 16	56 + 17	67 + 14	64 + 27
33 + 49	49 + 27	44 + 48	25 + 58	13 + 68

🔑

| 57 61 62 | 48 61 61 | 64 71 72 | 81 81 83 | 81 91 91 |
| 71 72 82 | 76 83 92 | 73 74 92 | 84 85 91 | 92 93 99 |

○ 3 Finde die Rechenfehler. Schreibe die Aufgaben richtig auf.

a) 18 + 24 = 42	b) 14 + 38 = 52	c) 27 + 49 = 82	d) 30 + 66 = 69
15 + 36 = 51	13 + 59 = 73	89 + 11 = 100	69 + 22 = 91
37 + 29 = 68	75 + 16 = 91	33 + 58 = 93	57 + 42 = 99
39 + 51 = 90	46 + 34 = 80	12 + 77 = 89	88 + 9 = 96

○ 4

a)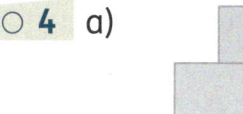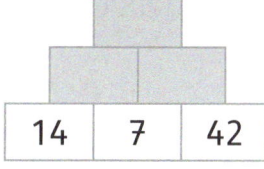

| 14 | 7 | 42 |

b)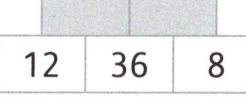

| 12 | 36 | 8 |

c)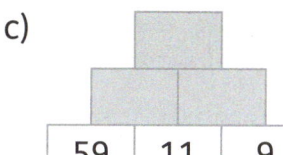

| 59 | 11 | 9 |

d)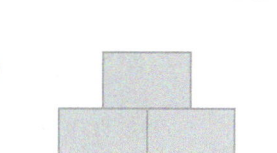

| 30 | 23 | 18 |

e)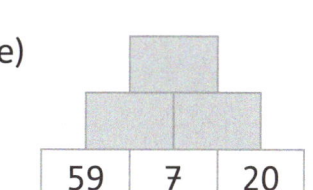

| 59 | 7 | 20 |

f)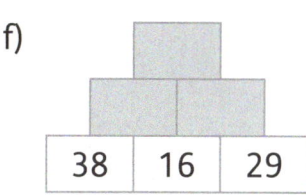

| 38 | 16 | 29 |

1 Rechenkonferenz: Verschiedene Lösungsstrategien vorstellen, nachvollziehen, vergleichen und individuell anwenden. Weiterführung und Vertiefung: sprachliche Bildung. 2 Eigene Rechenstrategie nutzen und dem Partner erklären. 3 Aufgaben kontrollieren und im Heft richtig lösen. 4 Fehlende Zahlen in den Zahlenmauern mithilfe der Addition lösen.

109

→ Arbeitsheft, Seite 79

Plusaufgaben üben

1

a)	b)	c)	d)	e)
17 + 22	39 + 26	18 + 14	67 + 28	47 + 35
21 + 28	19 + 37	17 + 56	53 + 19	33 + 38
23 + 47	35 + 46	44 + 18	38 + 27	37 + 53
36 + 53	45 + 47	23 + 19	49 + 39	29 + 36
30 + 66	56 + 28	15 + 68	26 + 57	17 + 28

39 49 70   55 56 65   32 42 52   65 72 77   45 65 71
79 89 96   81 84 92   62 73 83   83 88 95   75 82 90

2

a)

```
33 + 16    □
 +    +   +
28 + 22    □

 □ + □    □
```

b)

```
17 + 19    □
 +    +   +
26 + 25    □

 □ + □    □
```

c)

```
26 + 31    □
 +    +   +
17 + 19    □

 □ + □    □
```

d)
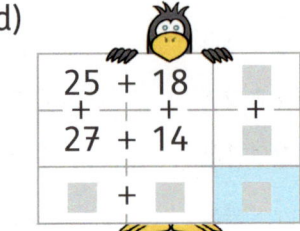
```
25 + 18    □
 +    +   +
27 + 14    □

 □ + □    □
```

e)
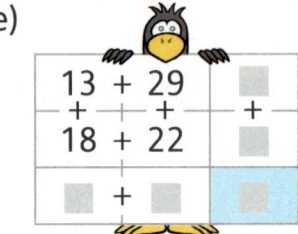
```
13 + 29    □
 +    +   +
18 + 22    □

 □ + □    □
```

f)

```
31 + 19    □
 +    +   +
11 + 33    □

 □ + □    □
```

3 Der Fischverkäufer auf dem Fischmarkt erzählt:

a) „Ich habe am Vormittag 19 Forellen und am Nachmittag 38 Forellen verkauft."

b) „Heute Vormittag habe ich 23 Makrelen und heute Nachmittag 38 Makrelen verkauft."

c) „Von den Karpfen sind noch 49 übrig. 33 habe ich schon verkauft."

d) „Von den Heringen sind noch 27 übrig. 45 Heringe habe ich schon verkauft."

a) F: Wie viele Forellen hat er insgesamt verkauft?

L:

4 Gleichung oder Ungleichung? Setze <, > oder = ein.

Rechne zuerst!

a)	b)	c)
18 + 14 ◯ 35	79 ◯ 47 + 35	12 + 47 ◯ 15 + 43
17 + 51 ◯ 24	85 ◯ 33 + 38	54 + 26 ◯ 36 + 44
44 + 13 ◯ 56	67 ◯ 37 + 53	23 + 65 ◯ 74 + 21
22 + 19 ◯ 48	54 ◯ 29 + 36	36 + 28 ◯ 25 + 39
19 + 62 ◯ 90	43 ◯ 18 + 25	75 + 19 ◯ 57 + 36

1 Eingeführte Rechenstrategien flexibel anwenden. 2 Fehlende Zahlen in den Rabomaten berechnen. 3 Sachaufgaben mit den 3 Lösungsschritten (fragen, lösen, antworten) bearbeiten. 4 Terme und Zahlen bzw. 2 Terme vergleichen und Relationszeichen einsetzen. Ggf. als Zwischenschritt die Ergebnisse der Aufgaben notieren.

→ Arbeitsheft, Seite 79

Plus: Vorteilhaft rechnen

1

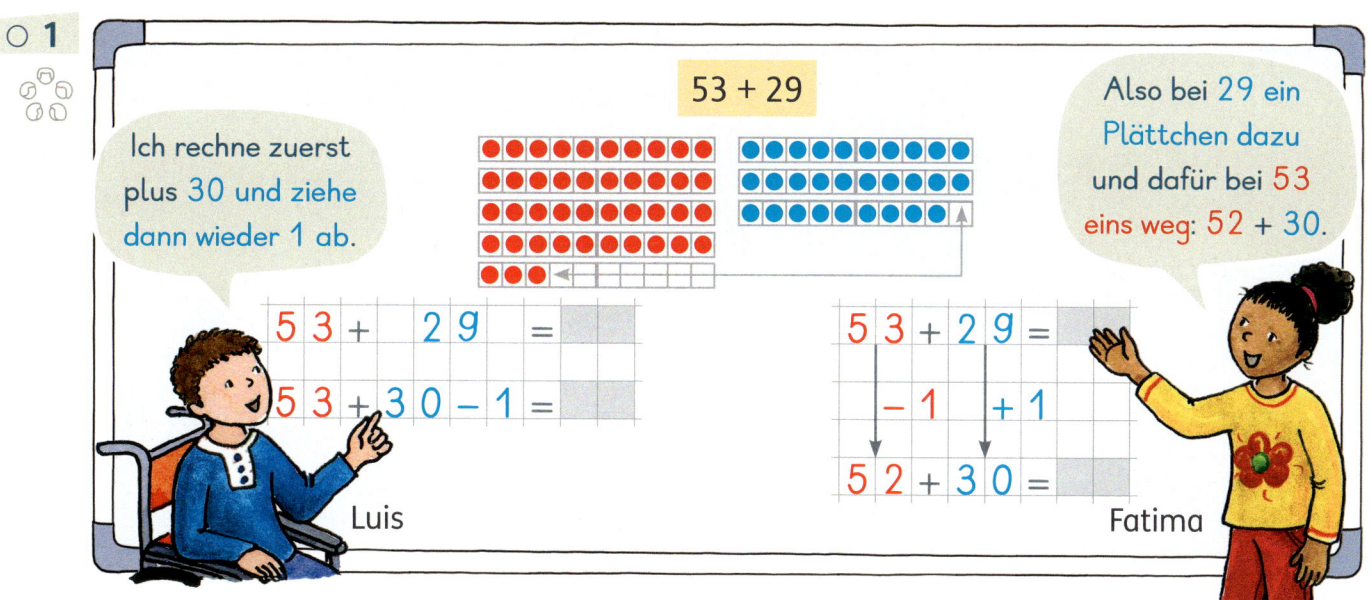

$53 + 29$

Ich rechne zuerst plus 30 und ziehe dann wieder 1 ab.

Also bei 29 ein Plättchen dazu und dafür bei 53 eins weg: 52 + 30.

| 5 3 | + | 2 9 | = |
| 5 3 | + | 3 0 − 1 | = |

Luis

5 3	+	2 9	=
	−1	+1	
5 2	+	3 0	=

Fatima

2 Wie rechnet ihr? Erklärt euch euren Rechenweg.

a) 43 + 29
34 + 29
56 + 29
35 + 29
45 + 29

b) 39 + 53
29 + 26
49 + 44
19 + 56
59 + 22

c) 69 + 26
49 + 34
25 + 19
59 + 17
46 + 39

d) 63 + 29
73 + 19
59 + 27
64 + 18
15 + 38

e) 37 + 58
29 + 71
26 + 59
79 + 19
32 + 49

🔑 63 64 72
74 83 85

55 65 75
81 92 93

44 46 76
83 85 95

52 53 82
86 92 92

81 85 95
98 99 100

3 Rechne vorteilhaft.

Zuerst 11 + 19 und dann die 35 dazu.

a) 11 + 35 + 19
19 + 46 + 11
21 + 19 + 38
21 + 23 + 49
27 + 41 + 29

b) 34 + 13 + 26
11 + 42 + 28
55 + 26 + 15
43 + 17 + 29
16 + 58 + 14

c) 45 + 24 + 16
56 + 23 + 14
28 + 32 + 29
3 + 67 + 10
44 + 31 + 9

🔑 65 75 76
78 93 97

73 81 86
88 89 96

80 84 85
89 90 93

4 Immer drei Aufgaben haben das gleiche Ergebnis. Schreibe sie untereinander.

75 + 19   33 + 50 − 1   45 + 40 − 2   60 + 13

33 + 49   74 + 20   43 + 40   32 + 50

45 + 38   60 + 14 − 1   75 + 20 − 1   59 + 14

1 Rechenkonferenz: Verschiedene Strategien des vorteilhaften Rechnens besprechen, vergleichen und individuell bewerten.
2 Rechenvorteile für Aufgaben mit Zahlen nahe einer Zehnerzahl erkennen und nutzen. 3 Rechenvorteile beim Rechnen mit
3 Summanden nutzen. 4 Immer 3 Aufgaben gehören zusammen. Entsprechende Zerlegungen/Strategien erklären.

→ Arbeitsheft, Seite 80

Minusaufgaben ohne Zehnerübergang

○ 1

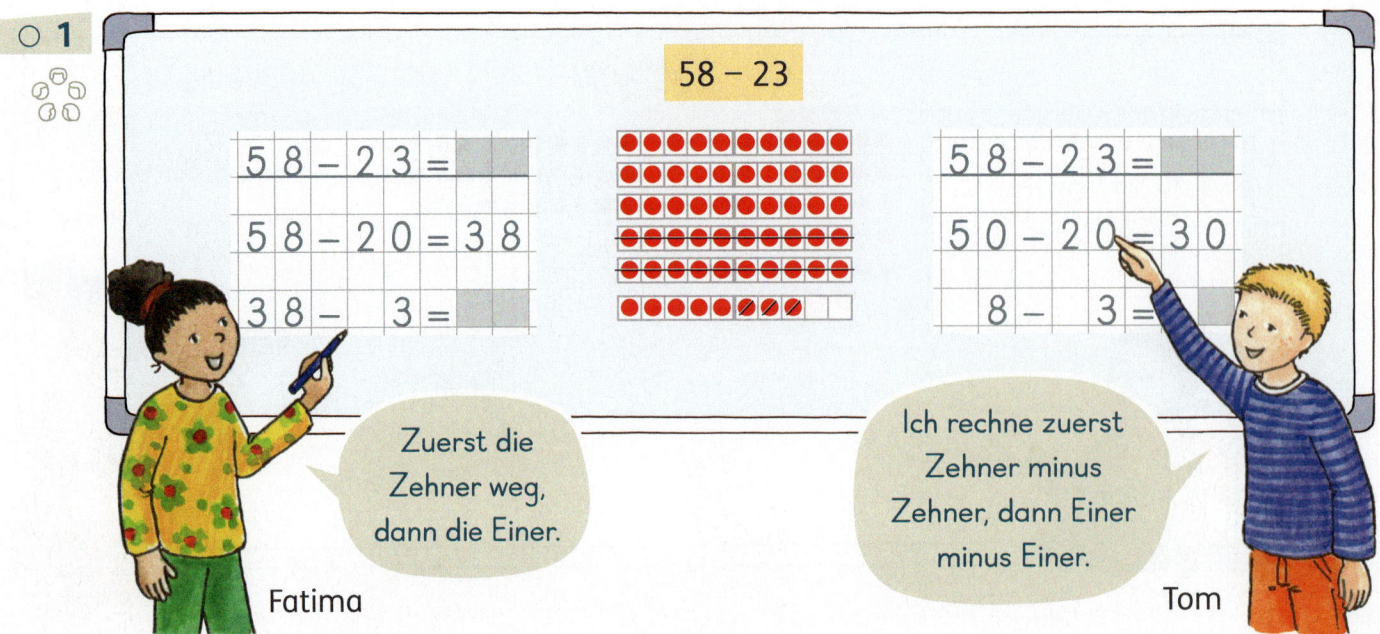

58 − 23

58 − 23 =
58 − 20 = 38
38 − 3 =

58 − 23 =
50 − 20 = 30
8 − 3 =

Zuerst die Zehner weg, dann die Einer.
Fatima

Ich rechne zuerst Zehner minus Zehner, dann Einer minus Einer.
Tom

○ 2 **Wie rechnet ihr? Erklärt euch euren Rechenweg.**

a)	b)	c)	d)	e)
58 − 21	37 − 21	67 − 51	89 − 27	99 − 56
58 − 23	47 − 21	43 − 21	68 − 55	86 − 64
58 − 24	87 − 21	78 − 15	47 − 43	75 − 52
58 − 22	57 − 21	79 − 54	56 − 31	69 − 39
58 − 25	67 − 21	83 − 72	25 − 14	46 − 15

| 33 34 35 | 16 26 36 | 11 16 22 | 4 9 11 | 22 23 30 |
| 36 37 38 | 46 66 76 | 25 63 77 | 13 25 62 | 31 43 90 |

○ 3 **Immer drei Aufgaben haben das gleiche Ergebnis. Schreibe sie untereinander.**

47 − 26	88 − 44	77 − 61	43 − 22
99 − 45	98 − 44	78 − 57	86 − 42
57 − 41	48 − 32	79 − 35	66 − 12

○ 4 **Beschreibt die Muster in den Aufgabenrollen. Setzt fort.**

a)	b)	c)	d)
49 − 16	89 − 82	78 − 44	96 − 54
49 − 15	88 − 72	75 − 44	92 − 51
49 − 14	87 − 62	68 − 34	86 − 44
49 − 13	86 − 52	65 − 34	82 − 41
49 − 12	85 − 42	58 − 24	76 − 34

1 Rechenkonferenz: Verschiedene Lösungsstrategien vorstellen, nachvollziehen, vergleichen und individuell anwenden. 2 Eigene Rechenstrategie nutzen und dem Partner erklären. 3 Immer 3 Aufgaben gehören zusammen. 4 Aufgabenrollen bearbeiten: Je nach Leistungsstand die Aufgaben nur lösen oder das Muster der Aufgaben fortsetzen.

→ Arbeitsheft, Seite 81

Minusaufgaben mit Zehnerübergang

1

56 – 27

5 6 – 2 7 =	
5 6 – 2 0 = 3 6	
3 6 – 7 =	

5 6 – 2 7 =	
4 0 – 2 0 = 2 0	
1 6 – 7 =	

Zuerst die Zehner weg, dann die Einer weg.
Anna

Oder zuerst die Einer weg.

Einer minus Einer geht hier nicht. Aber so!
Max

2 Wie rechnet ihr? Erklärt euch euren Rechenweg.

a) 46 – 27	b) 34 – 17	c) 61 – 53	d) 83 – 25	e) 91 – 56
46 – 29	54 – 17	43 – 25	94 – 56	82 – 34
46 – 28	84 – 17	55 – 17	75 – 48	74 – 28
46 – 17	44 – 17	73 – 59	86 – 37	65 – 39
46 – 38	94 – 17	85 – 48	67 – 29	47 – 47

| 8 17 18 | 17 27 37 | 8 14 18 | 9 27 38 | 0 26 35 |
| 19 29 39 | 47 67 77 | 37 38 77 | 38 49 58 | 46 48 59 |

3 Finde die Rechenfehler. Schreibe die Aufgaben richtig auf.

a) 54 – 35 = 11	b) 53 – 27 = 26	c) 61 – 44 = 18	d) 76 – 49 = 24
47 – 29 = 18	65 – 19 = 46	83 – 58 = 25	62 – 26 = 36
72 – 28 = 44	81 – 43 = 37	96 – 39 = 57	87 – 38 = 49
85 – 67 = 17	92 – 34 = 38	70 – 23 = 48	51 – 51 = 0

4 a)

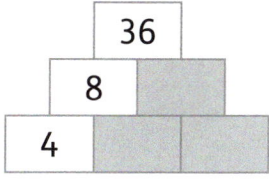

36		49		96		93
8		11		57		56
4		5		18		29

b)

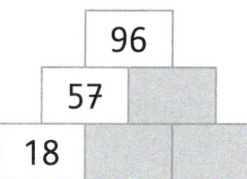
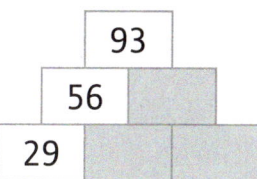

87		67		54		67
39		47		17		48
14		33		9		39

1 Rechenkonferenz: Verschiedene Lösungsstrategien vorstellen, nachvollziehen, vergleichen und individuell anwenden. Weiterführung und Vertiefung: sprachliche Bildung. 2 Eigene Rechenstrategie nutzen und dem Partner erklären. 3 Aufgaben kontrollieren und im Heft richtig lösen. 4 Fehlende Zahlen in den Zahlenmauern mithilfe der Subtraktion/Ergänzen lösen.

113

→ Arbeitsheft, Seite 82

Minusaufgaben üben

1
a) 56 − 31
67 − 36
88 − 44
59 − 36
85 − 63

b) 77 − 38
54 − 54
66 − 48
42 − 14
62 − 25

c) 93 − 65
94 − 26
56 − 17
72 − 29
82 − 57

d) 63 − 26
71 − 48
84 − 59
52 − 18
74 − 37

e) 44 − 29
85 − 56
92 − 47
93 − 78
75 − 39

 21 22 23
25 31 44

0 18 28
37 38 39

25 28 38
39 43 68

23 25 34
37 37 48

15 15 22
29 36 45

2
a)

b)

c)

d)

e)
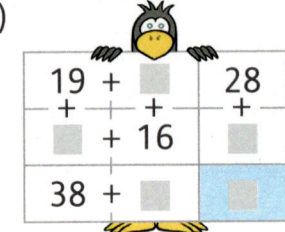

f)

3 In der Gartenstraße ist ein Straßenfest.

a) Von den 85 Würstchen sind schon
57 Würstchen gegessen worden.

b) Von den 48 Flaschen Apfelschorle wurden
29 Flaschen getrunken.

c) Für die Kinder gibt es 62 Luftballons, 19 davon
sind schon geplatzt und 14 davongeflogen.

d) Am Morgen kamen 34 Gäste. Bis 16 Uhr besuchten 72 Gäste das Fest.

a) | F: | Wie viele Würstchen sind noch übrig?
L:

4 Gleichung oder Ungleichung? Setze <, > oder = ein.

a) 18 − 14 ◯ 5
41 − 25 ◯ 24
56 − 18 ◯ 46
92 − 19 ◯ 73
85 − 67 ◯ 19

b) 29 ◯ 74 − 35
49 ◯ 93 − 46
21 ◯ 87 − 58
37 ◯ 61 − 24
43 ◯ 94 − 55

c) 52 − 34 ◯ 45 − 16
64 − 26 ◯ 63 − 25
71 − 47 ◯ 74 − 38
86 − 28 ◯ 97 − 49
75 − 19 ◯ 57 − 28

1 Eingeführte Rechenstrategien flexibel anwenden.   2 Fehlende Zahlen in den Rabomaten mithilfe von Subtraktion oder Ergänzen berechnen.   3 Sachaufgaben mit den 3 Lösungsschritten (fragen, lösen, antworten) bearbeiten.   4 Terme und Zahlen bzw. 2 Terme vergleichen und Relationszeichen einsetzen. Ggf. als Zwischenschritt die Ergebnisse der Aufgaben notieren.

→ Arbeitsheft, Seite 82

Minus: Vorteilhaft rechnen

1

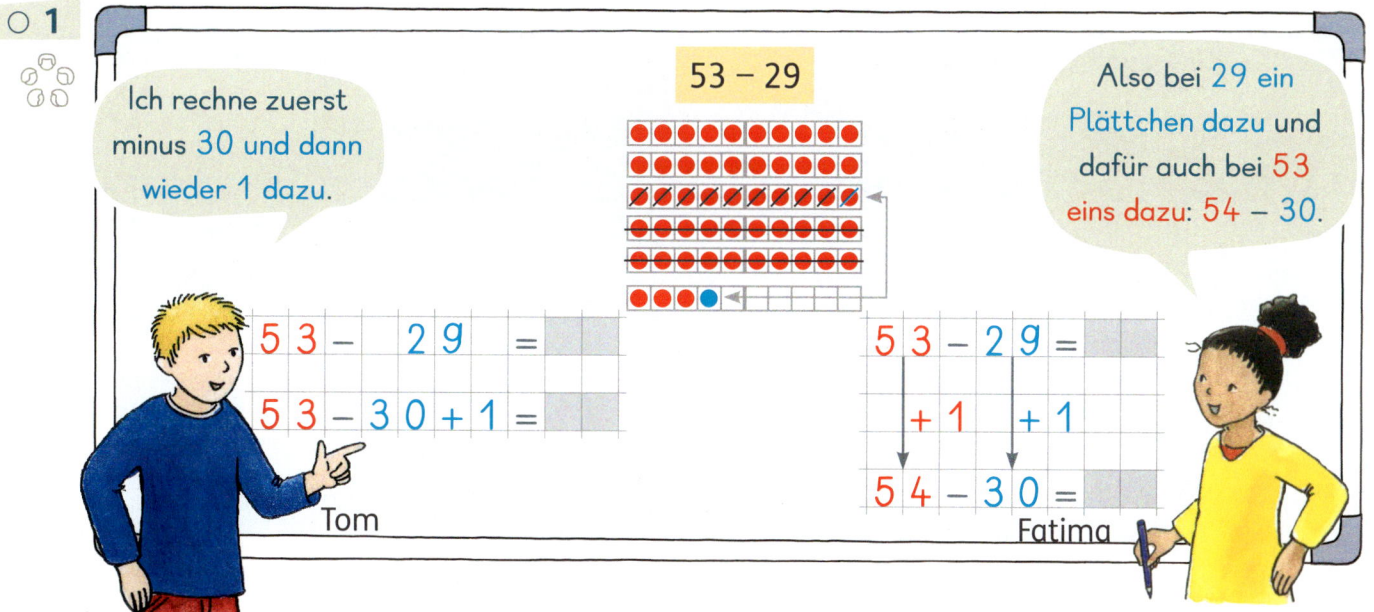

2 Wie rechnet ihr? Erklärt euch euren Rechenweg.

a)	b)	c)	d)	e)
33 – 19	43 – 29	56 – 28	54 – 18	32 – 19
26 – 19	57 – 39	67 – 28	62 – 29	54 – 28
64 – 19	76 – 59	93 – 18	48 – 19	71 – 49
53 – 19	84 – 69	85 – 18	87 – 29	66 – 48
73 – 19	96 – 49	56 – 38	91 – 48	51 – 39
7 14 17 34 45 54	14 15 17 18 45 47	18 28 39 57 67 75	29 33 36 43 48 58	12 13 18 22 24 26

3 Rechne vorteilhaft.

Zuerst 89 – 19.

a)	b)	c)
89 – 26 – 19	45 – 7 – 15	97 – 79 – 17
95 – 33 – 29	74 – 14 – 38	65 – 19 – 35
81 – 9 – 51	52 – 26 – 12	87 – 46 – 17
58 – 19 – 14	94 – 78 – 0	73 – 29 – 33
63 – 29 – 13	87 – 39 – 17	55 – 14 – 25
21 21 23 25 33 44	14 16 22 23 31 32	1 11 11 16 21 24

4 Immer drei Aufgaben haben das gleiche Ergebnis. Schreibe sie untereinander.

47 – 19   76 – 50 + 1   69 – 40   67 – 40 + 2

44 – 20 + 2   48 – 20   44 – 18   77 – 50

76 – 49   67 – 38   47 – 20 + 1   46 – 20

---

1 Rechenkonferenz: Verschiedene Strategien des vorteilhaften Rechnens besprechen, vergleichen und individuell bewerten.
2 Rechenvorteile für Aufgaben mit Zahlen nahe einer Zehnerzahl erkennen und nutzen.   3 Rechenvorteile beim Rechnen mit
2 Subtrahenden nutzen.   4 Immer 3 Aufgaben gehören zusammen. Entsprechende Zerlegungen/Strategien erklären.

115

→ Arbeitsheft, Seite 83

Der Kalender

1 Betrachtet den Kalender des Jahres 2025.

Januar

Mo	Di	Mi	Do	Fr	Sa	So
		1	2	3	4	5
6	7	8	9	10	11	12
13	14	15	16	17	18	19
20	21	22	23	24	25	26
27	28	29	30	31		

Februar

Mo	Di	Mi	Do	Fr	Sa	So
					1	2
3	4	5	6	7	8	9
10	11	12	13	14	15	16
17	18	19	20	21	22	23
24	25	26	27	28		

März

Mo	Di	Mi	Do	Fr	Sa	So
					1	2
3	4	5	6	7	8	9
10	11	12	13	14	15	16
17	18	19	20	21	22	23
24	25	26	27	28	29	30
31						

April

Mo	Di	Mi	Do	Fr	Sa	So
	1	2	3	4	5	6
7	8	9	10	11	12	13
14	15	16	17	18	19	20
21	22	23	24	25	26	27
28	29	30				

Mai

Mo	Di	Mi	Do	Fr	Sa	So
			1	2	3	4
5	6	7	8	9	10	11
12	13	14	15	16	17	18
19	20	21	22	23	24	25
26	27	28	29	30	31	

Juni

Mo	Di	Mi	Do	Fr	Sa	So
						1
2	3	4	5	6	7	8
9	10	11	12	13	14	15
16	17	18	19	20	21	22
23	24	25	26	27	28	29
30						

Juli

Mo	Di	Mi	Do	Fr	Sa	So
	1	2	3	4	5	6
7	8	9	10	11	12	13
14	15	16	17	18	19	20
21	22	23	24	25	26	27
28	29	30	31			

August

Mo	Di	Mi	Do	Fr	Sa	So
				1	2	3
4	5	6	7	8	9	10
11	12	13	14	15	16	17
18	19	20	21	22	23	24
25	26	27	28	29	30	31

September

Mo	Di	Mi	Do	Fr	Sa	So
1	2	3	4	5	6	7
8	9	10	11	12	13	14
15	16	17	18	19	20	21
22	23	24	25	26	27	28
29	30					

Oktober

Mo	Di	Mi	Do	Fr	Sa	So
		1	2	3	4	5
6	7	8	9	10	11	12
13	14	15	16	17	18	19
20	21	22	23	24	25	26
27	28	29	30	31		

November

Mo	Di	Mi	Do	Fr	Sa	So
					1	2
3	4	5	6	7	8	9
10	11	12	13	14	15	16
17	18	19	20	21	22	23
24	25	26	27	28	29	30

Dezember

Mo	Di	Mi	Do	Fr	Sa	So
1	2	3	4	5	6	7
8	9	10	11	12	13	14
15	16	17	18	19	20	21
22	23	24	25	26	27	28
29	30	31				

a) Vervollständigt die Tabelle.

	Monat	Tage
1.	Januar	31
2.	Februar	

Das ist die Faustregel.

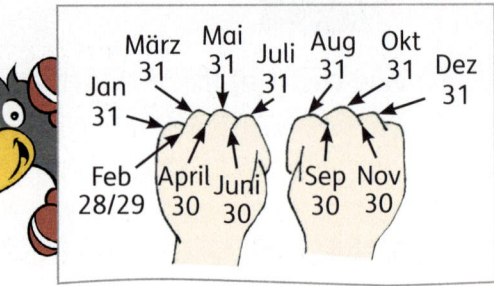

b) Vergleicht die Anzahl der Tage. Erklärt.

2 a) Welche Wochentage sind es im Jahr 2025? Wo gibt es mehrere Lösungen?

a) Montag, 21. Juli

| , | , | , | , |

| 21. Juli | 7. März | 19. August | 27. Januar |

| Samstag, Mai | Freitag, November | Mittwoch, 16. | Sonntag, 5. | Montag, 3. |

b) Schreibe jedes Datum aus Aufgabe a) kürzer.   b) Montag, 21.7.

3

Projekt: Klassenkalender für 20

So erstellt ihr euren Klassenkalender:

– Malt ein Deckblatt für euren Kalender.

– Gestaltet für jeden Monat ein Blatt.

– Locht die Blätter am oberen Rand und fädelt eine feste Schnur durch.

– Tragt eure Termine (Geburtstage, Ausflüge, Ferien, …) ein.

1 Den Jahreslauf am Kalender entdecken. Länge der Monate benennen. Faustregel kennenlernen und anwenden.   2 Fehlende Daten im Kalender oben entnehmen und ergänzen, ggf. auch einen aktuellen Kalender verwenden.   3 Einen Klassenkalender für das aktuelle oder kommende Schuljahr mit allen Terminen (Ferien, Geburtstage, Ausflüge, Feiertage, …) anlegen.

→ Arbeitsheft, Seite 84

Zeitspannen vergleichen

1 Wann vergeht für euch die Zeit langsam, wann schnell? Findet eigene Beispiele.

Zeit vergeht manchmal schnell und manchmal langsam ... ?

2 a) Vergleicht: Wer von euch kann am längsten ...

– auf Zehenspitzen stehen?   – auf dem rechten Bein stehen?

– auf dem linken Bein stehen?   – bewegungslos auf seinem Platz sitzen?

b) Vergleicht: Wer von euch kann am schnellsten ...

– einen Schuh zubinden?   – die Zahlen von 25 bis 50 aufschreiben?

– in Fünferschritten von 0 bis 50 zählen?   – die Zahlen von 75 bis 50 rückwärts aufschreiben?

3 Ordne nach der Dauer von kurz nach lang.   a)   einmal klatschen,

a)
| Schulstunde |
| einmal klatschen |
| große Pause |
| Ferien |

b)
| Urlaub |
| Apfel essen |
| Kerze ausblasen |
| Kinobesuch |

c)
| frühstücken |
| einmal gähnen |
| Zähne putzen |
| einmal zwinkern |

4 Ordne zu. Erkläre, welche Zeitspannen mit diesen Uhren gemessen werden.

A    B    C    D    E

Sonnenuhr   Wanduhr   Sanduhr   Eieruhr   Stoppuhr

1 Über unterschiedliches Zeitempfinden sprechen.   2 Zeitspannen enaktiv direkt vergleichen.   3 Tätigkeiten nach ihrer Dauer ordnen.   4 Verschiedene Zeitmesser zuordnen. Besprechen, wozu die Uhren jeweils zum Einsatz kommen. Weiterführung: Struktur im Alltag.

117

Projekt: Zeitmesser bauen

○ 1

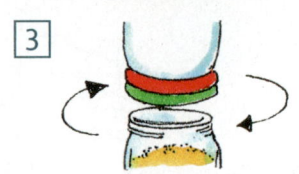

Projekt: Sanduhr bauen

Ihr braucht:

2 Gläser mit Schraubverschluss, Kontaktkleber, 1 Nagel, Hammer, feinen Sand (am besten Vogelsand), feste Unterlage

- Klebt die Deckel der beiden Gläser zusammen.
- Schlagt mit dem Nagel ein Loch durch beide Deckel.
- Füllt eines der Gläser mit Sand und schraubt die Gläser zusammen.

○ 2

a) Was passiert, wenn ihr die Sandmenge verändert?

b) Verändert eure Sanduhren, sodass sie gleich lang laufen.

c) Messt mit euren Sanduhren. Schafft ihr das bei einem Durchlauf?:

Schätzt zuerst.

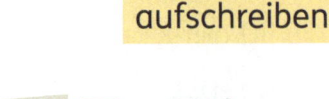

| Alphabet aufschreiben | Zahlen von 1 bis 100 aufschreiben | Siebenerreihe aufschreiben | Tasche packen |

○ 3

Projekt: Pendel bauen

Ihr braucht:

1 stabile Schnur, 1 Gewicht (z. B. Radiergummi, Schraubenmutter), Schere

- Schneidet von der Schnur ein 50 cm langes Stück Schnur ab.
- Bindet das Gewicht an das Ende der Schnur.
- Ihr müsst die Hand beim Pendeln ganz still halten.

○ 4

a) Was passiert, wenn die Schnur kürzer gehalten wird?

b) Was passiert, wenn ihr ein schwereres Gewicht verwendet?

c) Was passiert, wenn ihr das Pendel stärker pendeln lasst?

d) Messt mit dem Pendel. Zählt die Pendelbewegungen:

Schätzt wieder zuerst.

| Schuhe zubinden | Alphabet aufsagen | Siebenerreihe aufsagen | Tasche packen |

1, 3 Zeitmesser herstellen.   2, 4 Mit selbst gebauten Zeitmessern experimentieren und Zeitspannen messen.   2 b) Die Laufzeit der Sanduhr sollte etwa eine Minute betragen. Zum Eichen: Uhren gleichzeitig starten, auf ein Zeichen hin alle Uhren hinlegen und überschüssigen Sand entfernen. Weiterführung und Vertiefung: Hilfsbereitschaft beim gemeinsamen Gestalten.

Die Uhr

1 Wie spät ist es? Schreibe beide Uhrzeiten.

a)

morgens   abends

a)   8.00 Uhr
     20.00 Uhr

Stellt an einer Lernuhr ein.

> **die Uhrzeit**
>
> Ein Tag hat **24 Stunden**.

b)   c)   d)   e)   f)

2 Tim ist um 16 Uhr mit Leon verabredet.

Leon verspätet sich. Wie viele Minuten vergehen?

> **die Zeitspanne**
>
> **1 Stunde** = **60 Minuten**
> **1 h** = **60 min**

a)   b)   c)

1 Minute   5 Minuten   ☐ Minuten
                               Viertelstunde

d)   e)   f)

☐ Minuten   ☐ Minuten   ☐ Minuten

halbe Stunde   Dreiviertelstunde   eine Stunde

Wo bleibt er denn?

Tim

3 Stelle an deiner Lernuhr ein. Wie spät ist es in …

a)   4.30 Uhr
     16.30 Uhr

a)   b)   c)   d)

30 Minuten?   15 Minuten?   45 Minuten?   60 Minuten?

1 Eine Lernuhr basteln und daran die vollen Stunden sowie die Doppelbelegung des Zifferblattes (vormittags/nachmittags, morgens/abends, tags/nachts) wiederholen. **2** Die Zeitspannen an der Lernuhr nachvollziehen, dabei auf die regional unterschiedlichen Sprechweisen eingehen. **3** Die Zeitspanne an der Lernuhr nachvollziehen und Endzeitpunkte bestimmen.

119

→ Arbeitsheft, Seite 85

Zeitpunkt und Zeitspanne

○ **1** Wie lange dauert der Ausflug? Berechnet die Zeitspanne. Nutzt eure Lernuhren.

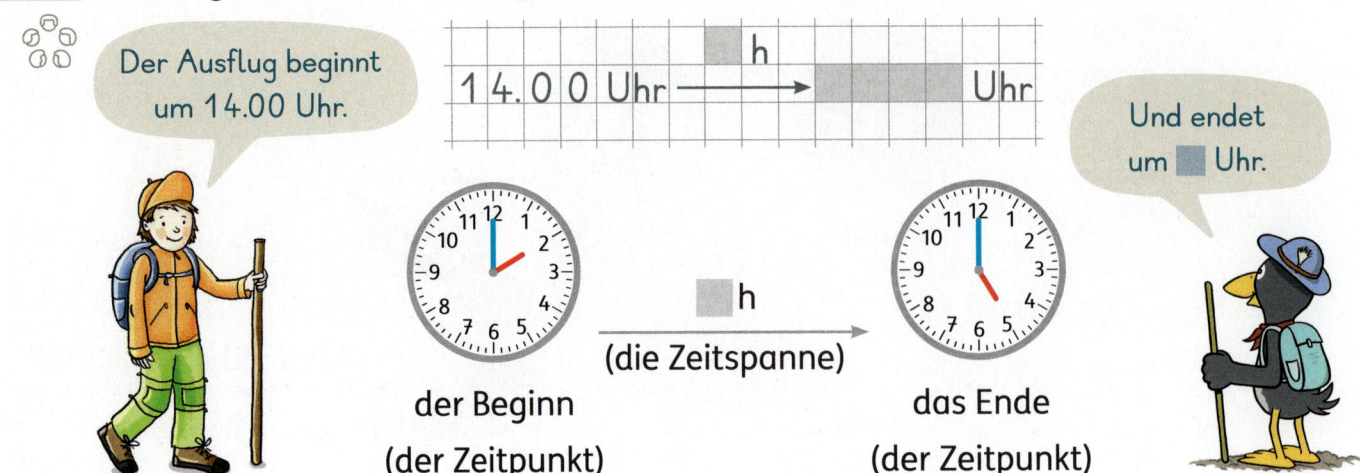

Der Ausflug beginnt um 14.00 Uhr.

14.00 Uhr $\longrightarrow$ ⬛ h ⬛ Uhr

Und endet um ⬛ Uhr.

⬛ h
(die Zeitspanne)

der Beginn
(der Zeitpunkt)

das Ende
(der Zeitpunkt)

○ **2** Schreibe Beginn und Ende ins Heft. Berechne die Zeitspanne.

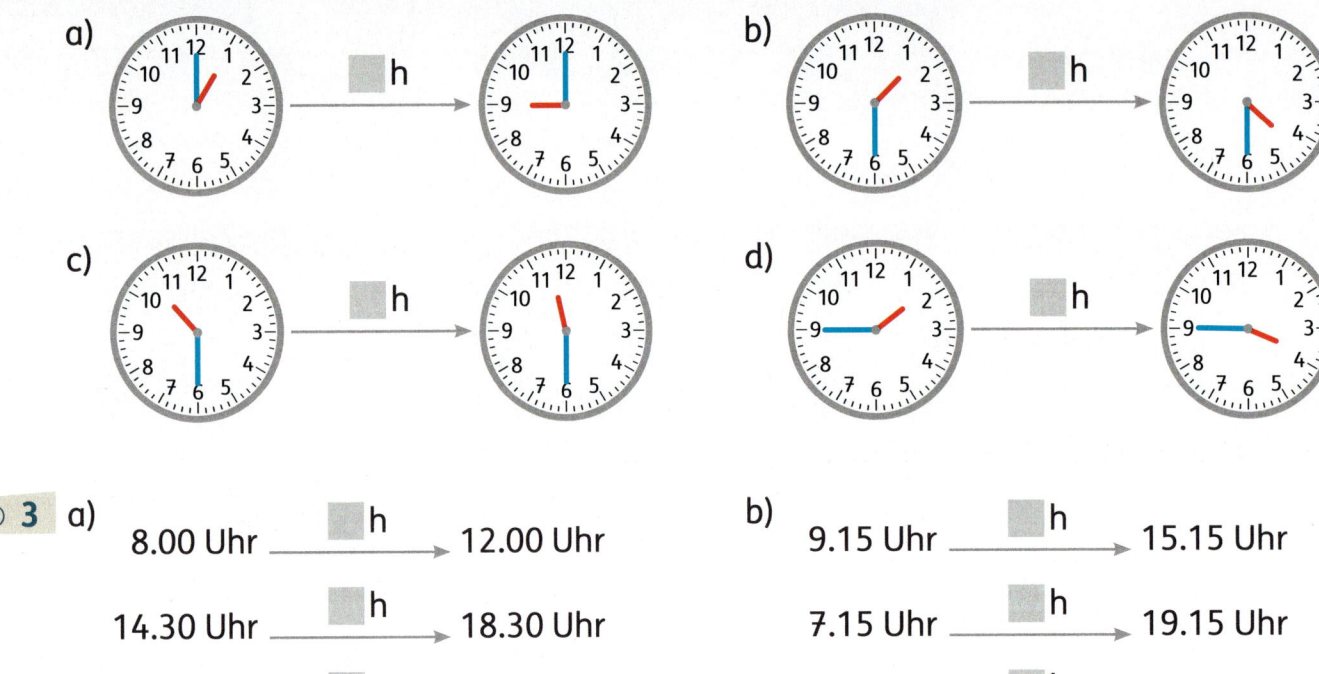

a) ⬛ h

b) ⬛ h

c) ⬛ h

d) ⬛ h

○ **3** a)

8.00 Uhr $\xrightarrow{\text{⬛ h}}$ 12.00 Uhr

14.30 Uhr $\xrightarrow{\text{⬛ h}}$ 18.30 Uhr

16.30 Uhr $\xrightarrow{\text{⬛ h}}$ 19.30 Uhr

b)

9.15 Uhr $\xrightarrow{\text{⬛ h}}$ 15.15 Uhr

7.15 Uhr $\xrightarrow{\text{⬛ h}}$ 19.15 Uhr

13.45 Uhr $\xrightarrow{\text{⬛ h}}$ 22.45 Uhr

○ **4** a) Wie lange dauert es?

Trage zu Hause Beginn und Ende in eine Tabelle ein.

	Beginn	Ende	Dauer
Hausaufgaben machen	⬛ Uhr	⬛ Uhr	⬛
zu Mittag essen	⬛ Uhr	⬛ Uhr	⬛

Hausaufgaben machen

zu Mittag essen

Schulweg

nachts schlafen

fernsehen

b) Berechne die Zeitspannen. Vergleiche sie.

1 Die Zeitspanne als Dauer zwischen zwei Zeitpunkten wiederholen. **2** Zeitpunkte ablesen, notieren und Zeitspannen berechnen. **3** Zeitspannen und Endzeitpunkte möglichst ohne Lernuhr berechnen. **4** Beginn- und Endzeitpunkte individuell zu Hause bestimmen und in die Tabelle eintragen. Die Zeitspannen berechnen und vergleichen. Begriffe länger/kürzer verwenden.

→ Arbeitsheft, Seite 86

○ **5** Das ist ein Auschnitt aus Jules Sonntag:

a)
Wie viel Zeit verbringt
Jule mit ihrer Freundin
Marie?

b)
Was dauert länger:
der Marktbesuch oder
das Abendessen?

c)
Wie lange dauert es vom
Ende des Picknicks bis
zum Abendessen?

d)
Wie sieht dein Sonntag
aus? Erzähle.
Vergleiche mit Jule.

e)
Was ist an einem
Sonntag anders als an
normalen Wochentagen?

f)
Stelle weitere Fragen
zu Jules Sonntag

○ **6** Jules Klasse plant einen Ausflug in den Tierpark:

TIERPARK

Öffnungszeiten: 9 – 18 Uhr (17 Uhr im Winter)

Seelöwen-Fütterung: täglich 11.30 Uhr/14.30 Uhr

Elefanten-Sprechstunde: täglich 14.15 Uhr

a)
Um 9:30 Uhr möchten sie dort sein.
Um 12.30 Uhr ist ein Picknick geplant.
Wie viel Zeit haben sie bis dahin?

b)
Sie möchten das Füttern der Seelöwen
und die Elefanten-Sprechstunde besuchen.
Welche Zeiten sollten sie wählen? Erklärt.

c)
Um 17 Uhr wollen sie zurück sein. Die
Rückfahrt dauert 30 min. Für den Weg
zur Bahn planen sie mit Wartezeit eine
Viertelstunde ein. Wann müssen sie los?

d)
Sucht nach Zeiten in
einem Tierpark in eurer
Nähe. Schreibt eigene
Rechengeschichten.

5 Zeitspannen berechnen und vergleichen. Begriffe länger/kürzer verwenden. Eigene Fragen zu Jules Tagesablauf und eigenen Tagesabläufen stellen oder Vergleiche zu anderen Wochentagen ziehen.   **6** Sachaufgaben bearbeiten. Öffnungs- und Fütterungszeiten in Tierparks recherchieren und Rechengeschichten schreiben. Weiterführung und Vertiefung: digitale Bildung.

121

→ Arbeitsheft, Seite 86

Zufall und Wahrscheinlichkeit

1 Die Kinder ziehen aus jedem Beutel einen Würfel, ohne hineinzusehen.

Wie wahrscheinlich ist es, dass dieser Würfel rot ist? Ordnet die Pfeile zu.

| unmöglich | möglich | sicher |

| unwahrscheinlich | wahrscheinlich |

die Wahrscheinlichkeit

2 a) Vermutet: Bei welchem Beutel ist die Wahrscheinlichkeit größer, einen roten Würfel zu ziehen?

b) Überprüft: Zieht aus jedem Beutel 30-mal einen Würfel und legt ihn zurück. Legt eine Strichliste an.

Beutel 1:

Beutel 2:

3 Kim, Lara, Anton und Paul haben 30-mal einen Würfel gezogen.

Vermute: Wer könnte aus welchem Beutel gezogen haben? Begründe.

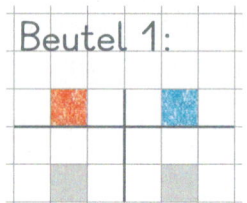

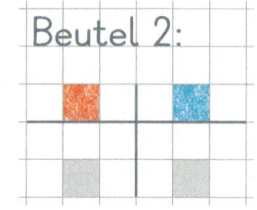

Kim:

Lara:

Anton:

Paul:

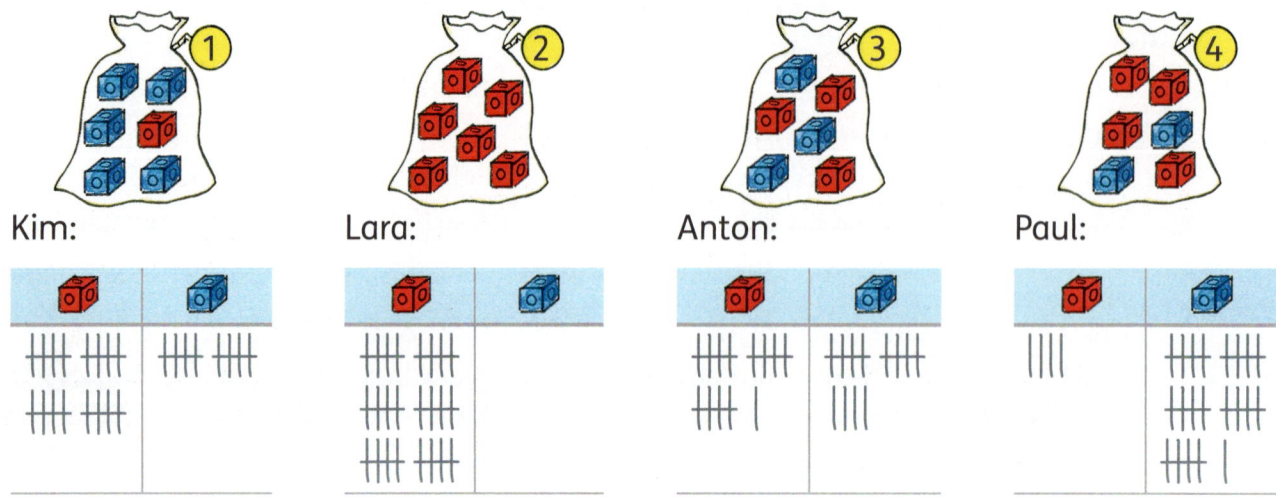

1–2 Zufallsexperimente (Ziehen mit Zurücklegen) durchführen. Vermutungen anstellen, Ergebnisse in einer Strichliste notieren. Den Wahrscheinlichkeitsstreifen (bekannt aus Klasse 1) zum Vergleichen der Eintrittswahrscheinlichkeiten nutzen.
3 Strichlisten und abgebildete Beutel einander zuordnen. Zuordnungen begründen.

→ Arbeitsheft, Seite 87

Würfelexperimente

○ **1** Haben die Kinder recht? Was meint ihr?

○ **2** Führt ein Würfelexperiment durch.

a) Würfelt 60-mal mit einem Würfel.

Schreibt eure Ergebnisse in eine Strichliste.

Augenzahl	gewürfelt	
1		
2		

b) Vergleicht eure Ergebnisse mit anderen Gruppen.

Was fällt euch auf?

c) Kann das bei dem Experiment stimmen? Begründet.

Tim: Die 4 wird häufiger gewürfelt als die 6.	Emma: Ich würfle nie eine 7.	Jona: Ganz sicher bekomme ich bei 60 Würfen keine 6.
Tobi: Wahrscheinlich fällt bei 60 Würfen mindestens eine 1.	Paula: Es ist unmöglich, zweimal hintereinander die gleiche Zahl zu würfeln.	Anina: Es ist möglich, dass ich bei 60 Würfen zehnmal eine 6 würfle.

● **3** Beschriftet einen kleinen Holzquader mit Augenzahlen.

a) Würfelt nun 60-mal mit dem Quader. Vergleicht.

b) Kann das bei dem Experiment stimmen? Begründet.

Leonie: Es ist unmöglich, eine 6 zu würfeln.	Ina: Die 5 fällt häufiger als die 6.	Dustin: Es ist möglich, eine 2 zu würfeln.
Sam: Wahrscheinlich würfle ich eher eine 1 als eine 2.	Bela: Es ist sicher, dass ich keine 5 würfle.	Gereon: Eine 5 zu würfeln, ist wenig wahrscheinlich.

1 Über Erfahrungen mit Würfelexperimenten sprechen. Vermutungen zur Eintrittswahrscheinlichkeit der Augenzahlen beim Würfeln anstellen. 2–3 Zufallsexperimente durchführen und auswerten. Gruppenergebnisse zusammenfassen, sodass die Annäherung an die erwartete Häufigkeitsverteilung deutlich hervortritt. Weiterführung und Vertiefung: Absprachen treffen.

→ Arbeitsheft, Seite 87

Mit Diagrammen arbeiten

1 Die Klasse 2 der Berg-Grundschule sammelt Daten zu den Haarfarben.

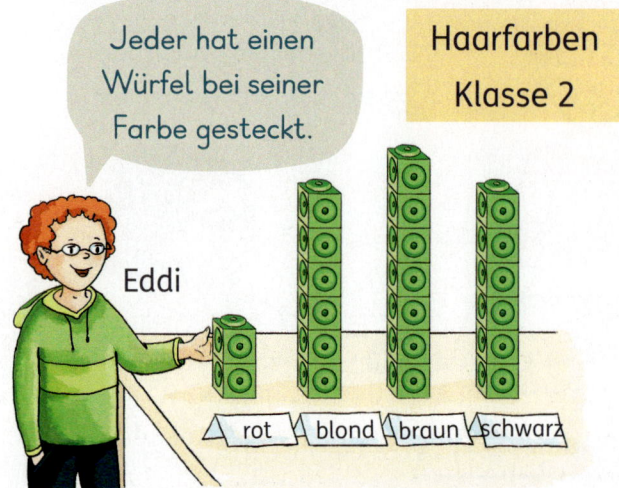

Jeder hat einen Würfel bei seiner Farbe gesteckt.

Eddi

Haarfarben Klasse 2

rot   blond   braun   schwarz

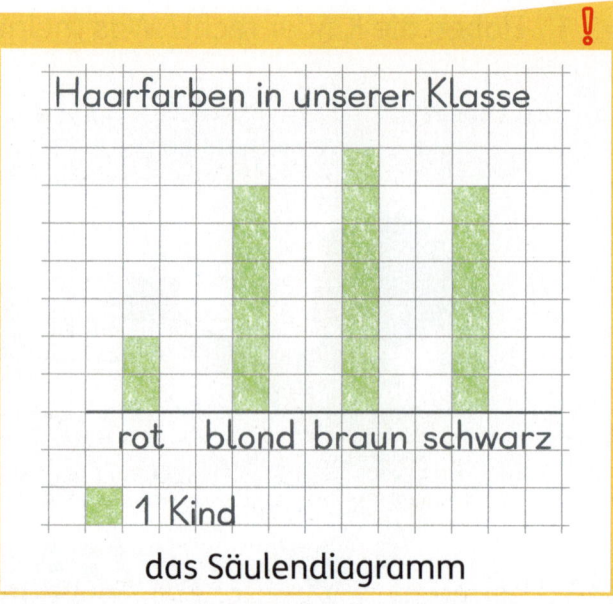

Haarfarben in unserer Klasse

rot   blond   braun   schwarz

▢ 1 Kind

das Säulendiagramm

a) Vergleicht die Steckwürfeltürme und die Säulen im Säulendiagramm. Erklärt.

b) Welche Haarfarben habt ihr? Baut Türme und zeichnet ein Säulendiagramm.

2 Das sind die Daten aus den Klassen 3 und 4. Zeichne dazu Säulendiagramme.

Haarfarben Klasse 3

rot	blond	braun	schwarz
I	⊞⊞ III	⊞⊞ II	⊞⊞ III

Haarfarben Klasse 4

rot	blond	braun	schwarz
0	8	10	5

3 Die Berg-Grundschule nahm an den Bundesjugendspielen teil.

a) Wie viele Mädchen der 2. Klasse erhielten eine Urkunde?

b) Wie viele Jungen der 4. Klasse erhielten eine Urkunde?

c) In welcher Klasse bekamen die meisten Jungen eine Urkunde?

d) Wie viele Drittklässler bekamen eine Urkunde?

e) Wie viele Urkunden gewann die Grundschule?

Sammelt Daten und zeichnet Balkendiagramme.

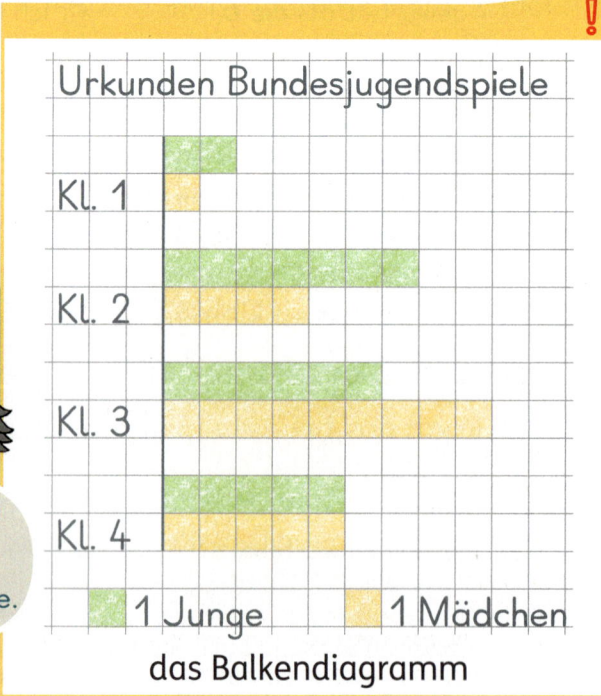

Urkunden Bundesjugendspiele

Kl. 1

Kl. 2

Kl. 3

Kl. 4

▢ 1 Junge   ▢ 1 Mädchen

das Balkendiagramm

1–3 Säulendiagramm und Balkendiagramm als Möglichkeiten der Datenerfassung und -auswertung kennenlernen. Die Diagramme zur Beantwortung von Fragen heranziehen. Eigene Daten (z. B. zu den Themen Hobbys, Lieblingstiere, Lieblingsfarbe) erheben und Ergebnisse in Diagrammen darstellen. Weiterführung und Vertiefung: Beziehungen gestalten, Freizeitgestaltung.

→ Arbeitsheft, Seite 88

Kombinieren

1 Emma hat:

Sie kombiniert immer zwei Formen zu einem Haus.
Wie viele verschiedene Möglichkeiten hat sie?

Mit einer Tabelle findest du schnell alle Möglichkeiten.

Emma

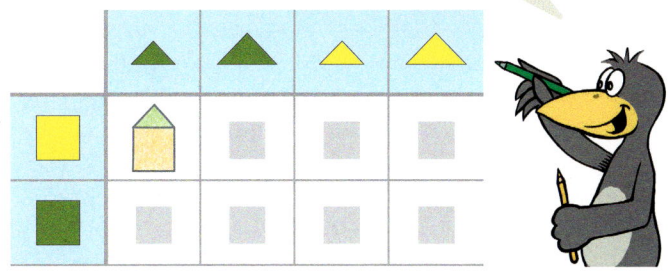

2 Emma nimmt immer eine Tasse und einen Teller aus dem Regal.

Wie viele verschiedene Möglichkeiten hat sie?

a) Sie kombiniert eine Tasse mit einem Teller.

b) Sie kombiniert eine Tasse mit einem Teller in einer anderen Farbe.

c) Sie kombiniert eine Tasse mit einem Teller. Sie benutzt aber keine gelbe Tasse.

3 Was kann Emma anziehen? Wie viele verschiedene Möglichkeiten hat sie?

a) Sie kombiniert eine Hose mit einem T-Shirt.

b) Sie möchte unbedingt die blaue Hose anziehen. Sie kombiniert die blaue Hose mit einem T-Shirt.

c) Sie möchte kein grünes T-Shirt anziehen. Sie überlegt, wie viele Möglichkeiten es dann gibt.

d) Emma holt noch ihre grüne Hose. Wie viele Möglichkeiten gibt es nun, eine Hose und ein T-Shirt zu kombinieren?

1–3 Die Aufgaben handelnd mit Material lösen. Die verschiedenen Möglichkeiten systematisiert mithilfe von Tabellen und/ oder Skizzen im Heft festhalten.

→ Arbeitsheft, Seite 89

Gleichungen zuordnen

1 a) Was passt zur vorgegebenen Gleichung?

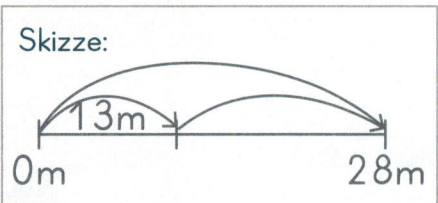

13 + ▢ = 28

28 €

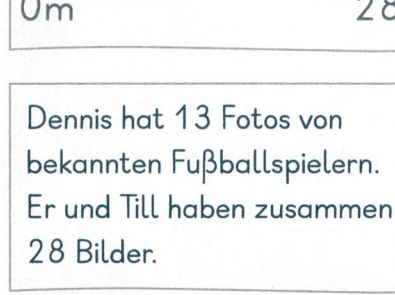

Skizze:

13m

0m   28m

Laura hat 28 Euro.
Sie hat 13 Euro mehr
als ihre Schwester
Lea.

Dennis hat 13 Fotos von
bekannten Fußballspielern.
Er und Till haben zusammen
28 Bilder.

Auf einem Baum
sitzen 28 Vögel.
13 Vögel kommen
noch dazu.

Nico

b) Welche Gleichung fehlt? Begründe.

c) Erfinde eine Rechengeschichte zum Bild.   c)   Nico

2 a) Welche Kinder haben richtig überlegt? Erkläre, löse und antworte.

Frau Richter kauft 6 Pizzen
für jeweils 3 Euro und
eine Kiste Mineralwasser
für 7 Euro.
Wie viel muss sie
bezahlen?

Alex: 18 € + 7 € = ▢ €

Sina: 3 € + 7 € = ▢ €

Eric: 3 € + 7 € = 10 €
6 · 10 € = ▢ €

Lena: 6 · 3 € = 18 €
1 · 7 € = 7 €
18 € + 7 € = ▢ €

b) Schreibe Rechengeschichten zu den anderen Gleichungen.

3 a) Was gehört zusammen? Begründe.

Auf einem Karussel sitzen
34 Kinder. Bei der nächsten
Fahrt sind es 7 Kinder mehr.

3 · 4 + 7

Lenas Mama ist 34 Jahre alt.
Ihr Papa ist 7 Jahre älter als
ihre Mama.

34 − 7

Von den 34 Bäumen im Park
verlieren 7 Bäume im Winter
ihre Blätter.

34 + 7

Beim Fasching sitzen die Kinder an
3 Vierertischen. Alle Vierertische
sind besetzt. Weitere 7 Kinder
sitzen an Zweiertischen oder einzeln.

b) Erfinde andere Rechengeschichten zu den Gleichungen.

126

1–3 Gleichungen und Sachaufgaben passend zuordnen. Zu vorgegebenen Gleichungen eigene Sachaufgaben formulieren.

→ Arbeitsheft, Seite 90

Klecksaufgaben

1 So löst ihr Klecksaufgaben:

Wenn die 1. Zahl fehlt, rechne ich die Umkehraufgabe.

Wenn die 2. Zahl fehlt, rechne ich eine Minusaufgabe.

■ + 26 = 63
63 − 26 = ■

35 + ■ = 83
83 − 35 = ■

■ − 37 = 54
54 + 37 = ■

72 − ■ = 28
72 − 28 = ■

Anna

Max

2 Finde die fehlenden Zahlen.

a) ■ + 25 = 42
   ■ + 41 = 64
   ■ + 69 = 88
   ■ + 53 = 75
   ■ + 69 = 96

b) ■ − 35 = 48
   ■ − 43 = 37
   ■ − 84 = 13
   ■ − 59 = 26
   ■ − 72 = 14

c) 62 + ■ = 83
   45 + ■ = 74
   53 + ■ = 96
   27 + ■ = 89
   18 + ■ = 67

d) 82 − ■ = 59
   71 − ■ = 44
   58 − ■ = 16
   96 − ■ = 68
   47 − ■ = 26

3 Finde die fehlenden Zahlen und Rechenzeichen.

a) 66 − ■ = 27
   ■ + 39 = 85
   ■ − 14 = 79
   61 + ■ = 94
   17 + ■ = 76

b) ■ + 31 = 58
   15 ■ 26 = 41
   21 ■ 72 = 93
   67 − ■ = 28
   73 − 54 = ■

c) ■ ■ 15 = 92
   57 − ■ = 23
   76 ■ ■ = 97
   ■ − 47 = 17
   11 ■ ■ = 76

d) 27 ■ 28 = ■
   ■ + 46 = 85
   41 ■ ■ = 29
   64 + ■ = 99
   100 ■ ■ = 76

4 Finde die fehlenden Zahlen und Rechenzeichen.

a) 70 ■ 48 = 2■
   65 ■ ■ = 46
   ■ ■ 25 = 38
   81 − ■ = 27
   96 ■ 37 = ■

b) 52 ■ ■8 = 100
   33 ■ ■7 = 16
   4■ ■ 14 = 27
   ■ ■ ■5 = 42
   21 + ■9 = 60

c) 6■ ■ 18 = 84
   4■ ■ 19 = 27
   28 + 1■ = ■4
   33 ■ ■5 = 78
   16 ■ ■3 = 89

1 Rechenkonferenz: Das Übungsformat „Klecksaufgaben" besprechen. Lösungsstrategien entwickeln und vergleichen. Weiterführung und Vertiefung: sprachliche Bildung. 2 Die Kleckse stehen für Zahlen der Gleichung. 3, 4 Hier stehen die Kleckse für Zahlen und Operationszeichen. In Aufgabe 4 sind bei einigen Aufgaben mehrere Lösungen möglich.

127

→ Arbeitsheft, Seite 91

Zauberdreiecke

1 Löse die Zauberdreiecke.

a)

30

25   34

Immer **100**.

Keine Zahl darf doppelt vorkommen.

a)

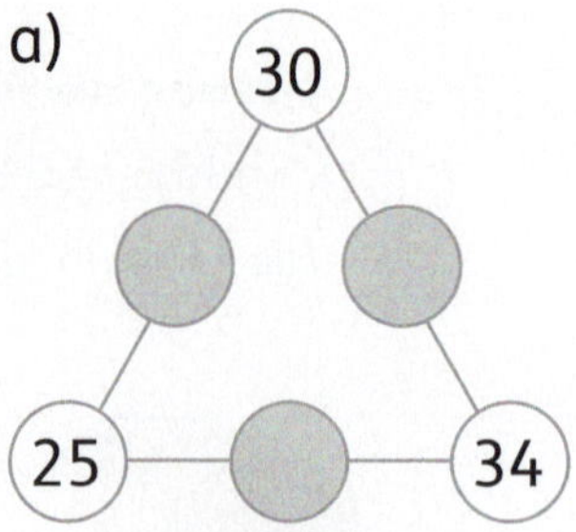

30

25   34

Immer **100**.

b)

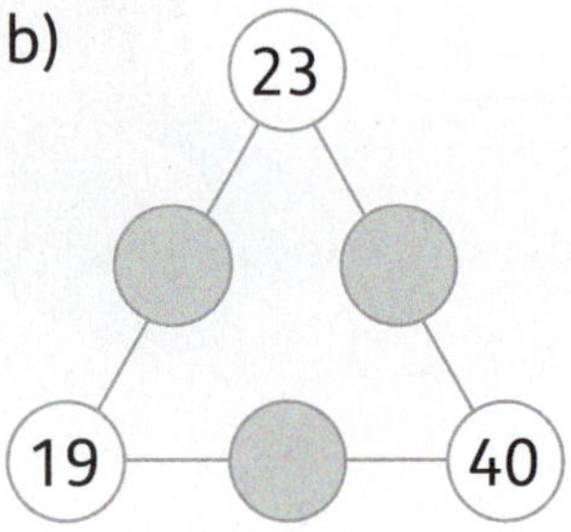

23

19   40

Immer **100**.

c)

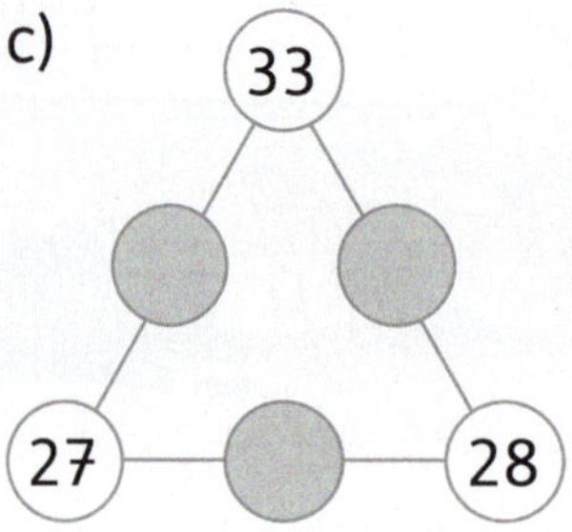

33

27   28

Immer **100**.

d)

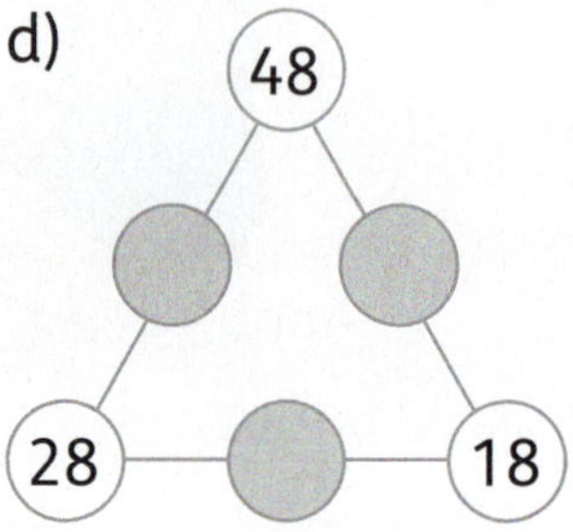

48

28   18

Immer **100**.

e)

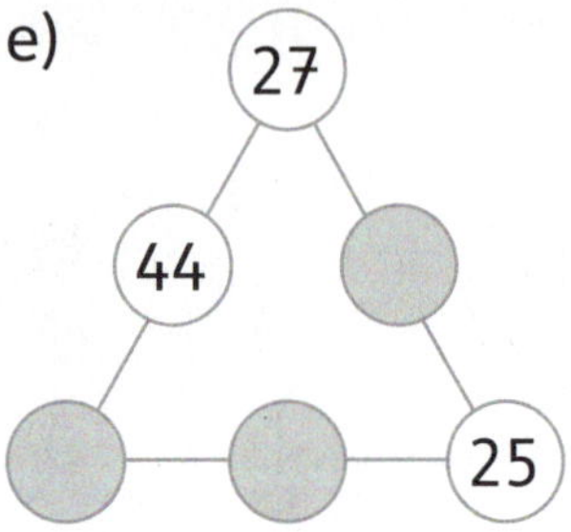

27

44

25

Immer **100**.

f)

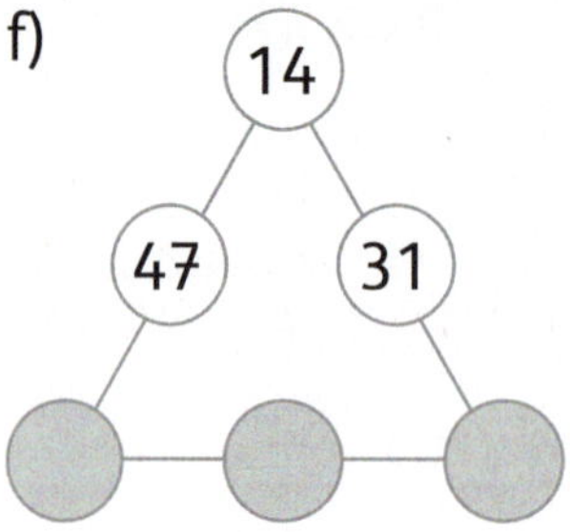

14

47   31

Immer **100**.

g)

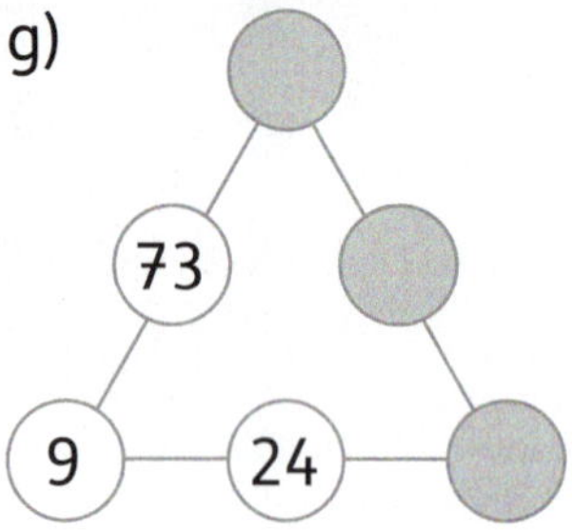

73

9   24

Immer **100**.

2 Löst durch Probieren.

a)

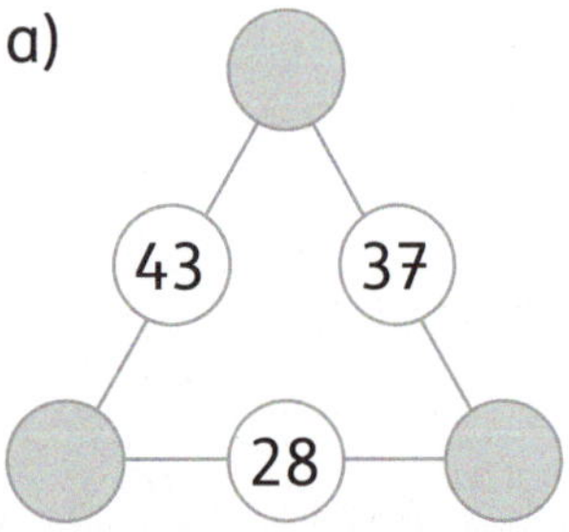

43   37

28

Immer **100**.

b)

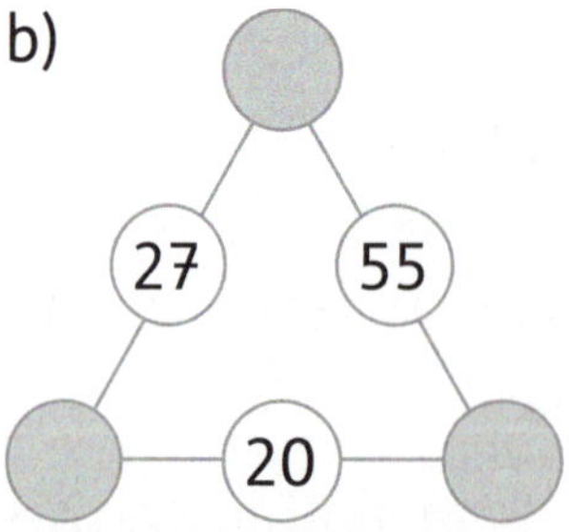

27   55

20

Immer **100**.

c)

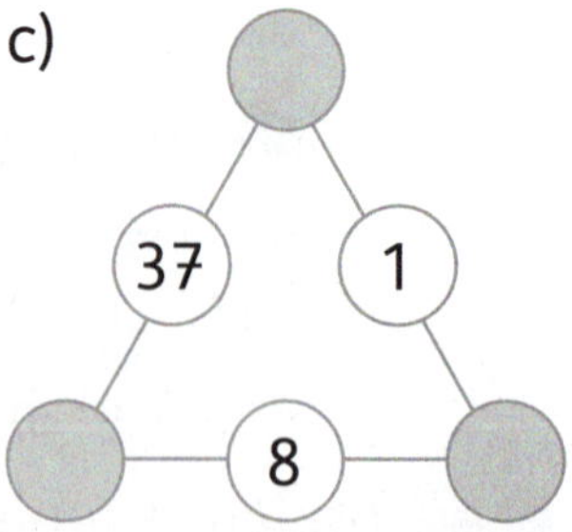

37   1

8

Immer **100**.

3 Bilde Zauberdreiecke mit der Zauberzahl 100.

a) ⑬ ⑳ ㉚
㉝ ㊲ ㊿

b) ㉒ ㉕ ㉘
㉛ ㊼ ㊿

c) ① ⑤ ㊻
㊾ ㊼ ⑨④

1–3 Das Übungsformat „Zauberdreiecke" wiederholen: Die Seiten eines Zauberdreiecks sind immer summengleich. Keine Zahl wird in einem Zauberdreieck mehrfach verwendet. 2, 3 Zauberdreiecke durch Probieren lösen bzw. bilden.

→ Arbeitsheft, Seite 92

Mit Zahlenmauern experimentieren

1 Vergrößert die Zahl eines Grundsteins um 1 (2, 3). Was passiert im Deckstein?

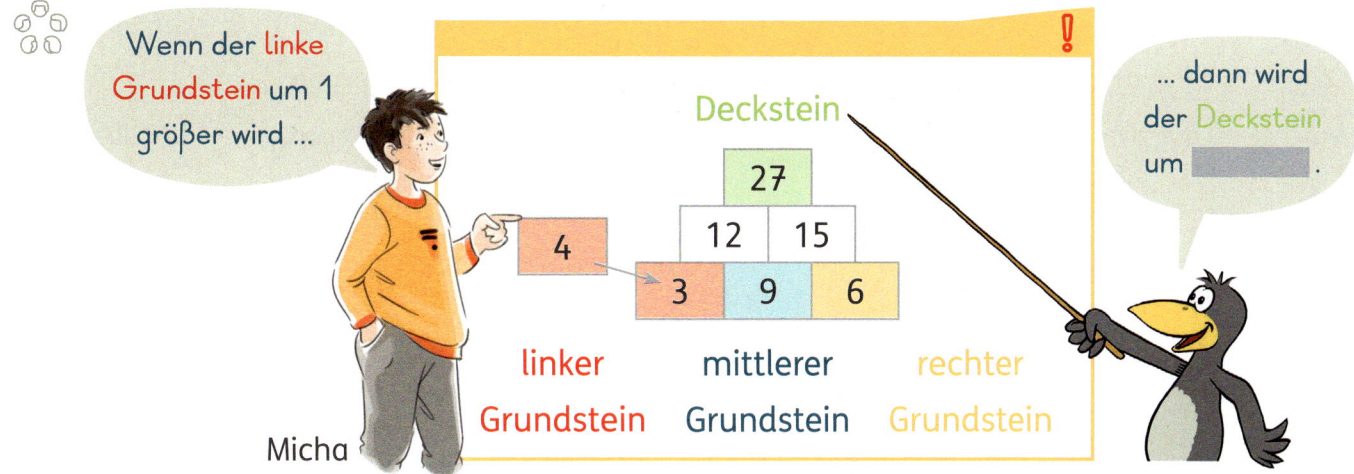

Wenn der linke Grundstein um 1 größer wird …

Deckstein

27

12 | 15

4

3 | 9 | 6

linker Grundstein | mittlerer Grundstein | rechter Grundstein

Micha

… dann wird der Deckstein um ___.

2 Vermute zuerst, rechne dann: Was passiert in den farbigen Steinen? Begründe.

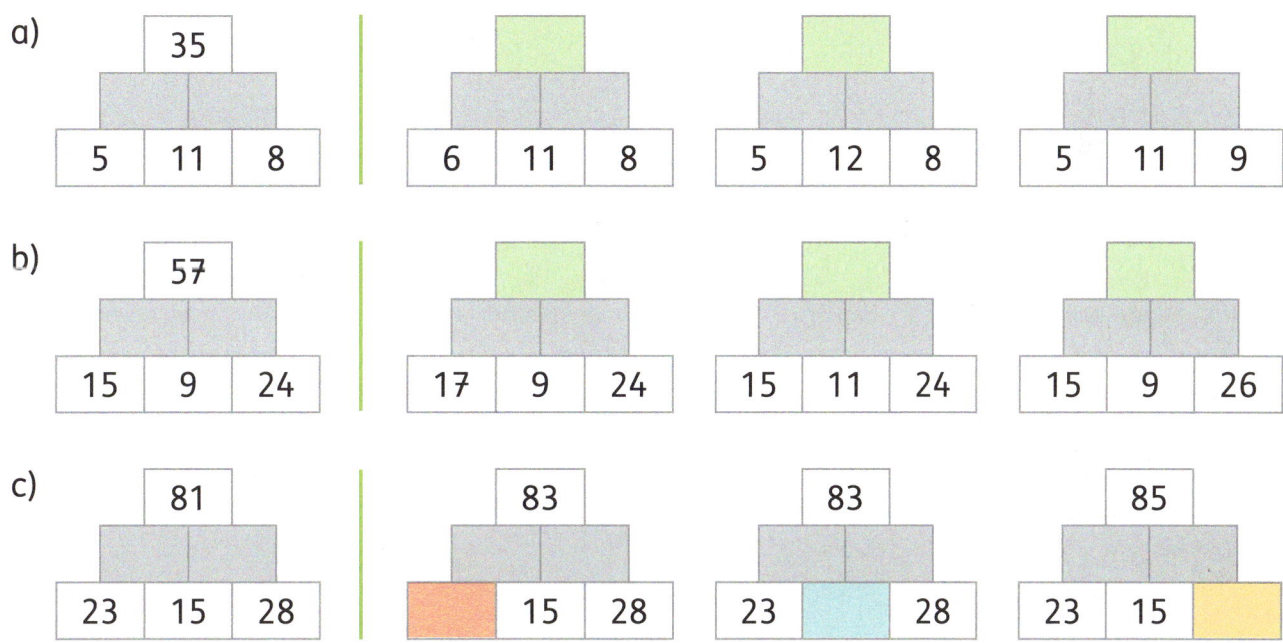

a)
35

5 | 11 | 8

6 | 11 | 8

5 | 12 | 8

5 | 11 | 9

b)
57

15 | 9 | 24

17 | 9 | 24

15 | 11 | 24

15 | 9 | 26

c)
81

23 | 15 | 28

83

15 | 28

83

23 | 28

85

23 | 15

3 Kann das stimmen? Begründet.

a) Vertauscht man die Zahlen in den Grundsteinen, dann ändert sich die Zahl im Deckstein nie.

b) Stehen in den Grundsteinen drei gerade Zahlen, dann ist die Zahl im Deckstein immer eine gerade Zahl.

c) Stehen in den Grundsteinen drei ungerade Zahlen, dann ist die Zahl im Deckstein immer eine ungerade Zahl.

d) Stehen in den Grundsteinen zwei gerade Zahlen und eine ungerade Zahl, dann ist die Zahl im Deckstein immer gerade.

Albert

1 Das Übungsformat „Zahlenmauern" wiederholen. Immer einen Grundstein der dreistufigen Zahlenmauern verändern und die jeweilige Auswirkung auf den Deckstein erkennen und erklären.   2 Die Erkenntnis aus Aufgabe 1 anwenden.   3 Aussagen auf Plausibilität prüfen: Erst vermuten, dann durch Rechnen überprüfen.

129

→ Arbeitsheft, Seite 93

Wiederholung – Über Lernen sprechen

○ 1 109 →

a)	b)	c)	d)	e)
28 + 16	58 + 37	48 + 28	57 + 26	29 + 45
27 + 27	34 + 49	39 + 29	45 + 39	38 + 38
17 + 29	67 + 18	17 + 49	28 + 64	16 + 57
19 + 37	18 + 75	37 + 37	36 + 58	52 + 19

🔑
44 46 48   83 85 89   66 68 74   83 84 92   71 72 73
54 56   93 95   76 78   93 94   74 76

○ 2 111 →

a)	b)	c)	d)
27 + 25 + 23	19 + 27 + 13	16 + 34 + 25	49 + 6 + 41
45 + 18 + 22	21 + 18 + 29	54 + 16 + 15	32 + 49 + 18
28 + 37 + 12	24 + 19 + 26	23 + 27 + 29	27 + 24 + 43
29 + 14 + 46	17 + 33 + 16	7 + 56 + 13	46 + 44 + 8

🔑
74 75 77   59 66 67   75 76 79   94 95 96
85 89   68 69   85 86   98 99

○ 3 113 →

a)	b)	c)	d)	e)
82 − 23	66 − 28	42 − 14	62 − 27	95 − 48
93 − 44	82 − 43	33 − 17	55 − 16	75 − 27
76 − 28	71 − 34	52 − 26	71 − 26	96 − 39
95 − 39	92 − 58	45 − 18	74 − 37	63 − 27

🔑
46 48 49   34 36 37   16 17 26   35 37 39   36 37 47
56 59   38 39   27 28   45 47   48 57

○ 4 115 →

a)	b)	c)	d)
86 − 18 − 26	82 − 11 − 12	65 − 18 − 25	67 − 11 − 26
82 − 13 − 32	95 − 29 − 14	96 − 27 − 46	84 − 38 − 14
71 − 23 − 21	88 − 14 − 18	85 − 37 − 25	68 − 14 − 18
92 − 68 − 8	97 − 17 − 26	72 − 48 − 2	76 − 9 − 36

🔑
16 27 32   51 52 54   22 22 23   30 31 32
37 42   56 59   23 24   35 36

◐ 5 Wie viel Zeit ist vergangen? Berechne die Zeitspanne.

120 →

a)
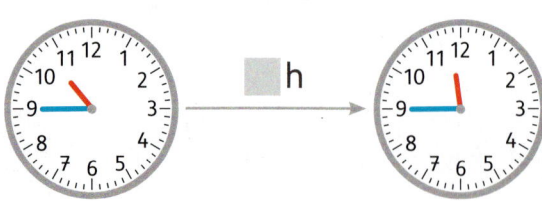
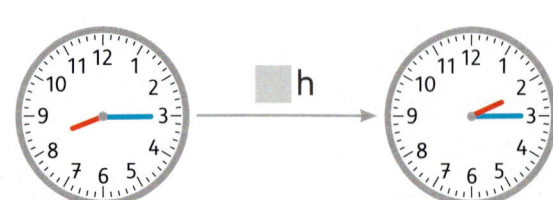

b) 10.30 Uhr ___☐ h___→ 16.30 Uhr

9.30 Uhr ___☐ h___→ 12.30 Uhr

7.45 Uhr ___☐ h___→ 17.45 Uhr

16.30 Uhr ___☐ h___→ 0.30 Uhr

16.15 Uhr ___☐ h___→ 4.15 Uhr

Reflexion: Kinder sprechen über ihren Lernstand. **1, 3** Aufgaben mit Zehnerübergang lösen. **2, 4** Rechenvorteile beim Rechnen mit 3 Zahlen erkennen und nutzen. **5** Zeitpunkte ablesen, notieren und Zeitspannen berechnen.

→ Arbeitsheft, Seite 94

6 Was kann Emma anziehen? Wie viele verschiedene Möglichkeiten hat sie?

125 ⤴ a)

> Sie kombiniert eine Hose mit einem T-Shirt.

b)

> Sie möchte unbedingt eine kurze Hose anziehen.

c)

> Sie möchte nichts Blaues anziehen.

d)

> Sie möchte etwas Gelbes anziehen.

e)

> Sie möchte weder Grün noch Gelb anziehen.

7 a) Welche Kinder haben richtig überlegt? Löse und antworte.

126 ⤴

> Im Kühlschrank stehen
> 10er-Eierschachteln. 2 Schachteln
> sind voll, in einer sind nur noch 5 Eier.
> Wie viele Eier sind im Kühlschrank?

Hanna: $10 + 5 = $ ▮

Moritz: $20 + 5 = $ ▮

Lio: $2 \cdot 10 = 20$
$20 + 5 = $ ▮

Linda: $5 + 2 = 7$
$2 \cdot 7 = $ ▮

b) Schreibe Rechengeschichten zu den anderen Gleichungen.

8 Finde die fehlenden Zahlen und Rechenzeichen.

127 ⤴

a) ▦ $+ 16 = 54$
   $45 - $ ▦ $= 11$
   ▦ $+ 28 = 56$
   ▦ $- 45 = 46$
   $17 + $ ▦ $= 92$

b) 22 ▦ $15 = 37$
   $54 - $ ▦ $= 28$
   62 ▦ $5 = 57$
   $19 + $ ▦ $= 54$
   64 ▦ $17 = 47$

c) ▦ $- 25 = 23$
   59 ▦ $17 = 76$
   $99 - $ ▦ $= 57$
   51 ▦ $33 = 18$
   46 ▦ $15 = 61$

d) 5▦ ▦ $37 = 90$
   65 ▦ ▦$9 = 36$
   18 ▦ ▦ $= 79$
   3▦ ▦ $17 = 17$
   23 ▦ ▦$8 = 8$▦

9 Löse durch Probieren.

128 ⤴

a)
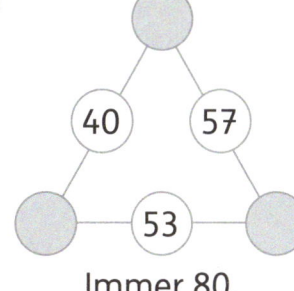
Immer 80.

b)
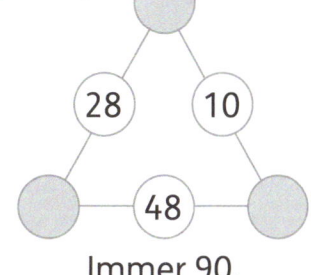
Immer 90.

c)
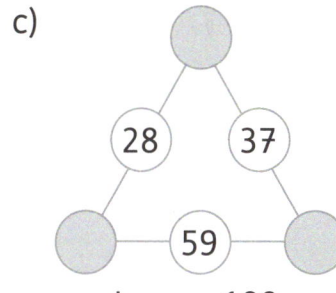
Immer 100.

---

6 Die verschiedenen Möglichkeiten systematisiert mit Tabellen und/oder Skizzen im Heft festhalten.   **7** Passende Rechnungen finden, lösen und antworten. Eigene Sachaufgaben formulieren.   **8** Die Kleckse stehen für Zahlen und Operationszeichen. Diese mithilfe der gelernten Lösungsstrategien ermitteln.   **9** Zauberdreiecke durch systematisches Probieren lösen.

→ Arbeitsheft, Seite 94

Rückblick – Über Lernen sprechen

○ 1
⟋67⟍
68

a)	1 · 5	3 · 5	15 : 5	b)	1 · 2	3 · 2	6 : 2
	2 · 5	8 · 5	5 : 5		2 · 2	8 · 2	14 : 2
	5 · 5	4 · 5	35 : 5		5 · 2	4 · 2	20 : 2
	10 · 5	9 · 5	10 : 5		10 · 2	9 · 2	4 : 2
	0 · 5	6 · 5	45 : 5		0 · 2	6 · 2	16 : 2

○ 2
⟋82⟍
83

a)	1 · 4	3 · 4	12 : 4	b)	1 · 8	3 · 8	16 : 8
	2 · 4	8 · 4	4 : 4		2 · 8	8 · 8	40 : 8
	5 · 4	4 · 4	28 : 4		5 · 8	4 · 8	72 : 8
	10 · 4	9 · 4	40 : 4		10 · 8	9 · 8	56 : 8
	0 · 4	6 · 4	32 : 4		0 · 8	6 · 8	48 : 8

○ 3
⟋84⟍
85

a)	1 · 3	3 · 3	27 : 3	b)	1 · 6	3 · 6	30 : 6
	2 · 3	8 · 3	18 : 3		2 · 6	8 · 6	42 : 6
	5 · 3	4 · 3	3 : 3		5 · 6	4 · 6	54 : 6
	10 · 3	9 · 3	21 : 3		10 · 6	9 · 6	12 : 6
	0 · 3	6 · 3	6 : 3		0 · 6	6 · 6	48 : 6

○ 4
⟋86⟍
87

a)	1 · 9	3 · 9	90 : 9	b)	1 · 7	3 · 7	14 : 7
	2 · 9	8 · 9	18 : 9		2 · 7	8 · 7	63 : 7
	5 · 9	4 · 9	63 : 9		5 · 7	4 · 7	28 : 7
	10 · 9	9 · 9	81 : 9		10 · 7	9 · 7	49 : 7
	0 · 9	6 · 9	54 : 9		0 · 7	6 · 7	35 : 7

○ 5 Löse und antworte.

101 ⟋

a) Ivan kauft eine Breze und einen Saft.
Wie viel muss er bezahlen?

b) Jule kauft einmal Käsespätzle und ein Wasser.
Wie viel muss sie bezahlen?

c) Lisa bezahlt zwei Brezen und eine Schorle mit 4 €.
Wie viel Geld bekommt sie zurück?

d) Familie Huber kauft dreimal Käsespätzle, zweimal
Kartoffelsalat und einmal Apfelstrudel.
Wie viel muss Familie Huber bezahlen?

Schulfest	
Essen:	
Breze	80 ct
Käsespätzle	3 € 20 ct
Kartoffelsalat	1 € 30 ct
Apfelstrudel	1 € 70 ct
Trinken:	
Wasser	1 €
Saft, Schorle	2 € 20 ct

Reflexion: Kinder sprechen über ihren Lernstand. **1–4** Wiederholung der Einmaleinsreihen. **5** Informationen aus der Preistafel entnehmen, Aufgaben lösen und Fragen beantworten.

Knobeln mit Zahlen

1 Welches Zeichen steht für welche Zahl?

a)
△ · △ = 36
△ − △ = 0

b)
● + ● = 38
● − ● = 0

c)

✿ + ✿ = 40
✿ − ♥ = 8

d)
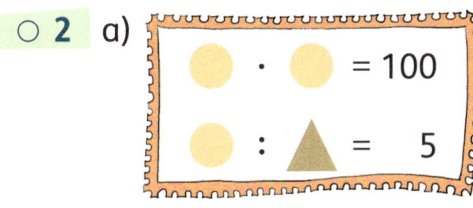
■ − △ = 36
■ + △ = 44

e)
● + △ = 36
● − △ = 36

f)

■ + △ = 36
■ − △ = 24

2

a)
● · ● = 100
● : △ = 5

b)
● + ■ = 90
■ · ■ = 81

c)
■ : ● = 9
■ + ● = 80

3 Überlege zuerst: Wo musst du anfangen?

a)

♥ + ♥ + ♥ = 12
♥ + ✚ + ♥ = 38
△ + ♥ + ✚ = 50

b)

✿ + ♥ + ♥ = 25
✿ + ✿ + ✿ = 27
♥ + ✿ + △ = 30

c)

✿ + ✿ + ✿ = 21
✿ + ✿ + ⌂ = 24
⌂ + ✿ + ♥ = 40

d)

■ + ✚ + ■ = 30
✚ + ■ + ⌂ = 60
✚ + ✚ + ✚ = 18

e)

▭ + ⬡ + ✿ = 99
⬡ + ⬡ + ⬡ = 33
⬡ + ✿ + ✿ = 77

f)

⌂ + ♥ + ⌂ = 12
♥ + ⌂ + ✚ = 100
⌂ + ♥ + ♥ = 9

4

a)

■ + ⬡ + ✚ + ⬡ = 33
✚ + ✚ + ■ + ■ = 10
★ + ✚ + ✚ + ★ = 55
■ + ■ + ■ + ■ = 16

b)

✚ + ✚ + ⬡ + ■ = 50
⬡ + ⬡ + ⬡ + ⬡ = 32
■ + ★ + ★ + ★ = 42
⬡ + ✚ + ✚ + ⬡ = 28

1 Zahlbeziehungen erkennen und zum Lösen der Symbolrätsel nutzen. Jede Form/Farbe steht dabei für eine Zahl.

133

→ Arbeitsheft, Seite 95

Basiswissen Klasse 2

Zahlen darstellen

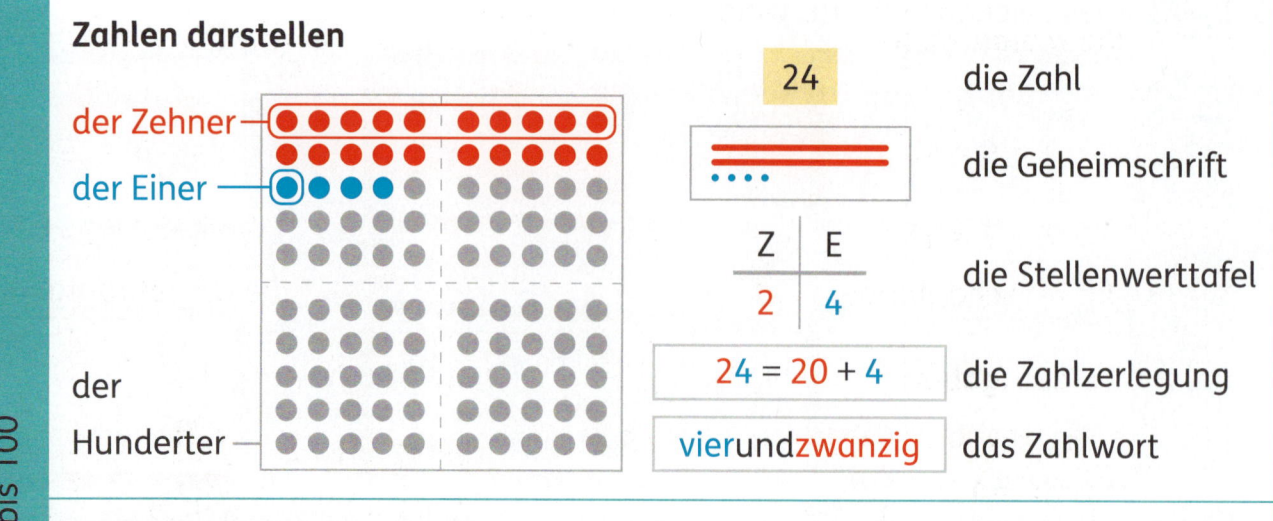

der Zehner
der Einer
der Hunderter

24 → die Zahl

die Geheimschrift

Z	E
2	4

die Stellenwerttafel

24 = 20 + 4 → die Zahlzerlegung

vierundzwanzig → das Zahlwort

Zahlen ordnen

der **V**orgänger (V), der **N**achfolger (N), der **N**achbar**z**ehner (NZ)

V	Z	N
23	24	25

NZ	Z	NZ
20	24	30

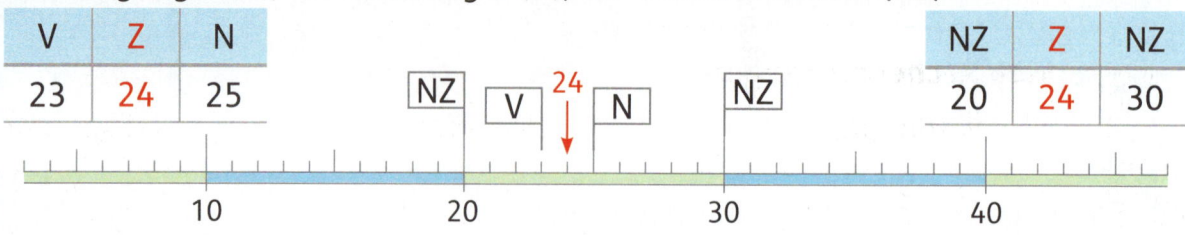

Zahlen vergleichen

24 < 28

72 > 24

24 = 24

24 ist kleiner als 28

72 ist größer als 24

24 ist gleich 24

Plus: Rechenstrategien

Zuerst die Zehner dazu, dann die Einer.

37 + 24 = 61
37 + 20 = 57
57 + 4 = 61

Oder zuerst die Einer.

Zuerst Zehner plus Zehner, dann Einer plus Einer.

37 + 24 = 61
30 + 20 = 50
7 + 4 = 11

Minus: Rechenstrategien

Zuerst die Zehner weg, dann die Einer.

43 − 27 = 16
43 − 20 = 23
23 − 7 = 16

Oder zuerst die Einer.

Zuerst Zehner minus Zehner und zwar so:

43 − 27 = 16
30 − 20 = 10
13 − 7 = 6

Mal- und Geteiltaufgaben

die Malaufgabe

mal

$7 \cdot 6 = 42$

$6 \cdot 7 = 42$

die Tauschaufgabe

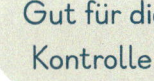

Das Ergebnis bleibt gleich.

Gut für die Kontrolle.

die Geteiltaufgabe

geteilt durch

$24 : 6 = 4$

$4 \cdot 6 = 24$

die Umkehraufgabe

Kernaufgaben

Leicht zu merken!

$1 \cdot 6 = 6$
$2 \cdot 6 = 12$
$5 \cdot 6 = 30$
$10 \cdot 6 = 60$

Quadratzahl-Aufgaben

$0 \cdot 0 = 0$
$1 \cdot 1 = 1$
$2 \cdot 2 = 4$

Eine Zahl mal sich selbst.

Mal: Rechenstrategien

verdoppeln

$4 \cdot 9 = 36$

$8 \cdot 9 = 72$

halbieren

$4 \cdot 8 = 32$

$2 \cdot 8 = 16$

tauschen

$7 \cdot 2 = 14$

$2 \cdot 7 = 14$

Kernaufgaben zuerst

$8 \cdot 8 = 64$
$8 \cdot 9 = 72$

Kernaufgaben zusammensetzen

$6 \cdot 7 = 42$
$5 \cdot 7 = 35$
$1 \cdot 7 = 7$

$9 \cdot 8 = 72$
$10 \cdot 8 = 80$
$1 \cdot 8 = 8$

Teilen mit Rest

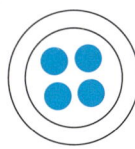 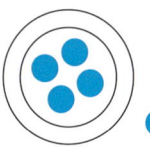

gerade und ungerade Zahlen

der Rest

$9 : 2 = 4\ R\ 1$

gerade Zahlen:

durch 2 teilbar

ungerade Zahlen:

nicht durch 2 teilbar

Flächenformen

der Flächeninhalt

Der Flächeninhalt gibt die Größe der Fläche einer Figur an.

Flächeninhalt: 6 Zündholzquadrate

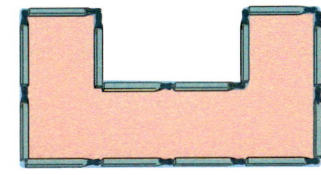

der Umfang

Der Umfang gibt die Länge des Randes einer Figur an.

Umfang: 14 Zündhölzer

Basiswissen Klasse 2

Körper

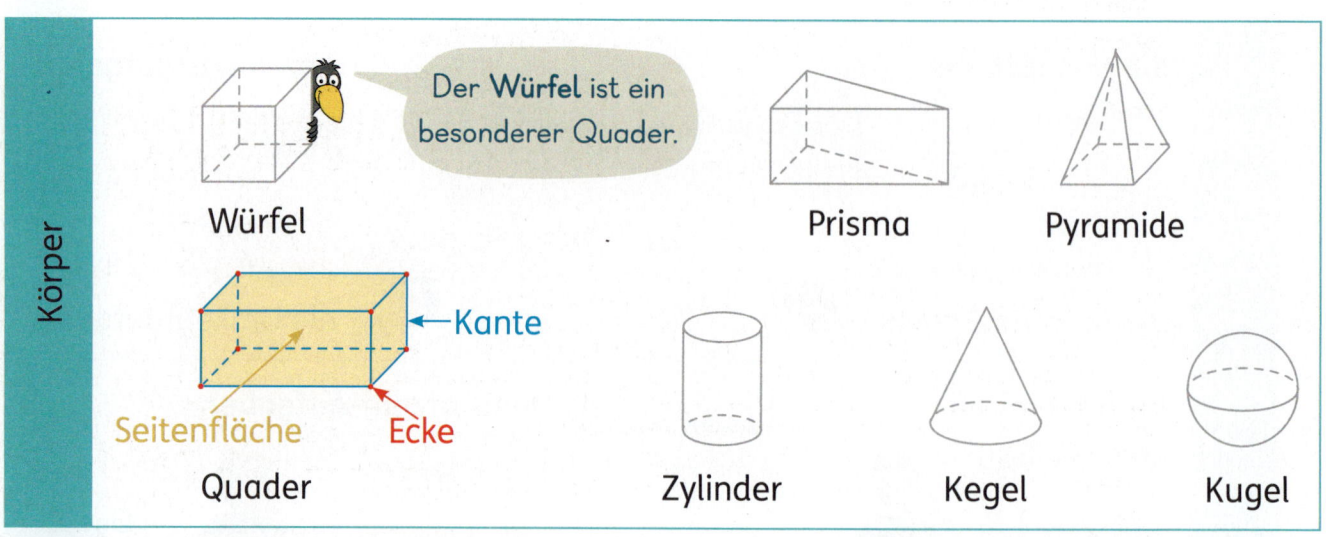

Der **Würfel** ist ein besonderer Quader.

Würfel   Prisma   Pyramide

Kante

Seitenfläche   Ecke

Quader   Zylinder   Kegel   Kugel

Größen und Messen

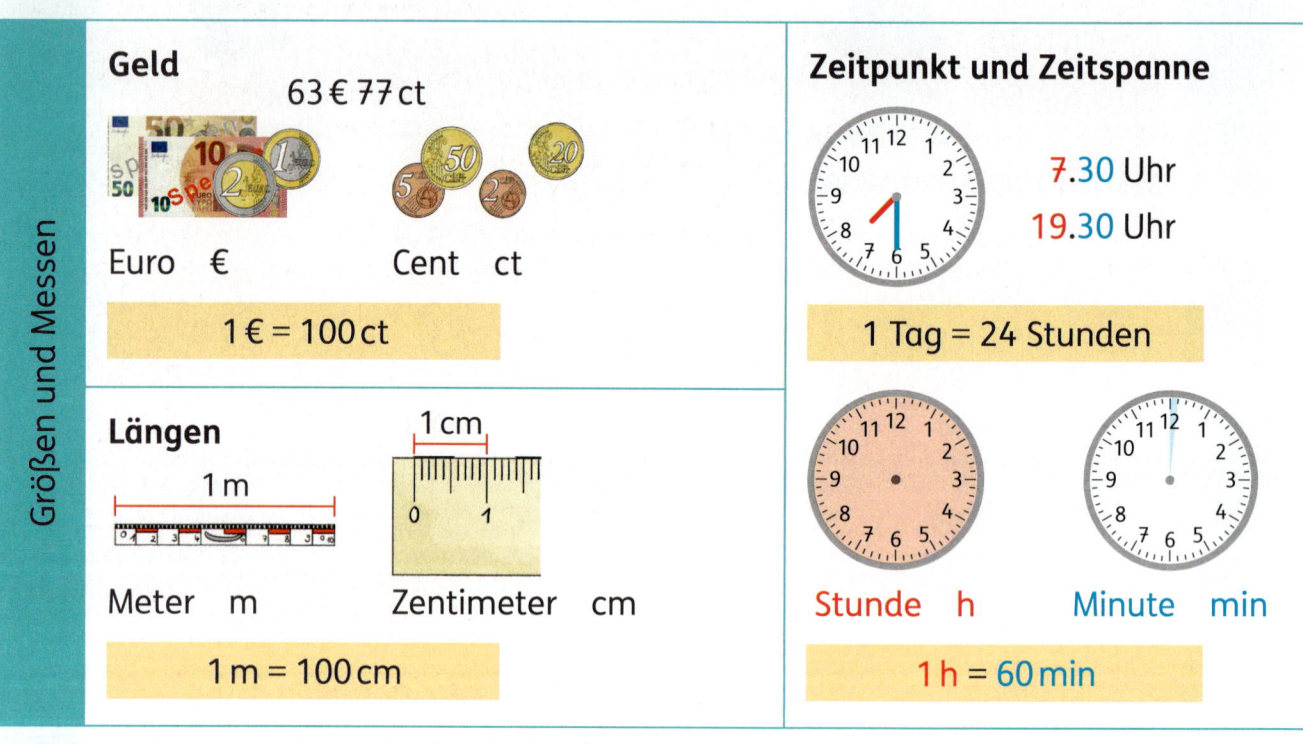

Geld

63 € 77 ct

Euro €   Cent ct

1 € = 100 ct

Längen

1 cm

1 m

Meter m   Zentimeter cm

1 m = 100 cm

Zeitpunkt und Zeitspanne

7.30 Uhr
19.30 Uhr

1 Tag = 24 Stunden

Stunde h   Minute min

1 h = 60 min

Daten und Zufall

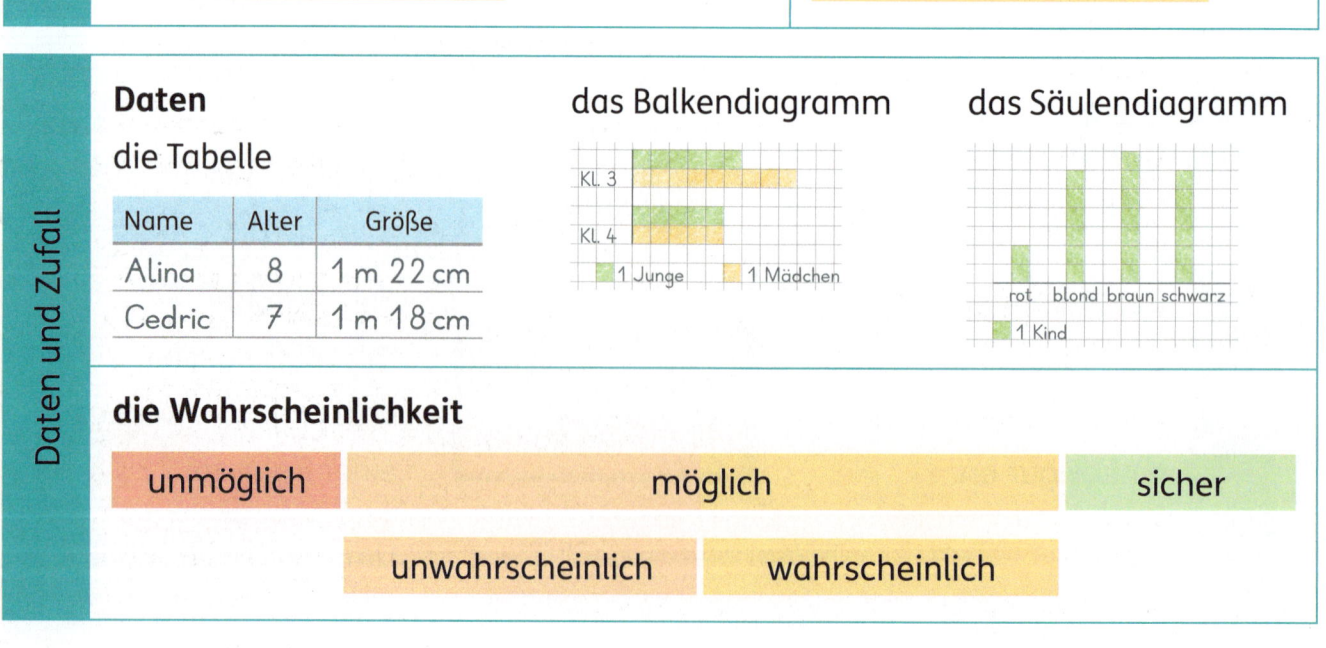

Daten

die Tabelle

Name	Alter	Größe
Alina	8	1 m 22 cm
Cedric	7	1 m 18 cm

das Balkendiagramm

Kl. 3
Kl. 4
1 Junge   1 Mädchen

das Säulendiagramm

rot blond braun schwarz
1 Kind

die Wahrscheinlichkeit

unmöglich   möglich   sicher

unwahrscheinlich   wahrscheinlich